ATHÈNES.

2465

PARIS. — TYPOGRAPHIE PLON FRÈRES,
RUE GARANCIÈRE, 8.

ATHÈNES

AUX XVe, XVIe ET XVIIe SIÈCLES

PAR LE Cte DE LABORDE

MEMBRE DE L'INSTITUT.

TOME PREMIER.

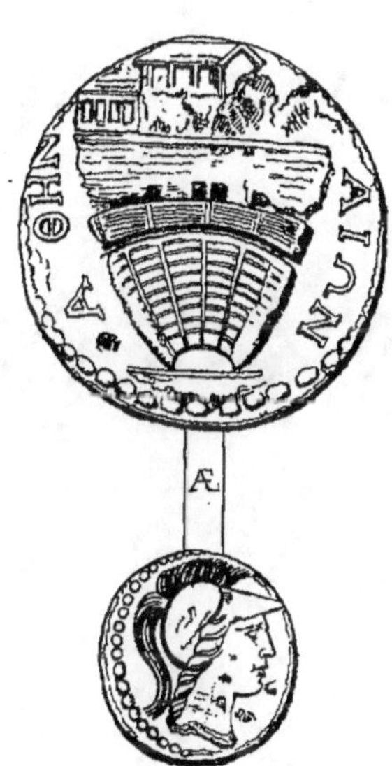

PARIS

CHEZ JULES RENOUARD ET Cie, LIBRAIRES,

RUE DE TOURNON, 6.

1854

A OTFRIED MÜLLER,

MODÈLE ET VICTIME DE LA SCIENCE,

HOMMAGE DES REGRETS ET DE LA PROFONDE ADMIRATION

DE SON ANCIEN ÉLÈVE ET AMI,

LE Cte DE LABORDE.

LISTE

PRÉFACE.

L'histoire d'Athènes, la description et la restauration de ses monuments, ont pour base trois études également intéressantes et nécessaires, mais tout à fait distinctes.

Les ouvrages des anciens nous apprennent la formation de cette ville-musée, la raison d'être de ces admirables monuments, la destination de ces chefs-d'œuvre de la sculpture. C'est là une première étude que chacun commence sur les bancs du collége, que plusieurs ont continuée au delà et qui se poursuit avidement dans le cabinet d'étude de nos archéologues, avec l'assistance des inscriptions inédites, sources d'indications nouvelles,

et des antiquités de l'Asie, qui éclairent la Grèce
d'une lumière inattendue.

La seconde étude, celle des monuments, n'est
possible et ne peut être féconde que sur les lieux
mêmes où ils ont été élevés, dans Athènes, au
haut de l'Acropole, au milieu des ruines, sous ce
ciel pur, en vue de Salamine et de ces lignes har-
monieuses qui font d'une contrée aride et pou-
dreuse un panorama animé et enchanteur. Re-
construire patiemment tous les monuments sur le
sol antique que les fouilles ont déblayé, sur le roc
qu'elles ont mis à nu, reconstituer fragments par
fragments les admirables ensembles des frontons
et des frises, replacer sur leurs bases vides une forêt de statues et rendre à leur destination primitive les admirables morceaux de sculpture qui
remplissent, à Athènes seulement, trois musées
entiers, c'est là une œuvre importante qui cache
ses difficultés sous les séductions de la nouveauté
et d'un intérêt toujours renaissant.

Mais après avoir vu Athènes éloquente et ma-
jestueuse dans les livres, Athènes silencieuse et
ruinée, sublime invalide, sur le terrain même de
son immortalité, je me suis demandé comment
cette ruine s'était faite, par quelles mains barbares, par quelles intempéries furieuses, ces mo-

numents incomparables, construits pour l'éternel enseignement de l'humanité, avaient été jetés bas, mutilés, déshonorés. Cette investigation rétrospective constitue une troisième et dernière étude. Celle-ci se poursuit dans les archives et dans les bibliothèques. Si elle a moins d'attrait que les deux autres, il faut reconnaître qu'elle est tout aussi indispensable et qu'elle offre des résultats scientifiques plus intéressants qu'on ne le suppose à première vue. Suivre la ruine des monuments pierre à pierre, surprendre les mains coupables de chaque mutilation, prêter l'oreille à l'avénement de toutes les erreurs, dégager avec soin, du verbiage des témoignages authentiques, ce qui constate l'état réel des antiquités d'Athènes à telle ou telle date, ce ne sont pas des recherches vaines. L'archéologie trouve des ressources nouvelles dans l'histoire de ses progrès; étudier la marche des études, c'est souvent prêter aux inductions instinctives de nos érudits la force et la valeur de véritables faits, c'est aussi contrôler des opinions séduisantes dont l'autorité s'évanouit devant l'examen critique de leur origine, c'est, en un mot, donner de la solidité au terrain sur lequel on relève les ruines des monuments antiques.

On jugera de l'utilité pratique de ces recherches par ce fragment qui embrasse les xve, xvie et xviie siècles. Je l'extrais d'un travail complet, que les révolutions et la guerre ont successivement arrêté, mais qui verra le jour malgré elles. J'ai choisi de préférence les trois siècles pendant lesquels les monuments, encore debout et intacts, ont été vus, sinon avec beaucoup de science, au moins avec assez d'intelligence et de soin pour que les descriptions qui en furent faites alors nous servent de guides aujourd'hui après les altérations causées par le temps et les dévastations amenées par la guerre. La prise d'Athènes par les Turcs en 1456, la prise d'Athènes par les Vénitiens en 1687 forment, dans un cadre de deuil, les limites naturelles entre l'obscurité du moyen âge et les lumières de la science moderne, entre le néant des études et les ouvrages des architectes Le Roy et Stuart, fondements de notre initiation à l'art grec. J'ai pu placer dans ce cadre tout ce qui a été écrit d'intéressant sur Athènes, tout ce qui a été dessiné d'après ses monuments, depuis l'anonyme de Vienne et l'architecte San Gallo jusqu'à Spon le savant voyageur, et Carrey l'artiste zélé. Je renvoie à mon ouvrage sur le Parthénon ceux qui s'intéressent au début et à la fin de cet examen

critique ; là, j'ai réuni aux témoignages historiques
sur les premières atteintes portées, dans l'antiquité même, aux monuments d'Athènes, quelques
indications, fournies par des documents inédits et
les chroniques du moyen âge, sur l'existence singulière, les études bornées et le luxe, sinon le
goût, de nos ancêtres champenois et des familles
italiennes qui leur succédèrent dans *la Duché
d'Athènes*. Ces investigations m'ont conduit aux
recherches dont le résultat est consigné dans ces
deux volumes, et ensuite à une appréciation consciencieuse des travaux importants, des mutilations
indignes, des restaurations regrettables exécutés
à Athènes pendant le xviiie siècle et cette première
moitié du xixe.

J'ai rencontré dans ces longues recherches
une assistance dévouée ; elle m'a inspiré une reconnaissance que je ne saurais taire. Quand le
comte de Flahaut, notre ambassadeur à Vienne,
demanda en ma faveur la permission de travailler
dans les grandes archives de Venise, le prince de
Metternich voulut bien se rappeler qu'il avait été
dans sa jeunesse l'ami de mon père, et il donna
des ordres qui firent ouvrir toutes les armoires
devant mes désirs. Je travaillai pendant cinq se-
maines dans ce mystérieux et important dépôt,

sans sortir toutefois du cadre que je m'étais tracé,
de peur de me perdre dans les millions de cartons
transportés et classés depuis 1816 dans les bâtiments de l'ancien couvent des Frari. La bonne
volonté des employés a répondu aux recomman-
dations du premier ministre. Mais pour connaître
les rapports de Venise avec la Grèce, les archives
de la république ne suffisent pas; chaque Vénitien
a les siennes, et dans toutes doivent s'être conservées des traces de ces relations familières qu'ont
entretenues les arts, l'industrie, le commerce, la
diplomatie et une lutte commune contre le Turc.
Le temps m'aurait manqué pour pousser bien
avant cette féconde investigation, si M. Rawdon-
Brown, établi à Venise afin de poursuivre à loisir
des recherches historiques, n'avait mis à ma
disposition une bibliothèque spéciale sur l'histoire de la république, et des archives remplies
de documents inédits. Mon ouvrage se renferme
dans un cadre trop restreint pour donner une
idée de ces richesses, mais il témoignera de l'accueil libéral fait à mes poursuites dans la ville de
Venise. A Copenhague, à Hanovre, à Darmstadt,
à Cassel, la guerre de la Morée fut une guerre
nationale, et les archives de ces villes conservent
les documents les plus curieux sur cette singu-

lière expédition, la dernière des croisades. L'historien de la Hesse, M. de Rommel, m'a ouvert
les archives de Cassel, qu'il analyse avec tant
de conscience dans son ouvrage, et j'y ai puisé
quelques renseignements. A Paris, j'avais des
investigations à poursuivre dans plusieurs collections. Citer M. Mignet, c'est dire que la libéralité
présidait, sous sa direction, à la communication
des archives du ministère des affaires étrangères.
J'allai droit à lui, et quand il sut qu'il pouvait satisfaire la science sans porter préjudice à la dis-
crétion diplomatique, je fus admis à travailler, et
je trouvai dans M. Dumont le catalogue vivant,
spirituel et prévenant de cet important dépôt. Aux
grandes archives, aux archives des ministères de
la marine et de la guerre, même accueil; et si ces
collections n'ont ajouté que faiblement à mes informations, ce n'est pas la faute des hommes in-
struits et obligeants qui président à leur conservation. Les archives particulières de l'École des
beaux-arts et les archives départementales de
l'Aube m'ont été utiles pour mieux apprécier les
travaux de Guillet et les productions de J. Carrey.
M. Venit, secrétaire de l'école, et M. de Jubain-
ville, archiviste de Troyes, recevront ici mes re-
mercîments pour les facilités qu'ils m'ont offer-

tes. Que dirai-je des bibliothécaires d'Athènes, de Venise, de Paris, de Londres, de l'Italie, de la Belgique, de la Suède, de l'Allemagne? C'est partout aujourd'hui comme une émulation de science prévenante et de complaisance éclairée. J'ai pu calquer des manuscrits, copier des miniatures, transcrire des correspondances inédites, sans obstacle, je dirai mieux, en ne rencontrant que des encouragements; et lorsque, trop éloigné des collections, j'ai dû recourir à des amis, ils ont hérité, pour ainsi dire, de cette bienveillance. Schnetz et Mérimée (je supprime les titres, on est familier avec de tels noms) ont fait exécuter, pour moi, à Rome et à Vienne, des calques de manuscrits que jusqu'à présent on ne laissait pas même copier. Les érudits doivent à cette hospitalité générale de la science les deux volumes que je publie aujourd'hui et l'ensemble des matériaux qui me permettront de terminer mon ouvrage sur le Parthénon.

Et cependant, en dépit de l'utilité bien évidente de ces recherches, malgré les chances heureuses qui m'ont offert tant de documents inédits, je dois avouer que j'ai été poursuivi pendant tout ce travail par une préoccupation qui pourra bien se communiquer à mes lecteurs. Cette impression

tenait du regret et presque de la honte d'avoir à
écrire cette longue et lamentable complainte.
Vingt fois j'aurais voulu secouer toutes ces descriptions ignorantes et détourner mes yeux des
dévastations latines, turques ou vénitiennes, des
mutilations d'un Elgin, des restaurations infligées
au Parthénon par les Grecs, au temple de la Victoire par les Bavarois, à l'Érechthéion par les Français; j'aurais voulu remonter aux beaux temps de
la Grèce, à cette époque, bénie entre toutes, qui
vit s'élever ces chefs-d'œuvre de tous les arts au
milieu d'un peuple heureusement doué, accessible
à des beautés qui nous échappent et à la vraie si-
gnification des représentations de la sculpture,
pour nous des énigmes. Mais condamné à vivre
au milieu des tâtonnements de cette époque intermédiaire, aujourd'hui que des textes anciens
mieux compris et des ruines plus attentivement
étudiées rejettent bien loin ces erreurs, il me
semblait être retenu dans les nuages flottants
sur le flanc des montagnes, entre le ciel pur qui
plane sur la cime et les rayons du soleil qui pé-
nètrent jusqu'au fond de la vallée. Je me consolais
avec la pensée qu'en sortant de ces brouillards
de l'ignorance, je jouirais mieux des perspectives
étendues et nouvelles que l'étude des textes et des

monuments offre à ma vue, en même temps que j'évite aux archéologues des recherches pénibles et de grandes pertes de temps.

Vienne donc le moment prochain où, le flot montant de la production des livres ayant submergé les casiers de nos habitations et jusqu'aux bibliothèques publiques, il faudra aviser et faire deux parts, l'une des *livres à conserver*, l'autre des *livres à détruire;* vienne ce moment fatal, et j'espère que cet ensemble de documents nouveaux ou peu connus, formé avec patience et disposé avec méthode, aura conquis quelques défenseurs au petit nombre d'exemplaires que je fais imprimer de ces deux volumes.

Tombeau du savant archéologue Otfried Müller,
mort à Athènes le 26 août 1840.

ATHÈNES

AUX XVᴱ, XVIᴱ ET XVIIᴱ SIÈCLES.

Le 29 mai 1453, le coup qui renversa sur les murs de Constantinople le dernier des Paléologues alla frapper au cœur le dernier duc d'Athènes. Byzance, en tombant au pouvoir des infidèles, entraînait sous leur domination la Grèce tout entière. Cependant quatre siècles de luttes gigantesques et de continuels désastres n'avaient point épuisé l'esprit religieux et l'ardeur chevaleresque des croisades, les ordres militaires étaient debout pour les continuer, Rome à l'œuvre sans relâche [1] pour les

[1] Le premier feuillet imprimé à Mayence avec date certaine, dans toutes les conditions d'une invention pratique, est une lettre d'indulgence accordée par le pape Nicolas V à ceux qui contribueront de leurs offrandes aux dépenses de la guerre contre le Turc. Des appels contre les infidèles,

encourager, et tout croisé trouvait encore à Venise des flottes prêtes à renouveler des guerres incessantes.

La délivrance du tombeau de Notre-Seigneur était toujours le but de ces généreux efforts; le Turc restait l'ennemi commun, mais le théâtre de la guerre s'était chaque année rétréci davantage, et après la prise de Constantinople il était circonscrit dans les mers de la Grèce, dans ses îles, dans la Morée, l'Attique et l'Eubée. D'européenne la lutte devint vénitienne, la religion et le fanatisme firent place à d'autres intérêts, la physionomie de la guerre changea. Si les Vénitiens prêtaient un concours persévérant aux chrétiens armés contre le croissant, si les Turcs luttaient avec ténacité pour enlever à l'Europe ses derniers établissements en Orient, c'est que la question était pour les uns une question de vie, il s'agissait du maintien de leur

d'autres lettres d'indulgence pour la défense de Rhodes et des établissements chrétiens de l'Orient, furent répandus à profusion au moyen de ce nouveau procédé multiplicateur. (Voyez mes recherches sur l'imprimerie.) Rattacher à l'histoire de la Grèce, le pays de la liberté, à l'histoire d'Athènes, la ville où les œuvres de l'imagination furent le plus en honneur, ce perfectionnement définitif de l'invention hollandaise, cette machine de guerre de l'indépendance, cette porte ouverte à toutes les intelligences, ce ne serait ni hors de propos, ni dépourvu d'attrait, mais je tends à rétrécir mon cadre, qui s'est déjà trop élargi.

commerce; pour les autres une question de vie aussi, il s'agissait de leur existence en Europe.

Trois années seulement après la prise de Constantinople, l'Attique et le Péloponèse se débattaient dans une triste agonie. Les ducs d'Athènes et les despotes de la Morée s'étaient maintenus dès l'abord avec la valeur guerrière de leur origine française, mais dans les derniers temps, devenus Italiens, ils luttèrent contre la domination envahissante des Turcs en faisant assaut de bassesse : ils allèrent jusqu'à reconnaître la souveraineté de la Porte, jusqu'à envoyer leurs filles dans le harem du sultan, jusqu'à livrer leurs fils à des faveurs plus dégradantes encore [1].

Ce grand nom d'Athènes, le bouclier protecteur de la Grèce pendant cinq cents ans, n'avait plus assez de puissance pour relever le moral de ces ducs francs. C'était encore un joyau dont on se pare, ce n'était plus un piédestal qui grandit ou une arme qui protége. Rien ne pouvait arrêter une décadence qui s'achevait, comme celle de Rome et de Constantinople, dans le sang et dans la boue. En 1456, le sultan Mohammed II mit fin à cette agonie en donnant à Omar, son lieutenant, l'ordre

[1] Voyez un passage très-explicite de Chalcondylas, natif d'Athènes, et l'historien de cette ville, liv. IX. Il donne les honteuses raisons de la protection accordée à Franco Acciajoli par le sultan Mohammed II.

1.

de prendre possession d'Athènes, et la ville de Minerve devint musulmane sans coup férir, sans que
l'Europe eût une larme ou seulement une pensée
pour cette dure nécessité.

La transition avait été bien préparée. Les ducs
d'Athènes étaient devenus de vrais Orientaux, je
dirais presque de bons musulmans. Les Turcs se
montrèrent bénins oppresseurs et passables appré-
ciateurs des chefs-d'œuvre de l'art [1]. Ils étaient d'ailleurs pleins de ménagements pour les personnes,
pour le culte, pour les monuments. Il s'agissait
bien moins d'une invasion que d'une conquête à
l'amiable. Les meilleures preuves de cette tolérance,
c'est la liberté et la vie laissées au dernier duc, c'est
le maintien du culte chrétien dans le plus magnifique de ses temples, le Parthénon. En 1459, Mohammed II rendit visite à cette nouvelle province
de son empire et à la ville des sages. Il s'écria dans
son admiration devant les beaux monuments du
génie grec : *Combien la religion et l'empire ne doi-
vent-ils pas de reconnaissance au fils de Turachan,
qui leur a conquis ces trésors* [2]! Cette tendresse

---

[1] *Les Turcs*, dit M. Beulé, *dans leur pieuse aversion pour
les images, n'avaient mutilé que celles qu'ils pouvaient atteindre*
(t. I, p. 62). C'est une erreur. J'ai prouvé plus haut (voyez
mon ouvrage sur le Parthénon) que les mutilations auxquelles
l'auteur fait allusion étaient l'œuvre des premiers chrétiens.

[2] Chalcondylas, liv. IX, p. 142.

subite pour la ville de Minerve et ses restes grandioses porta malheur à cet ignoble Franco Acciajoli, qui relevait la tête, pratiquait de sourdes menées et faisait mine de revendiquer son indépendance. Le sultan y mit bon ordre. Saganos, son beglerbeg, fut chargé de l'étrangler en ne lui laissant que l'honneur d'avoir été le dernier duc d'Athènes.

Si l'Europe s'aperçut à peine de ce changement de domination, les monuments d'Athènes ne s'en ressentirent guère davantage. D'église qu'il était, le Parthénon devint mosquée, après que la révolte suscitée par Acciajoli eut été apaisée : l'orientation nouvelle que les chrétiens lui avaient fait subir convenait à peu de chose près au culte du Coran, il suffit, pour rendre complète la transformation de ce monument, d'en couvrir les murailles d'un badigeon qui cachât les belles peintures chrétiennes [1], et de construire un escalier dans le

---

[1] J'ai parlé plus haut de ces admirables fresques (voir l'ouvrage sur le Parthénon). Spon ne se doutait pas que ce badigeon eût eu pour motif de cacher des figures de saints : *Les Turcs, par une stupidité incroyable, l'ont tout blanchy* (le Parthénon) *par dedans, quoy qu'il fût infiniment plus beau que le marbre parût.* — *On voit encore à la voûte une représentation de la sainte Vierge qu'on a laissée parce qu'on dit qu'un Turc y ayant un jour tiré un coup de mousquet, la main de ce profane sécha.* (Spon, II, 121. Wheler, 364.) Ces traditions grecques sur la vengeance exercée par les images saintes sont bien anciennes, ces superstitions se renouvellent chaque jour ; en voici un exemple moins ancien et plus gracieux, il s'agit du

coin du sud-ouest de l'ancien opisthodome pour conduire au minaret, qui se dressa avec sa galerie au-dessus de l'entablement; c'est de là que le muezzin appela dès lors, et a pu appeler pendant quatre cents ans, les fidèles musulmans à la prière. En même temps l'Érechthéion, de palais ducal, devint le harem du gouverneur, et les Propylées, déjà encombrées de fortifications, se hérissèrent encore de bastions et de tours, pour résister à la nouvelle tactique militaire qu'enfantait l'invention de la poudre et son application à l'artillerie. D'ailleurs pas une mutilation sans motif, pas un acte de vandalisme religieux; ce fut une appropriation opérée sans façon, il est vrai, et sans gêne, mais suivant les besoins et jamais sans nécessité.

temple de Jupiter Olympien et d'une colonne qui se tenait debout et isolée à l'extrémité occidentale. Le voivode d'Athènes la fit tomber pour l'employer en guise de matériaux de construction : *The Pasha of Egripos inflicted upon the Voivode a fine of seventeen purses* (8,500 turkish piastres) *for having destroyed those venerable remains. The Athenians relate, that, after this column was thrown down, the three others nearest to it were heard at night to lament the loss of their sister! and these nocturnal lamentations did not cease to terrify the inhabitants, till the sacrilegious Voivode, who had been appointed governor of Zetoun, was destroyed by poison.* (Dodwell, *Tour through Greece*, t. I, p. 390.) L'enlèvement de l'une des cariatides donna lieu, de nos jours, à des inventions du même genre qui répondent au sentiment poétique et à l'amour du merveilleux toujours inépuisable en Grèce.

L'Europe sortait alors d'un long et barbare sommeil, au bruit enchanteur de la renaissance classique. La langue grecque, les œuvres du génie de la Grèce, le nom d'Athènes surtout, retentissaient doucement dans le bourdonnement merveilleux d'un réveil général, mais tout cela n'était encore qu'une aspiration poétique; on ne songeait point à s'enquérir de la réalité des choses, de l'existence d'une ville, de la conservation de ses monuments. Trop de nouveaux sujets d'études sollicitaient les érudits [1], ils ne pouvaient prêter attention à ce

[1] Il y a quatorze pages à lire dans l'histoire littéraire de Tiraboschi. Le célèbre Italien passe en revue les nombreuses collections que le goût des statues, des bas-reliefs, des médailles, des inscriptions, fit former, au xv⁰ siècle, rapidement et à grands frais, tant à Florence qu'à Rome, Venise, Padoue, etc., etc. Il montre comment le nombre vraiment prodigieux des collections s'augmentant, le champ des fouilles et des investigations dut s'étendre dans toute l'Italie d'abord, puis en Espagne et en Égypte, et il n'a pas un seul mot à dire de la Grèce. Il ne la cite même pas. (Voyez t. VII, lib. i, § XXII, *Munificenza dei Medici nel raccogliere le antichità. XXIII, Musei in Italia. XXIV, Gata degl' Italiani in somiglianti ricerche. XXV et XXVI, Raccoglitori di antichità in Venezia e in altre città d'Italia. XXVII, Raccolte d'Iscrizioni antiche. XXVIII, Illustratori delle antichità patrie.*) Le silence de Tiraboschi ne serait pas une preuve que les collecteurs italiens n'aient absolument rien fait venir de Grèce. J'ai parlé plus haut (voyez l'ouvrage sur le Parthénon) des efforts de Cyriaque d'Ancône, aux premières années du xvi⁰ siècle, et des relations faciles, commodes, journalières, de l'Italie avec la Grèce,

changement d'Athènes chrétienne en Athènes musulmane, fait lointain, obscur, qu'on apprit tard, qu'on ne comprit pas. Venise, seule, à un point de vue très-matériel, pouvait sentir la violence du coup porté aux intérêts européens et à son commerce par la soumission de la Grèce presque entière; mais Venise, sans l'assistance de l'esprit religieux, était alors impuissante, et les chrétiens ne se préoccupaient que des lieux saints. Tant que la route de Jérusalem restait ouverte et, dans une certaine mesure, protégée, ce qui était à côté les frappait médiocrement au milieu du tableau de désolation générale de la chrétienté en Orient.

Parmi ces pèlerins qui traversaient la partie occidentale de l'Archipel pour se rendre à Jaffa, il n'y

devenue par ses souverains une nouvelle Italie intermédiaire de l'Orient. Je me suis étonné des faibles lumières offertes par les documents, et de voir la Grèce, dès cette époque, exciter plus d'intérêt et d'attention par ses souvenirs que par ses antiquités. Cependant, d'un côté, le célèbre historien a étudié profondément son sujet, et il avait à sa disposition des documents de toutes sortes et les correspondances, si nombreuses en Italie, des érudits et des amateurs; de l'autre côté, ce goût des statues et des musées d'antiques n'eut besoin de déborder au delà des frontières italiennes qu'après un certain temps, et alors Constantinople était pris par les Turcs. Dans ces mers rougies du sang chrétien, les vaisseaux italiens furent reçus désormais, en temps de guerre comme des ennemis, en temps de paix comme des espions; les recherches et l'enlèvement des marbres n'étaient pas chose facile.

avait pas encore de voyageurs[1]. Or les pèlerins, comme pèlerins, se souciaient peu de l'antiquité païenne. Quant aux archéologues, s'ils eussent existé, ils auraient été malvenus à Athènes, on les eût traités comme des espions véni- tiens, nul alors n'eût com- pris qu'un homme de sens se détournât de la route suivie pour venir voir ce qui était déjà pour les Turcs, et ce qu'ils n'ont cessé d'appe- ler de *vieil- les pierres*. Si donc Athè- nes figure d'une ma- nière con-

Athènes en 1466, d'après Bondelmonte.

ventionnelle sur les cartes de Ptolémée, exécutées au

[1] Nous avons plusieurs cartes itinéraires des pèlerins qui nous montrent les directions qu'ils suivaient en s'embarquant à Venise, à Marseille, à Gênes, ou en s'avançant à travers l'Italie jusqu'à Naples. Une des plus curieuses et qui mérite- rait d'être reproduite à cause de ses intéressantes légendes, se voit au *British museum* (sous le numéro *Bibl. Regia*, 14, c. VII). Cet itinéraire part de Londres et va jusqu'à Jérusa- lem. Les légendes sont toutes en français. Une autre carte itinéraire de Londres à Naples mérite aussi d'être consultée, les légendes sont également en français. (Cotton. Nero, D. 1, folio 182, b.)

xvᵉ siècle avec un grand luxe et beaucoup d'art [1], dans
les Isolario de l'Archipel que Ch. Bondelmonte [2] avait

[1] Je n'examinerai pas ici les nombreux manuscrits de la
géographie de Ptolémée que j'ai étudiés. Je me suis occupé
longuement ailleurs (*Commentaire sur la Bible*) de la formation primitive de ces cartes, et j'ai dit quelques mots des plus
anciennes dans ce qui précède (voir l'ouvrage sur le Parthénon). On a abandonné de bonne heure, dans ces atlas, l'usage
de figurer les villes : on a remplacé les dessins par des points
ronds, et je ne connais aucun manuscrit de Ptolémée, un peu
bien exécuté, dans lequel ait été maintenu ou renouvelé le système des vues cavalières. Je m'étonnerais cependant que ce
genre de topographie, si goûté au xvᵉ siècle, n'ait pas été appliqué à l'ouvrage de Ptolémée, très-en vogue alors.

[2] J'ai déjà parlé (voir mon ouvrage sur le Parthénon) de
Bondelmonte. Il est, avec Cyriaque d'Ancône et quelques
autres, du nombre des voyageurs curieux qui précèdent et
annoncent exceptionnellement les voyageurs érudits, non
pas qu'il fût savant, qu'il dessinât exactement ou décrivît avec
fidélité ce qu'il voyait, mais il avait cette curiosité qui regarde et se rend compte de ce qu'elle voit, pour en rendre
compte aux autres. Il quitta l'Italie vers 1413, selon quelques-uns avec mission d'acheter des manuscrits grecs, mais
plus probablement pour s'employer comme clerc dans les
établissements chrétiens du Levant. Il était en 1414 à Rhodes,
en 1415 et 16 en Crète. Déjà là il regarde autour de lui, et il
fait une description historique de cette île. Le succès de son
ouvrage l'encourage, et, de 1417 à 1421, il compose son
Isolario de l'archipel grec, ou description de toutes les îles
dont il est formé. Il envoie en 1422 cet ouvrage, fort curieux
alors, au cardinal Orsini, ainsi que le prouve l'intitulé :
« Incipit liber insularum archipelagi editus per presbyterum
» Christoferum de Bondemontibus de Florentia que misit de

mis à la mode, sur les portolans qui se répandent dès

» civitate Rhodi Romam domino Jordano cardinali. Anno
» millesimo quadringētesiō xxij. » Cet ouvrage fut bien accueilli, et bientôt, j'entends dès la seconde moitié du xvᵉ siècle, les copies s'en multiplient à l'infini. Mais on les repro-
duisait sans corriger les barbarismes du latin, les idiotismes
italiens, les fausses allusions mythologiques et les erreurs
de toutes sortes; puis, en reproduisant les dessins fantas-
tiques et les contours arbitraires des places, on altérait à
chaque copie la donnée première. Ainsi se présente cet ouvrage plus curieux qu'utile. Aux détails que Bondelmonte
donne sur Constantinople, au peu de mots qu'il consacre à
Athènes, on voit qu'il a bien vu la première de ces villes,
et qu'il connaissait à peine l'autre.

De beaucoup de manuscrits offerts à ma curiosité dans
différentes bibliothèques, je n'en citerai que deux. L'un appartient à la bibliothèque impériale de Paris; il est inscrit sous
le numéro 4825. C'est un petit in-folio, relié en veau brun,
aux armes et chiffres de Henri II. Il a été écrit sur parchemin,
dans la seconde moitié du xvᵉ siècle, en 1466 même, si je me
fie à la légende suivante écrite sur l'*Insula Santilini :* « Hic
» ab annis viij nata est insula in longitudine viiij galee, vide-
» licet 1458. » Au feuillet 42 est l'*insula Egripos*, et en face la
partie de la côte de l'Attique où figure Athènes, ainsi que je
l'ai reproduit dans le texte, page 9. Le manuscrit du Musée
britannique, que je distinguerai parmi les deux qu'il possède,
est composé de la même manière, écrit sur parchemin et orné
de dessins exécutés avec plus d'art et d'agrément, sans présenter plus de garanties d'exactitude. L'évêque Raphaël de
Marcotellis, abbé de Saint-Bavon, près de Gand, fait une
note à la fin du volume pour qu'on sache qu'il a acquis ces
cartes, *et quoad potuit correxit anno Domini* 1485. Il porte,
en effet, traces de plusieurs ratures.

L'ouvrage de Bondelmonte a été publié par M. de Sinner

lors en si grand nombre [1], et sur la célèbre mappemonde dessinée par Fra Mauro vers 1460 [2], c'est que la ligne des côtes [3] fut étudiée de tout temps avec soin par les marins, dans l'intérêt de leur

avec soin, mais à une époque où cet érudit sentait lui-même ce qui lui manquait pour commenter utilement des indications souvent très-vagues. Voyez *Christ. Bondelmontii, Florentini, librum insularum archipelagi.* = *Instr. G. R. Ludovicus de Sinner. Lipsiæ, 8°, 1824.*

[1] J'ai vu et décrit d'innombrables portolans dans les bibliothèques de l'Europe, je n'en parlerai pas ici. Le rôle que joue Athènes dans ces cartes marines, même au point de vue des développements de la géographie, est sans importance; sous le rapport de l'art, il est complétement nul. J'ai relevé les formes différentes de la corruption du nom d'Athènes, en Athina, Setine, etc. C'est la fausse interprétation que les oreilles occidentales donnaient à la contraction du grec moderne, εἰς ταῖς Ἀθηναῖς — εἰς τ' θηναῖς — Σθηναῖς. Stamboul s'est formé de la même manière.

[2] **M.** Bettio affirme avoir lu, au revers de la carte, à l'époque où elle fut transportée, et avant qu'on la fixât sur le mur de la bibliothèque de Saint-Marc : *Fo terminada in octubrio* 1460.

[3] Fra Mauro mettait dans le choix de ses documents de la critique et un vrai scrupule. Il avait réuni des dessins en grand nombre. Je lis sur sa grande carte, près de la ville de Babylone : *S'il pareva ad algun che io non habi ben posto Babilonia, per haver la descrita sopra Tygris e non Eufrates come scriveno li autori, per quali prima considerar questo disegno e dapoi domandi que li hano veduto ad occhio, ei tenderano che io non me parte de la verita.* Et près de l'Euphrate : *Io ho lassato amplissimi disegni di tutte queste parte; — che li sono meso distincte et ordinate.*

sécurité bien plus que par amour de la science,
et comme ils apercevaient les murs de l'Acropole

d'Athènes par-dessus le bastingage de leur navire,
à l'ancre dans le port du Pirée, ils inscrivaient assez
exactement à sa place la ville célèbre, sous le nom
de Settines, n'en rapportant d'ailleurs qu'un souvenir assez confus, qui se traduit sur quelques cartes
par des traits dépourvus de toute ressemblance.

Une pareille indifférence pour les antiquités grecques régnait-elle aussi à Athènes? A en juger par
l'absence de tout écrit sur son histoire et ses monu-

---

¹ J'ai calqué ce fragment avec un soin que le graveur n'a
pas imité dans quelques parties des légendes. Il est facile de
suppléer à ces erreurs.

ments pendant la longue période du moyen âge, nous aurions droit d'accuser les ducs francs, bourguignons, champenois, napolitains ou toscans, personnages appartenant tous aux plus grandes familles de leur pays, surtout à la classe la plus éclairée, de n'avoir stimulé aucune étude, de n'avoir fait naître aucun travail érudit. Mais l'absence de monuments écrits n'est la preuve ni de l'ignorance d'un peuple, ni de son engourdissement. L'antiquité, comme le moyen âge, a eu de ces naufrages faussement accusateurs. D'ailleurs ne savons-nous pas que Byzance et Thessalonique avaient conservé des académies, des écoles, des écrivains, tout le personnel et l'attirail du culte d'Apollon, moins le feu sacré que les révolutions avaient éteint? Nous n'avons point à juger ici cette décadence raffinée qui se croyait en droit, encore en plein XVe siècle, de plaindre dédaigneusement l'Occident tout entier de sa profonde barbarie; mais, si nous l'étudions avec attention, il nous sera impossible de supposer que le mouvement érudit, parti de foyers littéraires aussi actifs, aussi voisins, ne se soit pas étendu jusqu'au sein de l'Attique, jusqu'au milieu de la population d'Athènes qui trouvait, mieux que toute autre, dans son nom célèbre, et dans la vue de ses antiquités encore majestueuses, un aiguillon d'amour-propre et comme un point d'honneur. La domination turque aurait pu devenir un obstacle à

la continuation de cette éducation distinguée et de
ces habitudes littéraires, si Athènes n'avait pas joui
d'une protection spéciale; mais la ville célèbre
trouvait sa sauvegarde dans ce qui semblait être
le comble de son humiliation. Ses revenus, comme
son gouvernement, étaient devenus l'apanage des
charges de cour, et en dernier lieu le privilége du
chef des eunuques noirs. Ces personnages, puissants
à Constantinople, intéressés à augmenter le bien-
être d'une ville qui augmentait leurs revenus, la
traitaient pour ainsi dire en enfant gâté, laissant
aux Athéniens une liberté inconnue dans la Grèce,
et intervenant près du sultan contre ses ministres à
la moindre réclamation de leurs contribuables. De
là un mouvement relatif de liberté, d'imagination,
d'esprit, qui n'eut d'interruption que par la guerre.
La ville d'Athènes, par une protection spéciale de
ses dieux, j'entends de ses souvenirs, avait trouvé à
travers les siècles, au milieu de toutes ses vicissitudes, sous toutes les dominations, des faveurs excep-
tionnelles; elle les accepta de toutes mains : pourquoi les aurait-elle refusées du chef des eunuques
noirs? Et cependant il ne nous est parvenu qu'une
seule et courte description d'Athènes et de ses monuments, écrite vers 1460, et probablement par un
Grec étranger à l'Attique. Ce voyageur, après un
séjour plus ou moins long, aura voulu donner à ses
compatriotes une topographie et un guide pour visi-

ter la ville de Minerve en suivant un itinéraire méthodique [1].

[1] Cette topographie d'Athènes a été transcrite au quinzième siècle et réunie avec différentes pièces théologiques dans un volume manuscrit, en papier, de format in-4°, qui fait aujourd'hui partie de la bibliothèque impériale de Vienne. Il est porté sur le catalogue des manuscrits grecs, rédigé par Hessel, parmi les *Codd. theologici*, sous le numéro CCII (selon Ross et 252 selon Ottfried Müller). La topographie de l'anonyme occupe sept pages, du feuillet 29 au feuillet 32, et semble, autant par les lacunes qu'elle présente que par la manière de compléter ces lacunes, une transcription postérieure, datant, comme la formation du manuscrit, de la fin du xve siècle. Ottfried Müller, le premier, a compris l'intérêt de ce fragment. En 1840, il transmit une partie de l'original, se bornant à donner du reste une indication sommaire, au colonel Leake, qui l'inséra, page 478 du tome premier de sa topographie d'Athènes (London, 1841). Le savant professeur de Gœttingue accompagnait son envoi d'un court commentaire. Il exprimait son opinion sur l'époque de la rédaction de la topographie d'Athènes et de celle de la transcription du manuscrit. Selon lui, puisqu'il est fait mention d'un duc d'Athènes et du Parthénon, église chrétienne de la Panagia, ces deux faits prouvent que l'anonyme a écrit sa relation antérieurement à la prise d'Athènes par les Turcs, c'est-à-dire avant 1456. Quant à la transcription, elle ne peut être antérieure au quinzième siècle. Il plaçait donc cette rédaction vers 1450; je vais dire pourquoi je la mets en 1460. L'écart entre ces deux dates n'est pas grand, mais je crois ce changement nécessaire. En effet, l'anonyme parle deux fois des ducs d'Athènes, et deux fois au passé. Le pouvoir de ces ducs avait donc fini; mais, dira-t-on, puisque le Parthénon n'est point encore une mosquée, Athènes n'était

ADDITION A LA PAGE 16, NOTE 1.

Fac-simile du manuscrit de la Bibliothèque impériale de Vienne.

Je n'ai pu obtenir un *fac-simile* de la description d'Athènes, par le Grec anonyme de 1460, qu'au moment où mes deux volumes étaient imprimés. Après avoir collationné cette copie avec le texte publié par M. Ross, je me suis assuré qu'à l'exception de quatre ou cinq mots qui prêtent à une interprétation différente, elle n'offrait aucune leçon nouvelle qui eût une véritable importance. Ce résultat fait honneur à l'exactitude du savant professeur de Halle. Toutefois l'autorité de M. Ross, et le témoignage que je donne ici de la fidélité de sa transcription, ne valent pas, pour la discussion de plusieurs points de détail et la fixation de l'âge du manuscrit, une copie minutieusement calquée sur le texte original. Ces raisons, et l'intérêt que tous les archéologues trouveront dans ce document isolé au milieu du mutisme de plusieurs siècles, m'engagent à publier ce *fac-simile*.

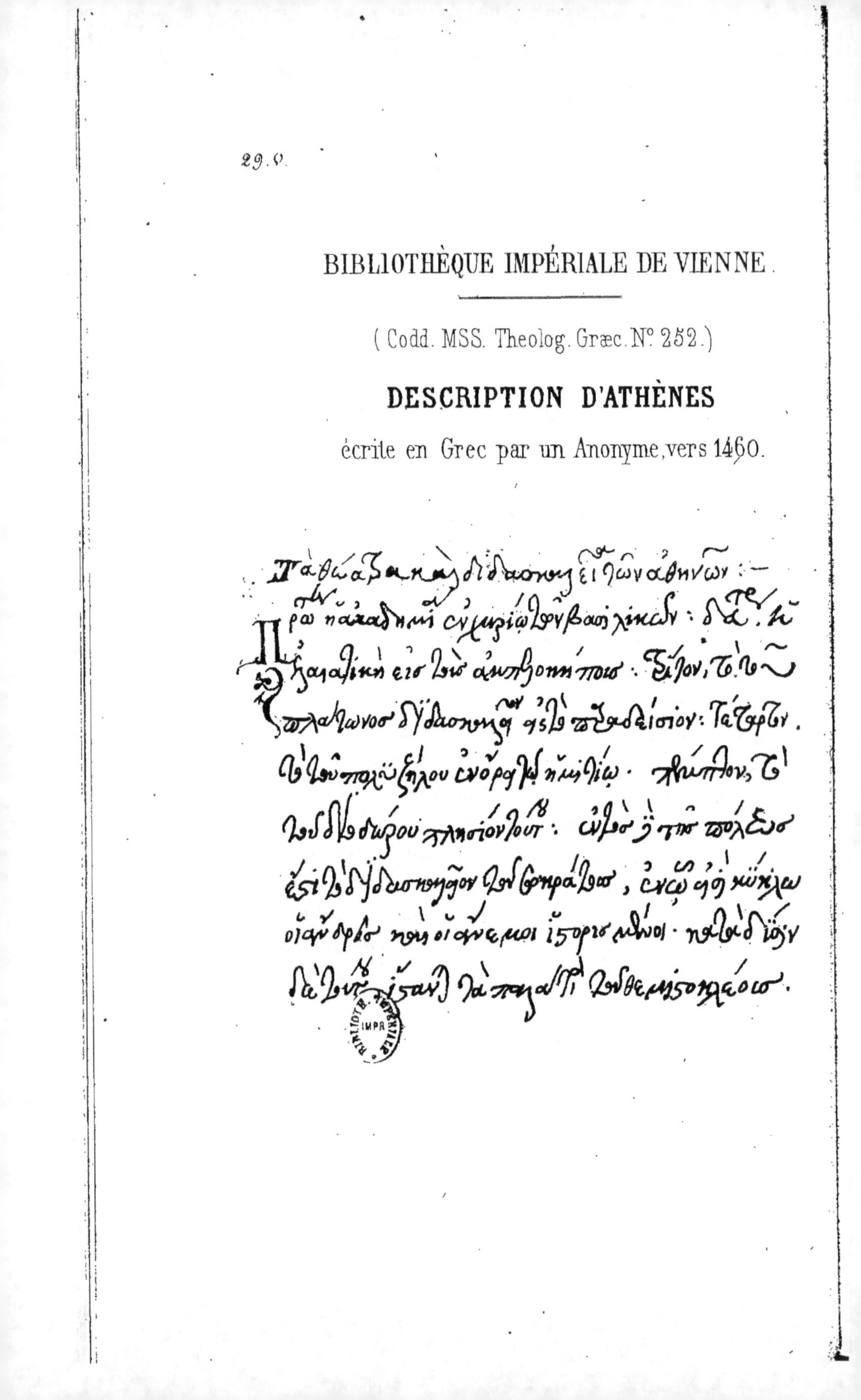

BIBLIOTHÈQUE IMPÉRIALE DE VIENNE.

(Codd. MSS. Theolog. Græc. N° 252.)

DESCRIPTION D'ATHÈNES

écrite en Grec par un Anonyme, vers 1460.

καὶ τὰ πλησίον τοῦ, ὅ ἐστιν οἱ λαμπροὶ οἱ καὶ τὰ πολυμ...
ἵσταιν ἢ διὰ ὀργή... τὰ ἔνδ... ἐγγὺς τοῦτ'· αὐτη...
δὲ τοῦτ', ἐστὶ βωμὸς, τὸ οἱ ταφρον ἀξιου... οἱ πη...
κρα... καὶ οἱ χ... μπτοι... ἐν τῷ φοι...ν ... οἱ ρ...
τὸ... διαφθιο... λόγ... ἀν θῆ... ἄσσιν· καὶ ἀγκ... ὁ τοῦ,
τ...χ... ἢ πρῶ... ἄρα ... ἧς ἦν ὁ ἀπόστολος θεὶ
λίτ... ὑπ... μμα... ἐβύθι... ἔνθα ... καὶ οἱ
λαμπροὶ οἱ καὶ φιλ... τὴν σαν δι ὁ τι δ... καὶ ἢ ... γι ο
τιου μά ρος, ... διδασκαι... τῶν κω... φιλο...
καὶ πλησίον τοῦτ' τῶν βασιλέων· ἐν τοῖς ἢ τὸ ἄκρο ...
ὀλίτον ... τ... ναι... κωνοι θ...μ
καὶ πλησίον τοῦτ' ... διδασκαι... τοῦ σοφοκλέους·
καὶ πρὸς νότον τοῦτ', ... ἵσταιτο ὁ ἄριστος παῖς·
ἔνθα ὁ τοῦ ποσειδῶνος ... λυρο δίος ... σαφεος
θαναλα θη· καὶ ἀναπολα... ἢ τοῦτ' ... ον διὰ πονα...
διὰ πλεονιδ... ἡ ευη τιά... καὶ πλησίον τοῦ... ἀκμ...
ἵσταιτο διδασκαι... κω... ον τὸ δαρι στο θῆ... σω... ...

ἐς ἰῶ οἶκος βασιλικὸς ὑπῆρχε πλησίον κήσσιν ὑπὸ
καλώθεν ὅτι εἰς ὀλίγη· ὅσ᾽ ἦτο ἐλεπτολουψ[ν]θη περι]ἀνδίο η
δὲ κ᾽ βασιλέων ἑῶν τ᾽ ἄκραν οἰκοδομῆσαι τ᾽. περὶς ἦ
γόλον θουτ ὅτι ἰνοῖκος βασιλικὸς πληνῶραι· εἰς ὀγκα—
ἱερουσαλὴ ὁ δὸ ὧξ καθὰ ἄνωθρον ὡς ἀ λωξ ἐκὴ ήγ τ᾽· ἐκῆ ἐ]
κ᾽η ήγειλ κρουπος ἀλὴ ἤ κακή ἱερον· εἰς ἡ χου ολὴ ἀπὴ—
τ᾽ ἀ βασιλέμὴ ῥ τῆς ἥρας λ βόλὴ, καὶ προσηψάμβ· μ᾽ῶ]
μᾶ ποιηθῆς γὰον ἵνα ὑπὸ ἀπὸ ῥομ θμὼ ἀπὸ χρόνος ἐβ·
καθὰ δὴ αὐθαλαὸ ὁ]ουτ ὅτι ῥ ἐῶι ἀθηνῶν θέατρον, κὴ—
κἡ ω πείεχομὴ, ὥσοι μη λίου δία ταῦτ᾽, διό ἐ]ς β᾽διω
κε ὀπληὴ   βορεινὴ εἴσοδος πλοῦθ᾽,
ἕτερον ὲ   γο]ιμ᾽ δωὴ κἀκήτ]· ἕκαββ᾽ῦ ῥξ νογς
ἕκος μὴ τῆ ὑκχρο θχ᾽ῶ ὸ θά ἀζ εον ἐκ μ᾽β᾽ μαροῦπα—
ποιμὴ λευκὴ· ἐν κὶς ὀλαος καθα ἐξ ὅλὴ, ὲ θεωρεῖ
ἐν αἰ εωνιζό μὴ κ᾽ ἡ λω πλ᾽μ᾽· ἐκ]οῦτ οιὸ αἰσρχομὴ
γλωσσα βολο]ικὴν τ᾽ἡκὴν, εὑρίσκομ᾽ ὀ ἡ πλνα ὅραμ, και
ἀ]εχχομ᾽ ἐ᾽ἴ δατ διό. ασ ῶ πρ ὁ]ουλιος πρ᾽εὰβ᾽ ἀθήνας

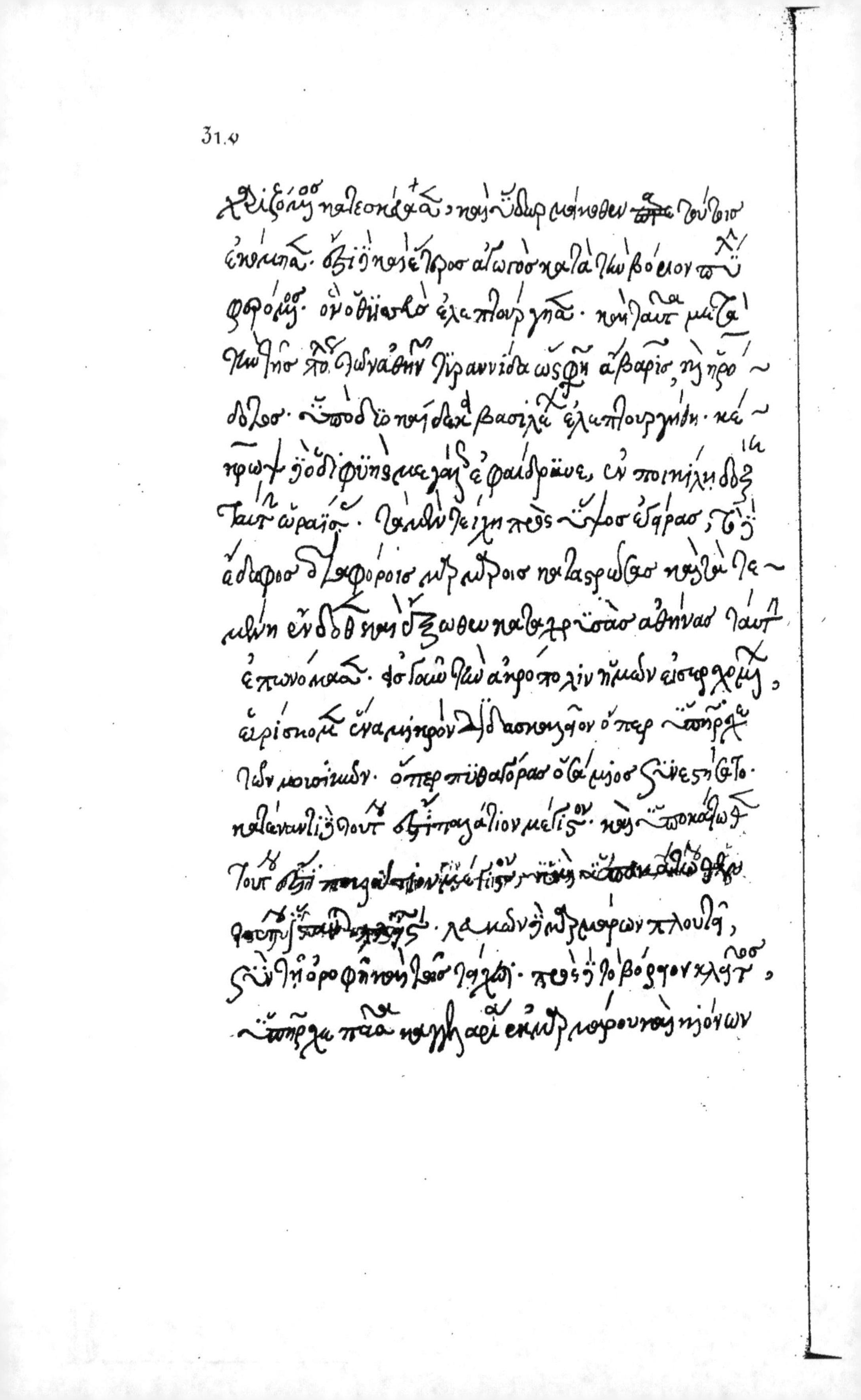

πεποιημ(έν)η λευκῶν· καὶ ἔξωθ(εν) ἐν ᾧ ἐ(σ)τ(ι)ν... τῷ τ(οί)χ(ῳ) ἢ
ὃ ἀ ἐν πολ(λῇ)... ἀναγραφὴ τὸ εἶχε χρυσῷ ὡραῖ(ον) ἔσωθεν καὶ
ἔξωθεν, καὶ λίθοις τιμίοις κεκοσμημένη· διὰ ταῦτ(ην)
καὶ στωϊκοὶ φιλόσοφοι ἐλέγοντο οἱ ἐν αὐτῇ μαθητευόμε(νοι)·
ἂν δὲ πρὸς ἢ ταυτ(ης)· οὕ(τ)ω δὲ Ἐπίκουρος καὶ μαθε διδάσκης·
τῶ εἰδ(έ)... Εὐναοῦ τῆς θεομή(τωρ)ος, ὃν ᾠκοδόμησεν ἀπὸ χ-
λοῦ καὶ εὐλο γίοις ἐπ' ὄνο μαθ ἀ(ϊ)νε(ο)ς θε(ῷ), ἔχ ούτως·
ὃ τινα ὁ δρομικῶς ταῦτα καὶ εἰ ρημ(έν)ος ὅς ἐ... πολ-
ἐπ... γνοσιν· καὶ ἐὰ ὃ ἰαχ ηλοῦ εἰ μαθ... ου... τι
... κοῦ· τε τελε... ἐν ὅς ἢ η ἰ οὕ... θε(ὸ)ς καὶ ἔστι...
τῶ... καὶ ὡς ἀσ ὅς οὐ μ(έν)ς· δ... ὁ δ... ῥου ἢ καὶ... ϋβ
δου ὁ τῶ τοι χος ἀναστρεφή· εἰ... ἢ τοῦ ἰ(ω)... χου, πλὴ
δη τοι ὅνα σ... καὶ μ... καὶ· κυκλικῶς ἐν ναοὺ πῆ... ἐ
χον ται· μα ταξ... ἢ ἐ ὃν λόγου... πλ... ω(σ)...
ὡς ἢ τ... ὥρας πύλην καὶ ὑαγίον βημ..., ἃ πρ... ρ(ο)ϊ
καὶ τὰ λίβον, καὶ θε ασ η(λ)... ἰ... ἐ
η... ασιν ... ἰ..., μεθ... ελ... πολ... τοῖ...

Εἰς τὰς κεφαλὰς ἢ θρόνιον πεπολαμμένας διὰ λί-
θου τοῦ δι᾽ ἵππου ἔξοχῆμι φοινίκου· εἰσὶ ἡμῖ τὰ πεποη-
μέναι· καὶ τοῦτ τοῦ θεοῦ δοκῶ, ἐκμαρμάρου πόλη
μόνοι λευκοῦ· Τοῖς ... καὶ τῶ ... πεπολαμμένη,
πλάκας πεπολαμμένας τῶ τραχυμ ... ἔχον τὰ,
καὶ ἐς ὀροφῆς ὁμοίωμ, ἢ τοῦτ τῶ φανε τὰς σήρ
θωῆς· στηρίζεται ἡ τῶ θεμθόνων τὴ λοι-
τοῦ αὖραι ὁ θεθεσ:–

L'auteur n'a pas donné son nom, nous l'appelle-
rons l'anonyme. Il intitule sa description : *Théâtres*

donc pas au pouvoir des Turcs. La conséquence n'est pas juste.
Athènes était dans la main du sultan, et cependant on priait
encore le Dieu des chrétiens dans le temple de Minerve, parce
qu'il se passa, entre la suppression du duché d'Athènes et l'introduction violente du culte musulman dans la plus imposante
des églises chrétiennes, une dizaine d'années de ménagement
pour les personnes et pour le culte; c'est pendant ce temps,
c'est-à-dire vers 1460, que la topographie d'Athènes fut rédigée par l'anonyme. Pendant qu'Ott. Müller envoyait des
extraits au colonel Leake, il communiquait sa découverte
au professeur Ross. Celui-ci en sentit toute l'importance. Il
se procura de Vienne une copie exacte et la publia, cette fois,
dans le texte original (c'est celui dont je me sers), en l'accom-
pagnant d'un commentaire ingénieux qui m'a été très-utile.
Ce travail a paru dans le 90ᵉ volume des *Jahrbücher der Lit-
teratur* de Vienne, en 1840. Quant à la traduction et aux
notes philologiques que je joins au texte, me défiant de moi-
même, j'ai eu recours à mon savant confrère M. Rossignol.
Je ne pouvais rencontrer une érudition de meilleur aloi unie
à plus d'obligeance.

ΤΑ ΘΕΑΤΡΑ ΚΑΙ ΔΙΔΑΣΚΑΛΕΙΑ ΤΩΝ ΑΘΗΝΩΝ [1].

1. Πρῶτον ἡ ἀκαδημία ἐν χωρίῳ τῶν βασιλικῶν · δεύτερον, ἡ
ἐλαιατικὴ εἰς τοὺς ἀμπελοκήπους · τρίτον, τὸ τοῦ πλάτωνος διδασκαλεῖον εἰς τὸ παραδείσιον · τέταρτον, τὸ τοῦ πολυζήλου ἐν ὄρει τῷ
ἡμιτίῳ (γρ. ὑμηττίῳ)· πέμπτον, τὸ τοῦ διοδώρου πλησίον τούτου.

2. Ἐντὸς δὲ τῆς πόλεως ἔστι τὸ διδασκαλεῖον τοῦ σωκράτους, ἐν
ᾧ εἰσὶ κύκλῳ οἱ ἄνδρες καὶ οἱ ἄνεμοι ἱστορισμένοι · κατὰ δύσιν δὲ
τούτου ἵστανται τὰ παλάτια τοῦ θεμιστοκλέους · καὶ πλησίον τούτων

[1] Nous reproduisons fidèlement le texte de M. L. Ross, bien qu'il demandât
en plusieurs endroits une autre ponctuation, une autre orthographe et des leçons
différentes, comme on le peut voir par la traduction, où ces rectifications ont
été faites.

et Écoles. Ce serait réduire beaucoup la topographie d'Athènes si l'on s'en tenait strictement à ces mots,

εἰσὶν οἱ λαμπροὶ οἶκοι τοῦ πολεμάρχου ἵστανται δὲ τὰ ἀγάλματα τοῦ διὸς ἔγγιστα τούτων · ἄντικρυς δὲ τούτων, ἔστι βωμὸς, εἰς ὃν ταφῆς ἀξιοῦνται οἱ παγκρατισταὶ (γρ. παγκρατιασταὶ) καὶ ὀλύμπιοι · ἐν ᾧ φοιτῶντες οἱ ῥήτορες, τοὺς ἐπιταφίους λόγους ἀνεγίνωσκον.

3. Κατὰ ἄρχτον δὲ τούτου, ὑπῆρχεν ἡ πρώτη ἀγορὰ τῆς πόλεως, εἰς ἣν ὁ ἀπόστολος φίλιππος τὸν γραμματέα ἐβύθησεν (γρ. ἐβύθισεν) · ἔνθα ὑπῆρχον καὶ οἱ λαμπροὶ οἶκοι φυλῆς τῆς πανδιονίδος · κατὰ δὲ τὸ νότιον μέρος, ὑπῆρχε διδασκαλεῖον τῶν χυνικῶν φιλοσόφων · καὶ πλησίον τούτου τῶν τραγικῶν · ἐκτὸς δὲ τῆς ἀκροπόλεως, ὀλίγον πρὸς δύσιν, κατῴκουν οἱ θαλαμ. . . . . καὶ πλησίον τούτου ὑπῆρχε διδασκαλεῖον τοῦ σοφοχλέους · καὶ πρὸς νότον τούτου ἵστατο ὁ ἄρειος πάγος · ἔνθα ὁ τοῦ ποσειδῶνος υἱὸς λυρόθιος (γρ. ἀλιῤῥόθιος) ὑπὸ ἄρεος ἐθανατώθη.

4. Κατὰ ἀνατολὰς δὲ τούτου ὑπῆρχον τὰ παλάτια κλεονίδους (?) καὶ μιλτίαδου · καὶ πλησίον τούτων ἀκμὴν ἵσταται διδασκαλεῖον λεγόμενον τοῦ ἀριστοτέλους. Ὕπερθε δὲ τούτου, ἵστανται δύο κιόνες · καὶ εἰς μὲν τὸν ἀνατολικὸν, ὑπῆρχε τὸ τῆς ἀθηνᾶς ἄγαλμα · εἰς δὲ τὸν δυτικὸν, τοῦ ποσειδῶνος · μέσον δὲ τούτων λέγουσιν εἶναι ποτὲ γοργόνης κεφαλὴν, ἔνδον χουβουχλείου σιδηροῦ · ἔστι δὲ καὶ ὡρολόγιον τῆς ἡμέρας μαρμαριτιχόν.

5. Ἄντικρυς δὲ τούτου πρὸς μεσημβρίαν, ὑπῆρχε διδασκαλεῖον λεγόμενον τοῦ ἀριστοφάνους · καὶ ἀνατολικὰ ἀκμὴν ἵσταται ὁ λύχνος τοῦ δημοσθένους · πλησίον δὲ τούτου ἦν τότε καὶ τοῦ θουκυδίδου οἴκημα, καὶ σόλωνος, ἀγορά τε ἡ δευτέρα καὶ ὁ οἶκος τοῦ ἀλκμαίονος · καὶ βαλανεῖον μέγιστον καὶ πρὸς νότον τούτου, ἡ μεγάλη ἀγορὰ τῆς πόλεως · καὶ τεμένη πλεῖστα ἀξιάγαστα ἐπὶ τῆς πύλης νότιδος · ἧς πρὸς τῆς φλιᾶς ἱστόρηνται ἐννεακαίδεκα ἄνδρες. . . . . τὸν ἕνα ἐδίωχεν, ἐχεῖ ὑπῆρχε καὶ τὸ βασιλικὸν λουτρὸν, ἐν ᾧ τὸν μέγαν βασίλειον διὰ πατάγων φοβῆσαι ἠθέλησαν · ἔνθα καὶ ὁ τοῦ μνηστάρχου (?) οἶκος.

6. Ἵσταται δὲ κατὰ ἀνατολὰς τούτου, καμάρα μεγίστη καὶ ὡραία ·

mais l'anonyme classe parmi les théâtres toutes les
constructions à gradins servant à des réunions, et

εἰσὶ δὲ τὰ ὀνόματα ἀδριανοῦ καὶ θησέως · εὑρίσκεται δὲ ἔνδον τῆς
αὐλῆς. . . . . μεγίστη ἐτύγχανεν · εἰς ἣν οἶκος βασιλικὸς
ὑπῆρχε πλείστοις κιόσιν ὑποκάτωθεν στηριζομένη · ὅστις ἐλεπτουργήθη πρὸς τῶν δύο καὶ δέκα βασιλέων τῶν τὴν ἄκραν οἰκοδομή-
σάντων.

7. Πρὸς δὲ νότον τούτων ἔστιν οἶκος βασιλικὸς πλὴν ὡραῖος · εἰς
ὃν κατερχόμενος ὁ δοὺξ κατὰ καιρὸν εἰς εὐωχίαν ἐκινεῖτο · ἐκεῖ ἔστι
καὶ ἡ νεάκρουνος (διορθ. ἐννεάκρουνος) πηγὴ ἡ καλλιρρόη · εἰς ἣν
λουόμενος ἀνήρχετο εἰς τέμενος τὸ τῆς ἥρας λεγόμενον, καὶ προσ-
ηύχετο · νῦν δὲ μετεποιήθη εἰς ναὸν τῆς ὑπεραγίας θεοτόκου ὑπὸ
τῶν εὐσεβῶν.

8. Κατὰ ἀνατολὰς δὲ τούτου ἐστὶ τὸ τῶν ἀθηνῶν θέατρον, κύκλῳ
περιεχόμενον, ὡσεὶ μιλίου διάστημα, δύο εἰσόδους κεκτημένον. . .
. . . . βορεινὴ εἴσοδος πλουτεῖ, ἕτερον δὲ. . . . . .
. . . . . . νοτινὴ ἐπικέκτηται · ἑκατὸν δὲ ζώναις ἐκοσμεῖτο κυκλο-
τερῶς τὸ θέατρον ἐκ μαρμάρου πεποιημέναις λευκοῦ, ἐν αἷς ὁ λαὸς
καθεζόμενος ἐθεώρει τὸν ἀγωνιζόμενον καὶ τὴν πάλην.

9. Ἐκ τούτου οὖν εἰσερχόμενοι τὴν ἀνατολικὴν πύλην, εὑρίσκομεν
ἄλλην ἀγορὰν, καὶ ἀγωγοὺς ὕδατος δύο, οὕσπερ ὁ ἰούλιος καῖσαρ
ἀθηναίοις χαριζόμενος κατεσκεύασε, καὶ ὕδωρ μήκοθεν τούτοις ἐκό-
μισεν. Ἔστι δὲ καὶ ἕτερος ἀγωγὸς κατὰ τὴν βόρειον πύλην φερόμε-
νος, ὃν ὁ θησεὺς ἐλεπτούργησε · καὶ ταῦτα μετὰ τὴν τῆς πόλεως τῶν
ἀθηνῶν τυραννίδα ὡς φῆ ἄβαρις καὶ ἡρόδοτος, ὑπὸ δυοκαίδεκα βασιλέων ἐλεπτουργήθη · κέκρωψ δὲ ὁ διφυὴς μεγάλως ἐφαίδρυνε, ἐν
ποικίλῃ δόξῃ ταῦτα ὡραίσας · τὰ μὲν τείχη πρὸς ὕψος ἐγείρας, τὸ δὲ
ἔδαφος διαφόροις μαρμάροις καταστρώσας καὶ τὰ τεμένη ἔνδοθεν καὶ
ἔξωθεν καταχρύσας (διορθ. καταχρυσώσας) ἀθήνας ταύτην ἐπωνό-
μασεν.

10. Εἰς γοῦν τὴν ἀκρόπολιν ἡμῶν εἰσερχομένων, εὑρίσκομεν ἕνα
μικρὸν διδασκαλεῖον ὅπερ ὑπῆρχε τῶν μουσικῶν · ὅπερ πυθαγόρας ὁ
σάμιος συνεστήσατο · κατέναντι δὲ τούτου ἔστι παλάτιον μέγιστον ·

parmi les écoles tous les autres monuments, soit
qu'une tradition lointaine sur l'ubiquité des lieux

καὶ ὑποκάτωθεν τούτου (ἔστι παλάτιον μέγιστον · καὶ ὑποκάτωθεν
τούτου ἵστανται πλεῖστοι). . . . λαχῶν καὶ μαρμάρων πλουτεῖ, σὺν
τῇ ὀροφῇ καὶ τοῖς τείχεσι · πρὸς δὲ τὸ βόρειον κλει. . . . . ὑπῆρχε
πᾶσα καγγελαρία ἐκ μαρμάρου καὶ κιόνων πεποιημένη λευκῶν, κατὰ
νότον (γρ. νῶτον) δὲ ταύτης ὑπῆρχεν ἡ στοὰ ἐν ποικίλῃ ὡραιότητι
περικεχρυσωμένη γύροθεν καὶ ἔξωθεν, καὶ λίθοις τιμίοις κεκοσμη-
μένη · διὰ ταύτην καὶ στωϊκοὶ φιλόσοφοι ἐλέγοντο οἱ ἐν ταύτῃ μαθη-
τευθέντες · ἀντικρὺς δὲ ταύτης, τὸ τῶν ἐπικουρείων ἤκμαζε διδασκαλεῖον.

11. Περὶ δέ γε τοῦ ναοῦ τῆς θεομήτορος, ὃν ᾠκοδόμησαν ἀπολλὼς
καὶ εὐλόγιος ἐπ' ὀνόματι ἀγνώστῳ θεῷ, ἔχει οὕτως · ἔστι ναὸς δρομικώτατος καὶ εὐρύχωρος εἰς μῆκος πολὺ ἐπεκτεινόμενος · καὶ τὰ
τείχη τούτου ἐκ μαρμάρου πεποιημένα λευκοῦ τετράγωνος δὲ ἡ τούτων θέσις καθέστηκε, πηλοῦ καὶ ἀσβέστου χωρίς · διὰ σιδήρου δὲ καὶ
μολύβδου ὁ πᾶς τοῖχος ἀνείγερται · ἐκτὸς δὲ τοῦ τοίχου, πλουτεῖ
κίονας παμμεγέθεις, κυκλικῶς τὸν ναὸν περιέχοντας · μεταξὺ δὲ τῶν
δύο κιόνων περιέχει πλαγίωσιν · πρὸς δὲ τῇ ὡραίᾳ πύλῃ καὶ τὸ ἅγιον
βῆμα, ἅπερ εἰσὶ κατὰ λίβαν, καὶ θρας. . . . . τὴν τῶν
κιόνων στάσιν ἐπικέκτηται, μέχρι μὲν πολλοῦ προϊοῦσα εἰς ὕψος ·
κεφαλαὶ δὲ τῶν κιόνων κεχολαμμέναι διὰ γλυφῆς σιδήρου εἰς σχῆμα
φοίνικος. Εἰσὶ δὲ μεταπεποιημέναι · καὶ τούτων ὕπερθεν δοχοὶ, ἐκ
μαρμάρου πεποιημένοι (γρ. αι) λευκοῦ τοῖς τείχεσι καὶ τῷ τείχει
προσκολλώμενοι (γρ. αι) πλάκας κεχολαμμένας ὑπεράνωθεν ἔχοντες
(γρ. ἔχουσαι) καὶ εἰς ὀροφῆς ὁμοίωμα, ἡ τούτων ἐπιφαίνεται κύρ-
τωσις · στηρίζεται δὲ ὑπὸ τῶν κιόνων καὶ τοῖχος ὡραιότατος.

THÉATRES ET ÉCOLES D'ATHÈNES.

1. On remarque d'abord l'Académie, dans le bourg des
Basiliques; en second lieu, l'école Éléatique, au bourg d'Am-
pélocèpe; en troisième lieu, l'école de Platon, au Paradision
(jardin de plaisance); en quatrième lieu, l'école de Polyzélus,

d'enseignement ait été maintenue et même étendue jusqu'à l'exagération, soit que les traditions, comme

sur le mont Hymette; en cinquième lieu, celle de Diodore, près de la dernière.

2. Dans l'intérieur de la ville est l'école de Socrate, où se voient représentés tout autour les hommes et les vents. Au couchant de cette école sont les palais de Thémistocle, et dans leur voisinage se trouvent les somptueuses habitations du Polémarque. A très-peu de distance sont placées les statues de Jupiter. En face d'elles est un temple où reçoivent les honneurs de la sépulture les vainqueurs au pancrace et dans les jeux olympiques. C'est là qu'avaient coutume de se rendre les orateurs pour lire leurs oraisons funèbres.

3. Au nord de ce temple se trouvait la première place de la ville, où l'apôtre Philippe plongea le scribe dans l'eau. Là existaient aussi les riches habitations de la tribu Pandionide. Du côté méridional se trouvait une école des philosophes cyniques, et près de celle-là une école des acteurs tragiques. En dehors de l'Acropole, un peu au couchant, habitaient les......; et près de cet endroit existait l'école de Sophocle; et au midi de celle-ci s'élevait la colline de Mars (l'Aréopage) : c'est là que le fils de Neptune, Halirrhotius, fut mis à mort par le dieu Mars.

4. A l'orient de la colline se trouvaient les palais de Cléonide [1] et de Miltiade; et près de ces palais subsiste encore à présent l'école dite d'Aristote. Au-dessus de cette école s'élèvent deux colonnes : sur celle qui est au levant était placée la statue de Minerve; et sur celle qui est au couchant, la statue de Neptune. On dit qu'au milieu des deux il y avait jadis une tête de Gorgone enfermée dans une niche de fer [2].

---

[1] Il y a dans le manuscrit Κλιονίδους, *Cléonide;* mais ce nom, qui est sans exemple, a pu remplacer aisément Κλιομήδους, *Cléomède*, qui est très-usité.

[2] Il y a dans le grec ἔνδον κουβουκλείου σιδηροῦ. Κουβουκλεῖον et κουβούκλιον s'est employé dans la basse grécité comme équivalent de *cubiculum, cubiclum,* dont il

un écheveau qui, loin de se rompre, se mêle et s'embrouille, que les traditions, dis-je, aient laissé

Il y a aussi une horloge de jour (un cadran solaire) en marbre [1].

5. En face de cette horloge, au midi, existait une école dite d'Aristophane, et, à l'orient, subsiste encore aujourd'hui la lanterne de Démosthène. Près de cette école il y avait aussi alors l'habitation de Thucydide, celle de Solon, et la seconde place, la maison d'Alcméon, ainsi qu'un bain très-vaste; et au midi de celui-ci, la grande place de la ville, et de nombreux temples, dignes d'admiration, du côté de la porte méridionale, sur le jambage de laquelle sont représentées dix-neuf figures d'hommes.... qui en poursuivait un.... [2]. Il se trouvait là aussi le bain royal où l'on chercha à effrayer le grand roi [3] en faisant du bruit. Au même endroit était aussi la maison de Mnésarquè.

6. A l'orient de cette maison est un arc très-grand et beau; il y a les noms d'Adrien et de Thésée. On trouve au dedans de l'enceinte.... [4] qui était très-grande. Là s'élevait l'habitation royale, soutenue en dessous par de très-nombreuses colonnes, et dont l'élégante construction fut entreprise par les ordres des douze rois qui construisirent la citadelle.

7. Au midi de cet édifice est une habitation royale et belle

reproduit la forme matérielle. Mais que pourrait signifier *une chambre de fer?* M. L. Ross, dans le commentaire allemand dont il a accompagné la publication du texte grec de cette topographie (Wien, 1840), a rendu ces mots par : in einem eisernen Kaefig, *dans une cage de fer.* Tâchons de préciser davantage. Les Latins appelaient aussi *cubiculum* l'espace vide destiné à recevoir une pierre dans la maçonnerie, notamment dans la construction des murs réticulaires, comme on le voit par Vitruve (II, 8). Je crois donc qu'il s'agit ici d'un pareil vide, d'une sorte de niche en fer, encadrée dans quelque mur, sans doute en souvenir de cette égide d'or, au milieu de laquelle était une tête de Gorgone dorée, et qui se voyait, au rapport de Pausanias, dans le mur méridional de la citadelle (I, 21, 4).

[1] Μαρμαριτικόν. C'est un nouvel exemple à noter de cette forme.

[2] Il y a ici deux lacunes.

[3] Τὸν μέγαν βασίλειον. Je lis βασιλέα.

[4] Il y a ici une lacune.

étouffer la vérité sous l'addition d'une nuée de noms retentissants pris au hasard dans le long cata-

en même temps, où le duc se rendait parfois pour se livrer au plaisir de la table. Là se trouve aussi la fontaine Ennea-crounos (*aux neuf sources*), appelée auparavant la fontaine Callirrhoé. Le duc, après s'y être baigné, montait dans le sanctuaire dit de Héra, et y faisait sa prière. Aujourd'hui ce sanctuaire a été converti par les orthodoxes en un temple de la très-sainte Mère de Dieu.

8. A l'orient de ce temple est le théâtre d'Athènes (amphithéâtre), de forme circulaire, d'environ un mille de circonférence, ayant deux entrées. L'entrée du nord est enrichie.... un autre.... L'entrée du midi possède de plus... [1]. Le théâtre était orné circulairement de cent gradins de marbre blanc sur lesquels le peuple assis regardait l'athlète et la lutte.

9. En entrant donc, au sortir de cet amphithéâtre par la porte orientale, nous trouvons une autre place et deux aqueducs que Jules César construisit pour faire plaisir aux Athéniens, et à l'aide desquels il amena l'eau de loin. Il y a encore un autre aqueduc dirigé du côté de la porte nord, que Thésée fit construire avec soin.... [2]. Et ces monuments, comme le disent Abaris et Hérodote, furent bâtis avec soin par les douze rois, après l'établissement de la royauté dans la ville d'Athènes. Cécrops à la double nature [3] embellit considérablement la ville naissante, y ayant ajouté des ornements divers [4]. Il éleva les murs, pava le sol de marbres dif-

---

[1] On doit marquer plusieurs lacunes en cet endroit.

[2] Je crois qu'il y a dans ce passage une lacune de quelques mots au moins, quoiqu'elle ne soit pas indiquée. L'auteur devait parler de la citadelle et de ses monuments, qu'il désigne vaguement par ταῦτα. Déjà il avait dit plus haut de cette citadelle qu'elle fut construite par les douze rois.

[3] Διφυής (de δύο φύσεις ἔχων). On a expliqué cette épithète de bien des façons différentes et qu'il serait trop long de rapporter ici.

[4] ’Εν ποικίλη δόξη. — Δόξα est pris ici dans un sens tout particulier et fort étrange; il paraît le synonyme de ὡραιότης, *beauté*, *ornement*, qui se trouve dans le paragraphe suivant : « ’Εν ποικίλη ὡραιότητι. »

logue des célébrités de l'Attique et mis à la place
des noms qui indiquaient la destination primitive

férents, dora les temples en dedans et en dehors, et appela
cette ville Athènes [1].

10. En entrant donc dans l'Acropole, nous trouvons une
petite école, qui était celle des musiciens et que fonda Py-
thagore de Samos. En face est un très-grand palais, et en
dessous se trouvent de très-nombreuses.... [2] et enrichi de
marbres avec le plafond et les murailles. Au nord.... [3], la
chancellerie [4] était toute construite en marbre et ornée de
colonnes blanches. Au midi de cet édifice [5], était le portique
avec des ornements variés, doré tout autour et au dehors, et
embelli de pierres précieuses. C'est de ce portique que pri-
rent leur nom les philosophes *stoïciens* qui venaient s'y in-
struire. En face du portique florissait l'école des épicuriens.

11. Quant au temple de la Mère de Dieu, que bâtirent
Apollos et Eulogius sous l'invocation du *Dieu inconnu*, voici
comment il est : C'est un temple très-vaste [6] et spacieux,
s'étendant fort en long. Ses murs sont de marbre blanc, et
ont une disposition tétragone; ils sont construits sans mor-
tier et sans chaux, liés seulement par le fer et le plomb. En

[1] La ville primitive, en effet, fut bâtie sur la colline qui forma depuis la citadelle.

[2] Il y a ici une lacune; venait probablement ensuite κιόνες, comme au paragraphe 4 : α Ἵστανται δύο κιόνες. »

[3] Il y a ici une lacune.

[4] Καγγιλαρία, *chancellerie*. Ce mot, avec κουβουκλεῖον, est une date pour l'époque
de la rédaction de cette topographie.

[5] M. L. Ross propose de lire ici κατὰ νῶτον, *par derrière*, im Rücken, au lieu de
κατὰ νότον, *au midi*. Je crois que la position des lieux n'est pas assez certaine pour
autoriser un pareil changement; en outre, je vois que le topographe répète à
chaque instant, dans sa description, κατὰ ἀνατολὰς, κατὰ δύσιν, κατὰ ἄρκτον, κατὰ τὸ
νότιον μέρος, pour dire à *l'orient, au couchant, au nord, au midi*.

[6] Δρομικώτατος. Δρομικὸς signifie ordinairement *qui excelle à la course*; mais il
veut dire ici *lieu propre à la course*, et par extension, *spacieux*; sans doute à cause
de la forme oblongue du temple, qui le faisait ressembler au *stade*, δρόμος. Nous
voyons d'ailleurs que dans la basse grécité on appelait les temples δρομικὰ, à cause
de leur forme oblongue. Ducange (voc. Δρομικὰ) cite plusieurs exemples.

des monuments. L'anonyme de 1460 écrit sa description à la manière de Pausanias qu'il avait lu,
c'est-à-dire sous la forme d'itinéraire. Il commence
par les monuments situés hors de la ville, et d'abord
par l'Académie, dont il marque exactement l'emplacement près du bourg de Basilika, remplacé aujourd'hui par le petit village de Sipolia, qui se
cache au milieu des jardins au nord-nord-est
d'Athènes. Il cite ensuite quatre écoles dont il est
difficile de rattacher avec certitude les noms à des
réalités, soit dans les textes, soit sur les lieux. De
ce moment il entre dans la ville, probablement en
venant de l'est, et n'arrête son attention que sur la
tour des vents, qu'il appelle l'École de Socrate. Dire
pourquoi l'horloge hydraulique d'Andronikos Cyr-

dehors des murs, le temple est enrichi de colonnes fort
grandes, qui entourent circulairement sa cella. Entre deux
de ces colonnes, il enferme un espace oblique, et du côté
de la belle porte il a son maître-autel, l'un et l'autre au sud-
ouest.... [1], contient l'emplacement de ces colonnes, s'élevant
considérablement en hauteur. Les chapiteaux des colonnes
ont été sculptés par la taille du ciseau en forme de palmier;
ils sont refaits, et au-dessus de ces chapiteaux, les poutres
(l'architrave) de marbre blanc, qui s'étendent sur les murs,
en allant se joindre au mur, ont (au-dessous d'elles sans
doute) des tables sculptées, dont la convexité présente dans
la partie supérieure une sorte de plafond. Il y a aussi un mur
très-beau soutenu par des colonnes [2].

[1] Il y a ici une lacune.

[2] Toute la fin de ce paragraphe, que nous avons cherché à rendre mot pour mot,
est obscure, et il est difficile d'en tirer un sens net et raisonnable.

rhestes est devenue l'école du grand philosophe,
pourquoi jusqu'à la fin du XVIIe siècle on la regarda
comme son tombeau, c'est chose fort difficile, les
opinions populaires étant aussi variables que capri-
cieuses. Nous verrons le Père Babin reproduire cette
erreur, et Spon la détruire. De ce point l'anonyme di-
rige sa marche au nord-ouest, et voit le portique de
la nouvelle Agora qu'il appelle le palais de Thémistocle, afin sans doute de compter ce grand nom
dans sa description, comme un amateur baptise ses
tableaux douteux des noms de tous les peintres qui
complètent une collection. Les restes du gymnase
d'Hadrien, édifice romain que des ouvriers grecs
ont exécuté avec leurs excellentes traditions, fut
approprié à l'habitation des autorités supérieures
dès les premiers temps de la décadence d'Athènes.
Sous les ducs francs et sous les Turcs jusqu'aux
temps modernes, il servit de demeure aux gouverneurs de la ville, qu'ils s'appelassent polémarques
ou voivodes. Notre auteur parle ensuite des statues de Jupiter. Désigne-t-il sous ce nom les deux
colosses singuliers, aux membres couverts d'écailles,
dont l'un se termine en queue de serpent, et qui
ont été retrouvés près du temple de Thésée? On sait
quelles difficultés ces derniers témoins de la décoration de tout un portique offrent à l'archéologie ;
l'anonyme n'ayant ni les ressources ni les hésitations
de cette science, a bien pu les appeler des statues de

Jupiter, autant dire des statues de dieux. Tout, et
particulièrement sa libre fantaisie, doit le faire
croire. Quant au temple dont l'anonyme semble
avoir ignoré la destination primitive, c'est bien
évidemment le temple de Thésée, auquel il ratta-
che confusément les souvenirs qui se rapportent au
Céramique. Plus au nord il rencontre l'église de
Saint-Philippe. La tradition, ou plutôt la légende
violemment transplantée du texte des Actes des apôtres (VIII, 38), et de la terre sainte en Grèce, s'est
mieux conservée à Athènes que le sanctuaire dont
on voit encore les ruines dans le bazar. De ce point
l'anonyme, tournant au nord-ouest et au sud, arrive
au Pnyx, et y déploie une érudition classique qui ne
vaut sans doute pas un détail topographique, mais
qu'on ne saurait passer sous silence dans l'appréciation de son curieux travail. Continuant sa marche à
l'est en se rapprochant de l'Acropole, il désigne clairement, à travers la confusion des palais de Léonidas
et de Miltiade, le vaste théâtre construit par Hérode
Atticus sur la pente sud-ouest des rochers de la citadelle, et sous le nom d'école d'Aristote le théâtre
de Bacchus. La description, d'une exactitude précieuse, ne laisse aucun doute sur le monument qu'il
désigne, et ouvre carrière à plus d'une conjecture
féconde. Sur la même pente des rochers, il nomme
école d'Aristophane l'Odéon de Périclès, et désigne
plus à l'est le monument choragique de Lysicrate

sous un nom bizarre qu'il portait déjà et qui a traversé les siècles, la lanterne de Démosthène. A part ce délicieux monument conservé pendant deux cents ans dans l'enceinte du couvent des capucins, il faut supposer que cette partie de l'ancienne ville, dont la voie des trépieds, en remontant au nord, faisait l'ornement, a le plus souffert de l'abandon et des besoins de matériaux de construction, car c'est là justement où il est le plus difficile d'assigner quelques ruines aux descriptions de l'anonyme, qui, bien que vagues, laissent supposer plusieurs monuments et même un portique décoré de bas-reliefs. Un bain s'est maintenu là où il en décrit deux; la petite Panagia Vlastiki marque peut-être la place de l'un de ces monuments. Cessant de marcher au nord, appuyant au contraire à l'est, l'anonyme rencontre la porte d'Hadrien, qu'il reconnaît à ses inscriptions et désigne par les noms qu'elles contiennent; puis il parle des nombreuses colonnes du temple de Jupiter Olympien, dont il fait une habitation royale, et que les habitants d'Athènes désignaient dès lors comme étant le palais d'Hadrien. Il lui fallut, de ce moment, marcher au sud pour trouver encore quelques restes des magnificences de la ville; il décrit, en effet, au midi de l'Olympiéion, probablement dans la petite île formée par l'Ilissus, les salles du sanctuaire consacré aux Muses de ce ruisseau, salles qui servaient, au milieu de la riante verdure et de la fraîcheur des eaux, de lieu de repos et de plaisir aux ducs d'Athènes. Les inondations, au temps des orages de la saison des pluies, les dévastations, au temps des orages de la guerre et de la conquête, ont fait disparaître les derniers vestiges de ce monument, que les missionnaires, ainsi que Spon et Wheler, avaient encore vu debout au milieu du XVIIe siècle. Ce souffle dévastateur a tout renversé sur ces rives abandonnées, car le sanctuaire de Héra, comme le nomme l'anonyme, était un petit temple ionique, dont les chrétiens avaient fait une église et qui a été encore dessiné par Stuart. Il fut détruit de fond en comble en 1771. Le Stade était également bien conservé dans ses dispositions principales; l'anonyme en fait à tort un théâtre; s'il lui donne cent gradins et la forme circulaire, il faut faire la part du voyageur qui n'a pas plus à sa disposition la propriété des termes que le temps nécessaire pour des annotations précises.

De ce point éloigné, notre voyageur se rapproche de la ville et y rentre par la porte orientale, dont il ne reste plus de traces, mais qui devait se trouver en correspondance avec le pont de l'Ilissus, dont il fait usage sans le citer. Nous savons, par les voyageurs des XVIe et XVIIe siècles, qu'un aqueduc existait dans cette partie de la ville, et que l'inscription qui rappelait ce bienfait d'Hadrien commençait par ces mots : IMP. CÆSAR. Il n'en a pas fallu davan-

tage pour induire l'anonyme en erreur, ce qui fait
tort à son érudition. Sa sagacité n'est pas davantage à
l'abri de reproches. Il a été évidemment trompé par
les tronçons de cette grande conduite d'eau, tronçons
qu'on retrouve sur le plan d'Athènes dressé par
les missionnaires et publié par Guillet. Ils lui ont
fait croire à deux aqueducs. Poussant toujours plus
vers le nord, il rencontre un autre aqueduc, dont
il attribue la construction à Thésée, mais qui n'a
laissé souvenir ni dans les monuments encore debout ou en ruines, ni dans les monuments écrits.
Il se trouve, à ce moment, dans les environs de la
porte de Patissia ou des Apôtres. Ayant terminé le
circuit complet de la ville et sa description, il ne lui
reste plus à parler que de l'Acropole, et il s'y prépare
en introduisant un peu brusquement dans sa relation
Cécrops, le fondateur d'Athènes. Il monte alors
sur le magnifique rocher, rémarquant à sa droite
le temple de la Victoire, qui devient sous sa plume
l'école des musiciens; en face de lui, le vestibule des
Propylées, qui est le palais des ducs d'Athènes; au
nord, la Pinakothèque, devenue leur chancellerie;
tous ces édifices protégés par leurs couvertures in-
tactes et resplendissants de leurs riches dallages de
marbre. A cet endroit, quelque omission dans ses
souvenirs, ou un peu de désordre dans la transcription du manuscrit, place au sud ce qui était à l'est,
c'est-à-dire l'Érechthée avec ses marbres de couleur

inscrustés, ses peintures et ses dorures, monument
admirable que le voyageur n'aurait pu passer sous
silence; enfin, et comme pour finir par un bouquet
éclatant, le Parthénon. Mais ici le Grec, qui semblait avoir étudié les auteurs classiques pour s'aider
dans sa description d'Athènes, ne voit plus qu'au
travers des traditions du Bas-Empire, quand il s'agit
de décrire l'œuvre d'Ictinus, de Callicrate et de Phidias. Le temple de Minerve est placé sous l'invocation
du Dieu inconnu, vieille tradition locale dont nous
suivrons encore, pendant plus de deux siècles, la per-
sistante durée. Les sublimes artistes qui l'ont conçu
et élevé sont remplacés par Apollos et Eulogios. D'où
viennent ces noms? Quels sont ces architectes? Les
deux maçons probablement qui acceptèrent la triste
mission de transformer ce temple en église, et s'ac-
quittèrent de ce soin avec la brutale adresse que j'ai
déjà stigmatisée. Mais depuis quand les démolisseurs
s'érigent-ils en architectes inventeurs? Les bourreaux
ont-ils le droit de ceindre le bandeau de leur victime? L'histoire, souvent complice de pareilles injus-
tices, n'a pas permis du moins le triomphe de celle-
là. Nous avons remis Apollos et Eulogios à leur place.
Cette fin du manuscrit est d'ailleurs en désordre et
assez difficile à comprendre; il faut espérer qu'une
autre transcription permettra de rectifier ou de compléter le manuscrit de Vienne.

L'indifférence pour l'art grec, étudié en Grèce,

persista en Europe pendant tout le XVIe siècle. L'Italie offrait à l'étude de l'antiquité un champ bien assez vaste, et ce n'était pas trop d'une centaine d'années pour étudier les monuments encore debout, les sculptures déjà sorties de terre, les peintures qui décoraient les palais de la vieille Rome et ses bains. Puis, ces ressources épuisées, les fouilles alimentèrent la curiosité, et pendant longtemps encore on ne songea pas à remonter à la source pure de ce fleuve abondant. Nous voyons cependant figurer dans le recueil des plus beaux monuments de l'Italie, formé vers 1465 par l'architecte Francesco Giamberti, surnommé San Gallo, et conservé dans la bibliothèque Barberini à Rome, plusieurs vues d'Athènes et des villes de la Grèce [1]. Était-ce une étude consciencieuse faite sur les lieux, dans un voyage entrepris par suite d'une aspiration sérieuse vers ces

[1] Le volume est un grand in-folio de près de 100 feuilles de parchemin. Au titre, que Winckelmann donne exactement (voir la note suivante), il faut ajouter la remarque insérée au catalogue des manuscrits de la bibliothèque Barberini :
« Prezioso monumento del vecchio San Gallo, che riuchiude
» una quantità di disegni con brevissime spiegazioni di
» questo excellente artifice, tratte da lui dalle antichità romane e greche. — Tutti questi disegni sono al acquarello,
» e fatti con molta diligenza et amore. Il San Gallo incominciò questa raccolta l'anno indicato nel frontispizio, ma
» vedesi che la seguito nel corso della sua vita, essendovi date
» del secolo XVI nelle spiegazioni, che pone alcune volte sotto
» i disegni. »

types du beau dans les arts? Non. C'était tout simplement une fantaisie et une rencontre. San Gallo, le
père et l'aïeul des grands architectes de ce nom, lui-
même architecte, et qui signalait à ses enfants, à l'au-

Trois feuillets, les 28, 29 et 32, offrent les monuments de
la Grèce. Sur le 28ᵉ on voit une vue de la façade occidentale
ou posticum du Parthénon. L'ordre ionique est changé en un
composite bâtard, les colonnes d'anglès sont devenues des
pilastres, et les figures du fronton ne sont reconnaissables
qu'avec le secours des dessins de Carrey. La légende suivante accompagne le dessin : « Athenarum civitas per quam
» ingentia mœnia undique conlapsa conspiciuntur : ac intus
» et extra per agros incredibilia ex marmore ædificia do-
» mosque et sacra delubra divisasque rerum imagines : mira
» quadam fabrefactoris arte conspicuas : atque columnas im-
» manes : sed omnia magnis undique convulsa ruinis : et
» quod magis adnotandum : in summa civitatis arce ingens
» et mirabile Palladis divæ marmoreum templum : divum
» quippe opus ex Phidia : quod LVIII sublimæ columnis
» magnitudinis p. VII diametrum habentibus ornatissimum
» undique nobilissimis imaginibus in utriusque frontibus
» atque parietibus in summis listis et epistiliis : mira fabre-
» cultoris arte conspicitur. » Quelques tentatives pour représenter les métopes et la frise ont abouti à de pauvres indications sans utilité. Je ne parlerai pas des monuments
d'Athènes, tels que la tour des Vents, le monument de Philopappos etc., qui occupent le 29ᵉ feuillet, et le port du Pirée,
représenté au verso, il n'y a pas grand profit à en tirer;
quant au 32ᵉ feuillet, sur lequel est figuré le plan d'un
temple rond, consacré à Apollon, peut-être le temple consacré à Auguste dont on a découvert les fragments circulaires
sur l'Acropole, il n'est curieux que par la rubrique que je
cite dans la note suivante.

rore de la renaissance, la voie des bonnes doctrines et des vrais types de l'art; San Gallo, dis-je, avait rencontré en Italie un Grec [1] qui arrivait de son pays avec des dessins des principaux monuments de la Grèce. Il obtint la permission de les copier, et, sans mieux s'assurer de leur fidélité, il réunit ces représentations mensongères et bouffonnes à des études sérieuses sur les monuments de l'Italie; et ce recueil acquit par là dans ces derniers temps une valeur, une célébrité au moins, qu'il ne méritait pas [2].

[1] Voici la rubrique écrite en marge sur la vue d'un temple d'Apollon, qui est peut-être le temple circulaire consacré à Auguste sur l'Acropole : « Questo è un tempio d'Apolo in » Atene per disegnio d'uno Grecho mi dete in Anchora. » Ce prétendu Grec n'aurait-il pas arrangé quelque dessin de Cyriaque d'Ancône? Il y a là une obscurité à dissiper. M. le professeur Ross l'a tenté, mais il n'a réussi qu'imparfaitement.

[2] En passant à Rome, et sur le point de partir pour la Grèce, Spon trouva, ou on lui communiqua, le manuscrit de Giamberti. Voici ce qu'il en dit à propos de la tour des Vents : « Je me souviens d'avoir vu le dessein de cette Tour » dans un manuscrit en vélin, de l'année 1465, fait par un » certain Francesco Giambetti, architecte. — Ce manuscrit » est dans la bibliothèque Barberini, à Rome, et il y a de- » dans quelques autres desseins des antiquités de la Grèce.— » J'estime ce manuscrit d'autant plus curieux, que les desseins » en ont été tirés avant que les Turcs se fussent rendus » maîtres de la Grèce et eussent ruiné plusieurs beaux mo- » numents qui étoient alors dans leur entier. » (Édit. d'Amst., 1679, t. I, p. 137.) Cornelio Magni s'exprime de la même

Le temps n'était pas à des études sérieuses et tranquilles. Les fléaux de la guerre vinrent se join-

manière, sans avoir vu le manuscrit et probablement d'après l'ouvrage de Spon. Winckelmann, ainsi averti par les voyageurs, consulta ce manuscrit. Il le cite trois fois, et donne son titre de la manière suivante, p. 535 : « Questo libro è di Giu-
» liano Francesco Giamberti, architetto, nuovamente da San
» Gallo chiamato, con molti disegni misurati e tratti dallo
» antico, cominciato A. D. N. S. MCCCCLXV. in Roma. »

Lorsque je commençai mon ouvrage sur le Parthénon, j'eus l'idée de publier en fac-simile les dessins de San Gallo qui se rapportent à la Grèce; j'écrivis à Rome à M. Albert de Launay pour savoir s'il serait possible d'en faire faire une copie exacte. Il me répondit, le 27 juin 1844 : « Je sors de la bibliothèque
» Barberini, où j'ai examiné le manuscrit de Giamberti. Ce
» n'est qu'une collection de plans et de tracés à la plume des
» principaux monuments de l'Italie, au milieu desquels se
» trouvent trois feuillets contenant des tracés d'édifices
» d'Athènes et d'autres villes de la Grèce. Ces derniers n'ont
» pas comme les premiers le caractère de l'originalité, et, pour
» peu qu'on connaisse les monuments, on voit qu'ils n'ont pas
» davantage le mérite de la fidélité. Il n'y aurait qu'un archi-
» tecte qui pût entreprendre la copie de ces dessins, d'autant
» plus que le prince Barberini ne permettrait pas d'en faire des
» calques. » J'ajournai alors ce projet en même temps que je suspendis la publication de mon ouvrage sur le Parthénon. En composant ces deux volumes, je pensai de nouveau à mettre sous les yeux des archéologues une copie exacte de ces dessins si souvent cités. Je m'adressai à des amis qui allaient en Italie; mais, soit négligence de leur part, soit difficultés créées par le bibliothécaire, ils ne me rapportèrent de Rome que des excuses. Alors seulement je songeai que nous avions à la Villa Médicis des compatriotes artistes, et que j'avais pour

dre aux autres fléaux qui écrasaient la Grèce. Venise, pour défendre ses intérêts, avait pris en main ceux de la chrétienté, et, depuis la Dalmatie jusqu'à Scutari, elle faisait échec à l'envahissement des Turcs. Dans cette lutte acharnée, Athènes n'eut qu'une petite place. Sa grandeur et son importance sont dans nos souvenirs et dans son histoire, elle disparaît au milieu du grand courant des invasions musulmanes dans les établissements chrétiens. Ce n'était,

mon compte, dans leur directeur, un ami trop serviable à tous pour ne pas me l'être un peu. J'écrivis à M. Schnetz, qui, en effet, avec l'aide de M. Lebouteux, architecte pensionnaire, et l'appui de M. de Rayneval, notre ambassadeur, fit faire et m'envoya le fac-simile qu'en trouve en regard de la page 34. Bien que M. Lebouteux me prie de remarquer que c'est un peu à la dérobée et malgré la défense du bibliothécaire, gardien scrupuleux des richesses du prince Barberini, qu'il a calqué les légendes, j'ai respecté leur incorrection, n'ayant pas l'original sous les yeux pour motiver des changements. — Un mot sur le temple de Minerve. Évidemment cette vue du Parthénon a été arrangée, à Rome, en vue du Panthéon, d'après des croquis pris sur place. A l'arrangeur, un grand maladroit, appartient la disposition de l'architecture, aux croquis originaux la composition du fronton, qui fournit de précieuses indications, telles, par exemple, que les restes de l'olivier aux pieds du Neptune et les figures étendues qu'on aperçoit entre les jambes des chevaux, au lieu d'un nuage de poussière, comme dans le dessin des ingénieurs (voyez p. 132), et d'une masse d'objets ronds, comme dans le dessin de Carrey. Quant aux métopes, si singulièrement placées, quant aux morceaux de la frise relégués en bas et dans lesquels on reconnaît les dieux assis, je n'en dis rien ici.

ni comme Corinthe, ni comme Négrepont, ni comme Scutari, une de ces positions importantes et décisives, qui font un centre dans les opérations militaires et un point notable dans l'histoire générale. La prise d'Athènes, ou plutôt sa surprise, forme un épisode inaperçu dans cette longue guerre composée d'épisodes. Les Vénitiens, partout battus sur terre, s'étaient réfugiés sur leurs vaisseaux et dans quelques forteresses qu'ils pouvaient ravitailler par mer. Encore redoutables derrière ces deux genres de fortifications, ils harcelaient le Turc et dirigeaient sur ses nouvelles conquêtes des tentatives hardies. Athènes eut son jour. C'était en juillet 1464 [1]. Les Vénitiens savaient son château bien gardé, bien approvisionné, et, sans songer à faire le siége d'une place située au milieu des terres ennemies, ils abordent au Pirée, s'élancent sur la ville à peine fermée, surprennent les Turcs et les Grecs, pillent les uns et les autres, enlèvent tout ce qu'ils trouvent de précieux, j'entends l'or et l'argent, et retournent sur leurs vaisseaux, ni plus glorieux, ni plus scrupuleux

---

[1] J. P. Fallmerayer, dans sa *Geschichte der Halbinsel Morea während des Mittelalters* (Stuttgart, 8°, 1836), place les événements de cette guerre et la prise d'Athènes à l'année 1466, sans donner les raisons ou les autorités qui le font dévier de l'ouvrage de M. de Hammer, qu'il suit sur tous les autres points. Il n'y a donc pas lieu de s'arrêter à cette divergence.

que des corsaires [1]. Eussent-ils été archéologues, des expéditions de ce genre ne comportaient pas de savantes recherches, et il ne paraît pas que les Vénitiens se soient préoccupés d'autre chose que de leur butin [2]. Dans cette guerre de seize années les succès

[1] On lit dans l'*Essai historique sur l'état des Grecs*, de M. Villemain : « Les Vénitiens faisaient également une guerre » de barbares; ils saccagèrent Athènes, dont Mahomet lui-» même avait respecté les monuments » (p. 163). On peut dire, pour la défense des Vénitiens, qu'ils n'en eurent pas le temps. En ajoutant qu'ils n'entrèrent même pas dans l'Acropole, on expliquera mieux comment ils n'en saccagèrent pas les monuments.

[2] Le secrétaire de S. Malateste, qui faisait partie de l'expédition, s'arrête à peine, dans son récit, à la prise d'Athènes. Il décrit les tentatives hardies des Vénitiens pour venger sur mer, en 1464, les désastres de leur armée de terre pendant l'année 1463; il exalte le courage du capitaine Jacob Venier, qui s'engage dans les Dardanelles sous le feu des batteries turques, et poursuit ainsi : « Il seguente giorno (du mois de » juillet 1464) tutta l'armata venne a Tenedo. Dopo havendo » havuto licenza di tornare a Venetia, il Generale (Jac. Lore-» dano), entrò in suo luogo Vettor Capello, il qual prese » Embro, Tasso e Samotracia e alcune navi di Turchi cari-» che di robe e con gran valore scorse fino ad Athene, il » quale per essere frà terra e havere una rocca molto forte e » ben monita d'huomini e di vettouaglie, non potendola te-» nere, ancor che l'avesse presa, la lascio. » (Lettera d'un segretario del signor Sigismondo Malatesta delle cose fatte in Morea per Maometh II, page 248 verso, de la collection de Fran. Sansovino, publiée plusieurs fois aux xvie et xviie siècles sous ce titre : *Historia universale dell' origine, guerre et imperio de Turchi.*)

Gravé par Léon Gaucherel.

Imp. par J. Roblet, Q. de la Tournelle, 34 G.

ATHÈNES

TRANSFORMÉE EN VILLE GOTHIQUE DE LA FLANDRE

Fac Simile d'une miniature de la Chronique de Jean de Courcy. Mss du XVe Siècle

alternèrent avec les défaites. Elle se termina en 1479 par la cession de Scutari, et c'est la seule mention qui soit faite d'Athènes [1].

Il semble que dès lors la paix eût dû favoriser quelque exploration scientifique de la Grèce et d'Athènes, mais l'idée de voyager pour étudier ou pour dessiner des monuments n'était encore venue à personne depuis les célèbres périégètes de l'antiquité. Et pourquoi courir les aventures, pourquoi s'exposer aux dangers? Pour rapporter des vues exactes de la ville d'Athènes? A quoi bon? Louis de Bruges, seigneur de la Gruthuyse, le plus grand amateur de beaux manuscrits, le meilleur connaisseur en miniatures, et certes un homme fort instruit, se contente d'une représentation de la ville de Minerve transformée plaisamment en ville gothique de la Flandre [2]. Jean Paradis, le plus habile de ses écrivains [3], venait en 1473 de terminer la copie de la chronique de Jean de Courcy, seigneur normand, et sire de la Bou-

---

[1] Consultez Hammer, *Gesch. des Osman. Reichs*, t. I, p. 85.

[2] Voyez la planche placée en regard de la page 39, et à la Bibliothèque Impériale, dans l'ancien fonds, les numéros 6739, 6740, 6741, 6742, dans le supplément français le numéro 2301. Cette gravure, exécutée par M. Gaucherel, qui a fait de l'architecture du moyen âge une étude particulière, reproduit parfaitement la miniature de ce dernier volume.

[3] Ce copiste se nomme à la fin du prologue : « Par moi » Jehan Paradis, son indigne écrivain, l'an mil quatre cent » soixante-treize. »

quechardière. Cet ouvrage, en deux gros volumes, comprend, dans le premier, les trois livres qui traitent de l'histoire de la Grèce *depuis le déluge qui fut au temps Noé* [1]. Il fallait représenter Athènes, sa fondation et sa splendeur : le peintre le plus habile s'en chargea sans hésitation, et s'acquitta de sa tâche, comme on le voit, sans se tracasser autrement de l'exactitude. Louis de la Gruthuyse accepta cette mystification, ou l'excusa en faveur du brillant des couleurs, de la finesse des détails et du charme de tout l'ensemble. Ne nous révoltons donc pas contre le bon public d'alors, qui faisait la vogue de la grande chronique de Nürnberg [2]. Ses deux mille

[1] M. Paulin Paris a décrit cette chronique avec son exactitude ordinaire dans l'utile ouvrage qu'il publie sous ce titre : *Les Manuscrits françois de la Bibliothèque du Roi.* Il n'a pu trouver d'autre renseignement que deux dates : 1422 pour la fin de la chronique, 1431 pour la fin du chroniqueur.

[2] Il fallait nécessairement mettre en présence la miniature du manuscrit et la gravure en bois qu'Hartman Schedel, ou plutôt son éditeur, a placée, sous le titre ambitieux de *Athene vel Minerva,* au folio 28 de la *Chronique* dite *de Nürnberg,* dont la première édition est de 1493. Si dans l'une se mire la jolie ville de Flandre, dans l'autre se carre la bonne ville allemande, serrée dans des murs que flanquent de hautes tours et dominée par une église au clocher à coupole semblable à celui de Mayence. Sur la droite s'élève, au haut d'une éminence boisée, un château fort, crénelé et bastionné, c'est l'Acropole : le chemin escarpé qui y conduit est fermé par une porte que dominent des mâchicoulis, ce sont les Propylées. Tout l'ensemble rappelle Nordhausen ou toute autre

Athènes transformée en bourgade allemande,

d'après un dessin de Michael Wolgemüt gravé en bois au XVe siècle.

gravures, sans avoir le même charme de couleurs, n'étaient pas plus absurdes.

Il se trouva à cette époque, sur les bords du Rhin, un bon chanoine qui montra plus de goût que ces grands amateurs et que tout ce public. Il avait soif de la vérité, et il eut l'initiative de l'exactitude dans la représentation des lieux et des monuments. Breydenbach, se mettant en route pour Jérusalem en 1483, proposa au peintre Ehrard Rewich de l'accompagner pour dessiner les lieux saints, et celui-ci s'acquitta de sa mission avec talent, avec esprit aussi et avec conscience [1]. Malheureusement la route des pèlerinages ne passait pas par Athènes, le peintre de Breydenbach ne visita pas cette ville et ne put appliquer son talent à ses monuments.

Une circonstance étrange, exceptionnelle, aurait pu tourner au profit d'une semblable étude, car vers ce même temps la fantaisie prit à Mohammed II d'avoir un artiste italien près de lui pour peindre son portrait, sa cour et les monuments des pays conquis sur les chrétiens. La république de Venise, à laquelle on manifesta ce désir, fut trop

---

bourgade, et cette gravure reparaît dans le même volume sous différents titres. Le texte de Schedel excuse le dessinateur : il disait d'Athènes qu'il n'en restait plus que peu de vestiges et qu'un petit fort.

[1] J'ai parlé de Breydenbach dans mon commentaire sur la Bible, et j'ai donné un fac-similé exact de la grande vue cavalière, ou carte de la terre sainte, par E. Rewich.

heureuse d'y satisfaire, même au risque de la vie
d'un grand artiste. Elle lui envoya, le 3 septembre 1479, Gentile Bellini [1]. Il nous est resté de la
mission de ce peintre, de ce voyage pittoresque, des
tableaux et des dessins représentant les monuments
de Constantinople, mais Mohammed ne pensait plus
à ceux qu'il avait admirés à Athènes, puisqu'il ne
demanda à Bellini, ni sur l'aller, ni sur le retour, de
passer par cette ville pour y dessiner les merveilles
de l'art.

La paix conclue avec Venise était favorable à son
commerce; mais, limitée dans ses rapports avec les
Turcs, elle laissait cours à leurs hostilités contre la
chrétienté. La prise d'Otrante [2] et sa sauvage dévas-
tation, le siége formidable de Rhodes et son admirable résistance [3] rougirent de sang les mers de
l'Archipel, et continuaient à éloigner tous les voyageurs. La Grèce, toute turque qu'elle était, restait
chrétienne de foi et d'espérance. Ses relations avec
l'Italie, par le littoral oriental, loin de se ralentir,

---

[1] J'ai cité le passage de Marino Sanuto dans le premier volume de la *Renaissance des arts à la cour de France,* p. 62. Il
paraîtrait que ce sultan aimait à se faire peindre, car on lit
dans les mémoires de Commynes : « Celluy dont je parle
» print en l'aage de vingt trois ans Constantinoble, qui vault
» à dire cité de Constantin. Je l'ay veu painct de cest aage. »
(Mém., liv. VI, ch. xii.)

[2] Août 1479.

[3] Juillet 1480.

s'étaient ranimées par l'intimité des familles régnantes et la multiplicité des rapports commerciaux. Le pouls de l'un de ces pays ne battait pas sans que l'autre eût la fièvre. En 1495, Charles VIII, comptant sur ces sympathies mutuelles, songeait à diriger une croisade contre le Turc par une voie toute nouvelle. Il s'agissait de surprendre Constantinople par terre en traversant la Grèce entière, dont on possédait les cœurs, dont on soulèverait tous les bras [1]. Ce projet était hardi, comme il convenait au bouillant conquérant de Naples, mais la fortune, plus encore que les trahisons vénitiennes, traversa cette entreprise. Le Turc, averti de cette attaque par les chrétiens, disposait déjà ses moyens de défense, tandis que Charles VIII, contraint de rentrer en France, ne songeait qu'à sauver ses lauriers. Venise ne gagna rien à sa petite perfidie. Dès l'année 1499, la guerre s'étant enflammée plus violente que jamais, elle fut appelée sur les champs de bataille. Bajazet s'était mis en personne à la tête de ses armées, il les animait de sa propre fureur. La république, dans un si grand danger, fit appel au souverain pontife, à l'empereur d'Allemagne, au roi de France, à tous les rois chrétiens. Il ne s'agissait plus, c'était son thème, de protéger ses possessions de la Grèce et les îles de l'Archipel, mais de défen-

[1] Mémoires de Phil. de Commynes, édition de mademoiselle Dupont, t. I, p. 400.

dre la chrétienté menacée. Le pape [1] et le roi de Hongrie répondirent seuls à cet appel et formèrent avec Venise une sainte ligue, une véritable croisade. C'était une insuffisante barrière contre un si puissant torrent; insuffisance d'autant plus regrettable que les perfectionnements de l'art militaire en Europe et un reste d'enthousiasme religieux pouvaient facilement refouler en Asie le flot envahissant de la puissance musulmane. Mais c'était tout ce qu'on pouvait demander alors à l'Europe. Un grand événement était venu détourner son attention, il avait changé sa foi désintéressée en soif de l'or, et fait dévier son esprit religieux en esprit d'aventure à la conquête d'avantages matériels. La découverte du

[1] Les grands témoignages de la sollicitude du saint-père pour les intérêts de la chrétienté, dans sa lutte persévérante contre les infidèles, ont été rapportés par différents auteurs. Plutôt que de les répéter, j'indiquerai quelques preuves de sa protection étendue sur tous et au loin. En 1516, Léon X, qui avait bien d'autres choses à faire, sollicite la charité, au moyen d'une lettre d'indulgence, jusqu'en Angleterre, en faveur d'un pauvre Grec *du diocèse d'Athènes* qui avait été pris et mis en esclavage par les Turcs. J'ai trouvé cette pièce au milieu d'une collection de lettres d'indulgence réunie au Musée Britannique et que j'ai étudiée pour faire une réimpression très-augmentée de ma *description des lettres d'indulgence de 1454.* Ce feuillet de papier porte en haut, et au milieu, une gravure représentant la Vierge et l'enfant Jésus, à droite les armes de la couronne d'Angleterre, à gauche celles de la cour pontificale; puis on lit : « These be the

nouveau monde avait tué l'esprit des croisades, plus que l'indifférence religieuse, plus encore que la réforme de Luther. Aussi toutes ces ligues, toutes ces contributions en hommes et en argent, tant d'efforts enfin restèrent impuissants au milieu de l'indifférence générale, ils ne purent que maintenir l'état de guerre [1] et rendre impossibles les voyages.

» articles of the popes Bulle vnder leade, translated from » latyn into englisshe.

» Our holy father pope Leo the X......

» Item our sayd holy father hath understande ye his wel-» belouyd chylde John Sargy of Corfu, Layman of the dio-» cys of Athenis, beynge born of an noble progeny, with » his two bretherne passynge by shyp upon the see of Egey » to wardes the ile of Creta was taken by certayne turkes » robbers upon the see and brought by them unto myserable » seruytude and boundage. » On avait payé pour la délivrance de John Sargy *thre hundreth ducates of golde*, et ses frères étaient encore en servitude, c'est pourquoi le pape l'autorise à quêter pour eux en donnant sa lettre d'indulgence contre les aumônes. *Wiche is gyven at Rome — MCCCCCXVI*. En tout 59 lignes, y compris la lettre de confirmation du roy d'Angleterre donnée à Westminster le 26 octobre de la même année.

[1] Je lis dans l'*Histoire de la Morée au moyen âge*, par M. J.-P. Fallmerayer : « Suivant les données de fragments manus-» crits, le Pandrosion, qui était rempli de poudre, sauta en » l'année 1500. » (Laut Angaben handschriftlicher Fragmente, das mit Pulver gefüllte Pandrosion daselbst bereits im Jahre 1500 aufgeflogen war. t. I, p. 437.) Je ne connais pas les autorités historiques sur lesquels ce fait s'appuie, mais la conservation de l'Erechthéion tout entier suffirait pour les démentir.

Quand Venise se vit abandonnée à elle-même, elle trouva plus simple de tirer son épingle du jeu, et de regagner par la souplesse, par des concessions de dignité et des contributions pécuniaires, les avantages et priviléges commerciaux qu'elle ne pouvait maintenir la tête haute et les armes à la main. Ce fut dès lors une servilité obséquieuse et un abandon de la sainte cause au profit de la prospérité mercantile. Rhodes avait beau crier au secours, on la laissait crier et se rendre [1]. Le pape avait beau prêcher la croisade contre le Turc, François Iᵉʳ cherchait à Constantinople un appui contre son rival Charles-Quint.

Cette soumission des chrétiens, cette sécurité donnée aux Turcs du côté de la mer laissaient au sultan toute liberté sur le continent, il en usa, et l'Europe comprit bientôt qu'en luttant contre lui pour la défense des saints lieux, ce n'était pas sa foi qu'elle défendait, mais ses foyers. On abandonnait le tombeau de Notre-Seigneur aux infidèles, les infidèles vinrent faire d'Ofen un tombeau [2] et menacèrent Vienne du même sort.

Au milieu de ces grandes luttes, devenues européennes, la paix régna dans l'Archipel, dans la Morée, dans l'Attique pendant près de quarante ans, mais une paix armée, soupçonneuse, tracassière et tou-

[1] En 1522.
[2] En 1529.

jours menaçante; elle ne donnait aucune protection aux voyageurs, et ne permettait qu'à des négociants de visiter les villes de commerce et leurs comptoirs sur le littoral.

Les voyageurs n'existaient donc pas, ils étaient au moins fort rares, et en tout cas très-indifférents. Plusieurs passent par terre à Corinthe et à Mégare, et ne se détournent pas de leur itinéraire, même pour voir Athènes; d'autres abordent au Pirée, ou, poussés par la tempête, ils sont forcés de lui demander un abri, et ils restent à bord de leur vaisseau sans songer que la ville de Minerve et ses antiquités [1] valent bien une course de deux heures. Le plus

[1] Le baron de Saint-Blancard fut envoyé en 1537 dans les mers du Levant à la tête d'une flotte française. Jehan de Vega, chargé par le roi de l'accompagner, écrivit une relation de son voyage. Après avoir abordé à Tunis, les vaisseaux entrent dans l'Archipel, longent la côte de Morée et arrivent près d'Égine, « isle d'où estoit natifve Helène, laquelle l'ar-
» mée du seigneur (le sultan) avoit prins, bruslée et sacaigée
» dont n'y trouvasmes personne. Arrivasmes au port de
» Athènes nommé port Lyon, au bort de la mer avoit ung
» gros lyon de pierre par lequel au temps passé sortoit une
» fontaine. Les conduicts sont encores apparens. — Lende-
» main XVIᵉ octobre passames ung grand cap où sur le hault
» du roch a encores XVIII coulonnes, grandes et haultes, sur
» lesquelles par le passé y avoit édifice où, selon (que) disoit
» le pilot turc, Aristote y lisoit philosophie, est tout sem-
» blable aux colomnes qui sont encores à Athènes sur les-
» quelles estoit édifié l'aréopaige où se tenoit le conseil. »

instruit parmi eux, sans aucun doute, fut Guillaume
Postel. Il visita en 1537-49, la Grèce, Constanti-

On le voit, ils entrent dans le Pirée et ils en sortent sans se
préoccuper d'Athènes. Huit ans plus tard, Jean Chesneau
accompagnait, en qualité de secrétaire, M. d'Aramont qui
se rendait à son ambassade de Constantinople par la route,
assez fréquemment suivie alors, de Raguse, par terre, en ligne
directe. Il prit ainsi l'habitude du voyage à cheval. En 1553,
expédié en France par son chef avec des dépêches, et rapportant les réponses, il aborda Modon, et de ce point continua
sa route directement par terre. En passant près de Corinthe, il
envoie acheter des vivres, et il put juger, par la marchandise
qu'on lui rapporta, de la pauvreté de cette ville autrefois célèbre. Il continue ainsi son récit : « Le lendemain laissai à
» gauche la mer Corinthe et à droict celle où est Athènes,
» ville anciennement renommée comme chacun sçait, mais
» maintenant, à ce que j'ay entendu, n'est guères meilleure
» que celle de Corinthe. » (§ 78, Voyage de monsieur d'Aramont, ambassadeur pour le roy en Levant, faict de Constantinople en Perse, l'an 1548. Escrit par noble homme,
monsieur Jean Chesneau, l'un des secrétaires du dict ambassadeur.) Avançons encore de quinze ans, et nous trouvons
cette même indifférence. Jean Carlier de Pinon voyage en
Orient, son bâtiment est poussé par des vents contraires en
vue du cap Sunium, une relâche dans le port du Pirée, une
course à Athènes sont choses bien faciles, il n'a ni la pensée
de les faire, ni le regret de ne les avoir pas faites :

  « Le 9 de juin le vent nous estant contraire, fusmes por-
» tez au capo delle Colonne, lequel promontoire est au pays
» atticque vis à vis de capo Scillo. En ce cap delle Colonne
» a esté anciennement quelque somptueux collége pour les
» estudes comme tesmoignent seize beaux pilliers bastis de
» pierre de marbre, quarrées, que l'on y veoit à présent,

nople, une partie de l'Asie Mineure et de la Syrie. Passa-t-il par Athènes? Il faut croire que non, son ouvrage sur la république athénienne [1] étant de pure érudition, sans trace évidente de l'autorité d'un auteur qui aurait visité les lieux.

André Thevet affirme qu'il y était vers 1550, ce n'est pas une raison pour le croire. Sa description d'Athènes prouverait au besoin que la réputation d'un grand menteur, qui lui fut faite de son vivant, était bien fondée; qu'on en juge :

Or est Athenes maintenant ruinée et y voit on encores à présent belles antiquités et choses qui ont esté autrefois de grande excellence, qui encore resjouissent et recréent ceux qui de près les contemplent. Mesme du temps que j'estois en la dite ville, un Chrestien renié me mena dens sa maison pour voir une statue qui naguères auoit esté trouuée bien profond dens terre : la-

» desquels les deux sont ruinez et a prins ce cap son nom » desdictes colonnes. La ville d'Athènes est par delà ce cap, » en terre ferme douze milles, où on véoit encores quelques » antiquités, mais la pluspart ruinées comme aussy la ville, » laquelle ayant la forme d'un gros bourg n'est entourée de » murailles ou fossez. » (Folio 14 verso, mon Voyaige de » Levant faict l'an 1579.) Tous ces ouvrages sont inédits : on en trouvera l'analyse dans la bibliographie des pèlerinages, croisades et voyages en terre sainte, déjà bien volumineuse, souvent annoncée, et que je n'ai pas encore pu mettre au jour.

[1] Guil. Postellus, *De Republicâ Atheniensium.* Lugd. Bat., 1645.

quelle estoit de marbre blanc bien poli, de la grandeur d'un enfant de trois ans, portant sus son chef un chapeau de feuillage à la façon antique et avoit vêtu un corselet ou anime, à la mode des anciens Romains. Le blanc des yeux estoit de fin argent, ce qui autrefois tenoit lieu de la prunelle estoit perdu et ne se voyoit que la place vide, come la place de quelque diamant ou rubis deschassé d'un anneau. Elle avoit le bras dextre rompu à l'endroit du coude, au bras senestre tenoit en main une hure de sanglier et avoit à ses piez un escriteau, dens lequel estoit escrit en caractères grecs Ἀχιλλῇ φιλτάτῳ, c'est-à-dire à Achilles le très aymé. Outre cela je n'y ai veu chose qui mérita le descrire. Vray est qu'il y ha quelques colonnes et obelisques; mais elles tombent toutes en ruines : aussi quelques apparences de plusieurs colliéges où (selon la commune opinion des habitans du lieu) Platon lisoit, faits en forme du Colisée Rommain. Or est ceste cité (jadis tant célèbre et tant renommée) habitée des Turcs, Grecs et juifs, qui ont peu d'esgard et de réuérence à telles mémorables antiquailles. C'est ainsi qu'André Thevet parlait d'Athènes en 1554 et en décrivait les monuments dans sa *Cosmographie du Levant* [1]. Pierre Belon se montra plus consciencieux dans les *Observations de plusieurs singularités et choses mémo-*

---

[1] *Cosmographie du Levant,* par F. André Thevet, d'Angoulesme. A Lyon, par Jan de Tournes et Guil. Gazeau. Petit in-folio, 1554, p. 94.

rables trouvées en Grèce [1]. L'excellent homme avait été au mont Athos, il avait vu plusieurs villes de la Macédoine; mais, n'ayant pas visité Athènes, il ne se crut pas autorisé à en parler, et c'est grand dommage qu'il n'ait pas monté à l'Acropole, il nous aurait donné quelques figures intéressantes de ses monuments, ne fussent-elles pas plus fidèles que sa grande vue du mont Sinaï.

Quelques années plus tard, en 1564, Antoine du Pinet, poussé par l'activité des libraires de Lyon, consentit à commenter les recueils de gravures en bois qu'on publiait sans relâche et sans pouvoir assouvir la soif de curiosité du public. Jean d'Ogerolles intitula son livre *Plantz, pourtraitz et descriptions de plusieurs villes et forteresses tant de l'Europe, Asie et Afrique que des Indes et terres neuves. — Le tout mis en ordre, région par région, par Antoine du Pinet* [2]. Au milieu de sa patiente compilation, l'auteur semble pris au dépourvu, lorsqu'il s'agit de parler d'Athènes; les renseignements lui manquent, il leur substitue une phrase : *Touchant les villes de terre ferme dependantes de la duché d'Athènes, y a*

---

[1] *Observations de plusieurs singularités et choses mémorables trouvées en Grèce, Asie, Judée, Egypte, Arabie et autres pays estranges*, rédigées en trois livres par Pierre Belon, du Mans. Reveuz de nouveau et augmentées de figures. Paris, 4°, 1555.

[2] Lyon, folio, 1564.

*Enone et le chateau de Setiné, relique de la grande
et tant renommée cité d'Athènes, chef jadis non seulement de toute la Grèce et de la Morée, mais aussi de
plusieurs nations estranges et ayant d'ailleurs esté
mère nourrisse de tous ars et disciplines. Et maintenant, ô Dieu, il n'y a de reste qu'un petit chasteau et
une bourgade, qui n'est mesmes asseuré des renards
et des loups, ni des autres bestes sauvages. En quoi
certes on peut bien voir le jugement de Dieu, d'avoir
mis ceste désolation en lieu tant illustre pour le mépris
de sa parolle. Car si onques ville fut bien assise et
bien policiée, cest-cy l'estoit et néanmoins on n'y voit
que ruyne et apparence de lieu désert* [1].

L'éditeur se contenta de cette phrase et ne donna
pas de vue d'Athènes, soit qu'on n'en possédât aucun dessin, soit que, l'importance politique et l'activité commerciale s'en étant retirées, elle n'appar-
tînt plus à cette série de villes vivantes dont on
publiait des vues. Ces collections étaient fort en
vogue alors [2]. Je trouve cette représentation d'Athènes sur une carte de Grèce, mais on comprend que
Baptiste Palnèse, qui est l'auteur du grand et ma-

[1] P. 230.

[2] L'une de ces collections, publiées par Giulio Buttino,
Venetiis, 1569, contient une vue de Constantinople et n'a
rien sur Athènes. Dans une autre collection de 438 vues gravées, que j'ai examinée à la bibliothèque de Saint-Marc et
qui est intitulée *Raccolta delle piu illustri et famose città di
tutto il mondo*, on n'a rien inséré sur Athènes.

gnifique Atlas [1] où elle se trouve, a pu la dessiner sans peine dans son cabinet, comme il l'avait vue sans fatigue dans son imagination. C'est là sans doute que lui apparut ce long chemin voûté, cauchemar des longs murs.

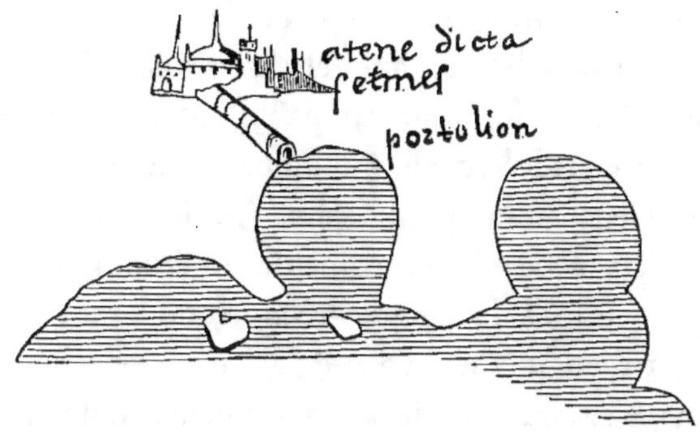

André Thevet, dont j'ai déjà cité la *Cosmographie du Levant*, fut moins scrupuleux encore : lorsque les libraires de Lyon vinrent le solliciter à son tour d'écrire une cosmographie universelle illustrée, il fabriqua une impertinente vue d'Athènes, dans laquelle il accumula obélisques et portiques, sans

[1] Ce magnifique volume en vélin est placé sous le n° 62 de la classe IV, dans la bibliothèque de Saint-Marc, à Venise. Il contient les cartes du monde entier, exécutées dans le système *cavalier* et avec beaucoup d'art. Dans la carte de l'Égypte et de l'Arabie, la mer Rouge est encore peinte en rouge et on a écrit à la place du Désert cette légende : « El » deserto che passo el gran Turcho soltan Selin per andar al « Cairo, l'anno Dni 1516. » Cette date n'est pas celle du livre, si l'on en croit une note moderne qui indique l'année 1553.

que le hasard le servît assez pour qu'il ait rencontré la plus lointaine ressemblance [1].

Puisqu'on osait répandre, puisqu'on acceptait de pareilles bourdes, il est inutile d'établir qu'on était dans la plus profonde ignorance sur l'état réel de la ville d'Athènes, et, si l'on croit que le public peu lettré, auquel s'adressaient les images de Thevet, fût seul coupable, Martin Kraus, le célèbre professeur de Tubingue, va nous édifier sur la science d'un public plus érudit. Cet helléniste voulait étendre le domaine de ses études philologiques jusqu'à la langue grecque moderne, et s'enquérir en même temps de l'état présent du pays, de ses ressources, de ses monuments. Malheureusement, il n'était pas possible, il était du moins difficile de trouver des négociants disposés à se détourner de leurs voies commerciales pour tenter des explorations scientifiques, dans un moment où les mers de l'Archipel et de la Syrie étaient de nouveau rougies de sang. L'attaque contre Chypre (1570), et la rapide conquête de cette île, avaient prouvé que le fanatisme musulman ne s'était modifié ni en rage guerrière, ni en cruauté inutile et atroce. Une nouvelle ligue (1576) unissait les forces actives de Venise, du pape et du roi d'Espagne.

[1] *Cosmographie universelle.* Paris, folio, 1575, 2 volumes. Le passage de la *Cosmographie spéciale du Levant* que j'ai cité plus haut est reproduit ici, liv. XVIII, p. 795.

Elle n'arma point en vain leurs vaisseaux, elle n'envoya pas inutilement leurs troupes vaillantes et leurs généraux habiles. La bataille de Lépante prouva ce que peuvent l'union et les efforts en commun pour la défense d'une bonne cause. Cette mémorable victoire, si rassurante pour la chrétienté, fut un sujet d'épouvante pour les voyageurs et les négociants, que les paisibles préoccupations de la curiosité ou du trafic appelaient dans ces parages. Des représailles atroces étaient à craindre; mais la paix (mars 1573) vint calmer momentanément l'irritation des musulmans, qui employèrent ce répit à réunir sur une formidable échelle les moyens de prendre une revanche éclatante. Martin Kraus [1] profita de ce moment de calme pour se met-

[1] Martin Kraus publia, sous le nom latinisé de Martinus Crusius et sous le titre de *Turco-Græcia*, en 1584, à Basle, en un fort volume in-folio, tout ce qu'il put réunir de renseignements originaux. Il cite plusieurs lettres de Zygomalas dans lesquelles il est question d'Athènes, mais vaguement et comme d'un motif à phrases banales. Dans une seule (lib. VII, ep. x), une longue lettre que ce même Théodore Zygomalas lui écrit de Constantinople, où il occupait la charge de protonotaire de l'église métropolitaine des Grecs, se trouve un passage intéressant que je transcris ici :

— — Αἱ γὰρ Ἀθῆναι, ἃς πολλάκις ἴδον (Ναύπλοιος γάρ εἰμι, Πελοποννήσιος, ἢ πλησίον Ἀθηνῶν κεῖται), αὐτάς τε διῆλθον, ἀκριβῶς φιλοπραγμονήσας πάντα : τόν τε Ἄρειων Πάγον, τὰς ποτὲ Ἀκαδημίας, τὰ Ἀριστοτέλους, τὸ Πάνθεον : οἰκοδομὴν νικῶσαν πάσας οἰκοδομάς : γλυπτῶς ἐκτὸς διὰ πάσης τῆς οἰκοδομῆς ἔχουσαν τὰς

tre en rapport avec quelques Grecs établis à Constantinople, et entama avec eux une correspondance

ἱστορίας Ἑλλήνων : καὶ ταῦτα, τὰς θείας : καὶ μετὰ τῶν ἄλλων, ἐπάνω τῆς μεγάλης πύλης, ἵππους δύο φρυασσομένους ἀνδρομέαν εἰς σάρκα, τὸ δοκεῖν ἐμψύχους ; οὓς λέγεται ὅτι ἐλάξευσε Πραξιτέλης : καὶ ἔστιν ἰδεῖν διϊκνουμένην καὶ λίθων τὴν ἀρετήν : θεάσασθαί τε καὶ ἄλλα θαύματος ἄξια. Οὐ λέγω τὸν βουνὸν τὸν καταντικρὺ βοτάνην πᾶσαν (εἰπεῖν ἰατρείας ἁπάσης πρόξενον) ἐμπεριέχοντα : ὃν κῆπον Ἀδώνιδος ὀνομάζω : ἢ ἀέρων εὔπνειαν, ἢ ὑδάτων πότιμον, ἢ ἀγαθῶν ἄλλων : ἐξ ὧν συμβαίνει, τοὺς νῦν Ἀθηναίους, ἤδη βαρβαρωθέντας, φύσει μνήμονας καὶ εὐφώνους εἶναι : μέλεσι διαφόροις θέλγειν, ὡς Σειρήνων μέλη, τοὺς ἀκούοντας. Οὓς εἴγε Ὀρφεὺς (ὃς θῆρας καὶ λίθους ἐλέγετο θέλγειν), ἢ Μηθυμναῖος Τέρπανδρος, ἢ Μαρσύας (ὃς ἀντήρισεν Ἀπόλλωνι) ἤκουσε. φύσει τήν τέχνην νικῶντας, ἐξεπλάγησαν καὶ τοὺς αὐλοὺς ἔρριψαν ἄν, καὶ καλάμους συνέτριψαν. Ἀλλὰ τί τῶν Ἀθηνῶν μνησθείς, μακρολογῶ : δέρμα λειφθείσας τοῦ πάλαι ποτὲ ζῴου; Αἱ ἀληθεῖς Ἀθῆναι αὐτοῦ νῦν εἰσιν, ὡς ἀκούομεν κ. τ. λ.

Ἀπὸ Κωνσταντινουπόλεως, ἀνθεστηριῶνος ιεζπδ΄ ἀπὸ τῆς κτίσεος του παντὸς — — κατὰ πάντα ὑμέτερος φίλος Θεοδόσιος Ζυγομαλᾶς : πρωτονοτάριος τῆς μεγάλης ἐκκλησίας Κωνσταντινουπόλεως.

Je traduirai littéralement le grec, en n'y ajoutant qu'un petit nombre de remarques :

Athènes, je l'ai vue souvent, car je suis de Nauplie, ville du Péloponèse, laquelle est située près d'Athènes. Je l'ai visitée, examinant tout avec attention : l'Aréopage [1], ce qui fut jadis les Académies, les écoles d'Aristote [2], le Panthéon [3] édifice qui l'emporte sur tous les autres édifices, ayant au dehors, sculptées dans toute sa longueur, les histoires des Grecs, et

---

[1] Zygomalas désigne probablement par ce nom le théâtre d'Hérode Atticus, suivant en cela une tradition locale qui a été renversée par Spon.

[2] J'ai parlé plus haut de ces prétendues écoles.

[3] On lit dans l'*Histoire de l'empire ottoman* de M. de Hammer : *Eine Bombe flog ins Pulvermagazin des Panthéon*, t. VI, p. 489 ; je demande pour Zygomalas les bénéfices des fautes d'impression qu'on ne refusera pas au baron de Hammer ; l'erreur peut être de son fait comme du fait des imprimeurs de Martin Kraus.

qui touchait à tous les sujets d'informations, et
dans laquelle l'archéologie eut sa petite place. La

cela, les histoires divines [1]. Et indépendamment du reste, on
voit au-dessus de la grande porte [2] deux chevaux paraissant
vivants et comme avides de se repaître de chair humaine [3],
lesquels, dit-on, sculpta Praxitèle [4]. La vie transmise par
le génie de l'homme a passé dans la pierre. On y peut encore
contempler d'autres choses dignes d'admiration. Je ne parle
pas de la colline qui s'élève vis-à-vis, offrant toutes sortes
d'herbes médicinales pour tous les besoins, colline que je
nomme le jardin d'Adonis [5]. Je ne parle pas davantage de
la salubrité de l'air, de la bonne qualité des eaux et d'autres
avantages, d'où il résulte que les Athéniens, bien que devenus barbares, ont naturellement de la mémoire et un idiôme
harmonieux. La mélodie variée de leur langage [6] charme
ceux qui les entendent, comme des chants de sirènes.
Si Orphée (qui, dit-on, charmait les bêtes féroces et les
pierres), ou Terpandre de Méthymne [7], ou Marsyas (qui
lutta avec Apollon) les avait entendus, surpassant l'art par
leurs dispositions naturelles, ils auraient été étonnés, ils
auraient jeté leurs flûtes et brisé leurs pipeaux. Mais pourquoi tant de paroles au souvenir d'Athènes? elle n'offre

[1] Les métopes et la frise.

[2] Au-dessus de l'entrée de l'église chrétienne, devenue alors une mosquée,
c'est-à-dire dans le fronton de la face occidentale. Ces chevaux et le char de
Minerve formaient le groupe que Morosini voulut emporter à Venise.

[3] Les mots φρυασσομένους εἰς ἀνδρομίαν σάρκα sont une réminiscence de l'épigramme 18
d'Apollonidas (*Anthol.*, t. II, p. 136) et font allusion aux chevaux de Diomède.

[4] C'est là une grosse erreur, mais qu'on se reporte à la date de cette lettre.

[5] Je serais disposé à chercher ce jardin d'Adonis au pied du Lycabette, dans
la vallée de l'Ilissus, plutôt que sur les pentes de l'Hymette, qui sont bien arides.
Et cependant un passage d'une autre lettre du même Zygomalas (voyez l'ouvrage
de Crusius, p. 95) reporte au mont Hymette.

[6] Cette mélodie était relative et pouvait paraître telle aux oreilles de Zygomalas.
Elle a été remarquée par Spon, t. II, p. 253, et par tous les voyageurs.

[7] Plutarque et Estienne de Byzance en font un Lesbien, et Suidas un Béotien,
Tzetzès est d'accord avec notre auteur.

question suivante, qu'il adressait en 1573 à Théodore Zygomalas, donnera la mesure de ce qu'il

que la peau d'un être jadis vivant [1]. — De Constantinople,
le xv novembre de l'année 1575 depuis la fondation de
toutes choses. — Votre ami en toute occasion, Théodose
Zygomalas, protonotaire de la grande église de Constantinople.

La lettre de Siméon Kabasilas d'Arta, c'est-à-dire d'Acar-
nanie, à Martin Kraus, est insérée au livre VII, sous le numéro 19, p. 462, de la *Turco-Græcia*. Elle n'est pas datée,
mais le professeur de Tubingue l'a insérée à la suite d'une
autre lettre du 20 février 1578, et probablement comme
l'ayant reçue par la même voie ou par le même courrier. En
voici le premier paragraphe, qui seul nous intéresse :

ΚΥΡΙ΄Ω ΜΑΡΤ΄ΙΝΩ Τ῏Ω ΚΡΟΥΣΙΩ.

— — Πάλαι μὲν τὸ τῶν Ἀθηνῶν ἄστυ τρίπλοχον ἦν, καὶ ἅπαν
οἰκούμενον. Νῦν·δέ, τὸ μὲν ἐσώτερον (ὅπερ Ἀκρόπολις : ἐν ᾧ καὶ ναὸς
τῷ Ἀγνώστῳ θεῷ) ἅπαν ὑπὸ μόνων Ἰσμαηλιτῶν οἰκούμενον. Τὸ δὲ
ἐκτὸς (τὸ ἀναμεταξὺ φημι) ὅλον ὑπὸ τῶν χριστιανῶν. Τοῦ δ' ἐξωτέρου
(ἐν ᾧ καὶ βασίλεια διὰ μαρμάρων καὶ κιόνων μεγίστων : ἐφ' ὧν τῆς
πύλης ἐπιγέγραπται μονόστιχον καὶ ἔστι σωζόμενον :

  Αἵδ' εἴσ' Ἀθῆναι, Θησέως ἡ πρὶν πόλις).

τὸ τρίτον οἰκούμενον. Ὅλον δέ, ἐν ὅσῳ οἱ ἄνθρωποι ὄντες τυγχάνου-
σιν (ἐξ ἑν)ἄνδρες, τὸν ἀριθμὸν χιλιάδες δώδεκα) ἀφ' ἓξ ἢ ἑπτὰ μιλίων
περιεχόμενον.

Ἐν πατριαρχείῳ τοῦ Βυζαντίου. Συμεὼν Καβάσιλας, ἐκ πόλεως
Ἀκαρνανίας τῆς Ἑλλάδος.

Je traduirai littéralement. Au Seigneur Martin Krusius :
La ville d'Athènes était autrefois divisée en trois parties et

---

[1] Cette comparaison est empruntée à Synesius qui l'appliquait à Athènes au
commencement du Ve siècle (lettre 135).

savait de la Grèce : « Nos historiens allemands écrivent qu'Athènes est complétement détruite, qu'elle

entièrement peuplée. Mais aujourd'hui la partie la plus inférieure [1], celle de l'Acropole, où se trouve le temple dédié au dieu inconnu [2], est habitée exclusivement par des Ismaélites [3]. La partie en dehors de celle-là (j'entends celle qui est entre deux), est tout entière habitée par les chrétiens. De la partie la plus extérieure, où se trouve aussi le palais royal [4], bâti en marbre et orné de très-grandes colonnes et au-dessus de la porte [5] duquel a été gravée cette inscription d'un seul vers, qui se voit encore :

C'est ici Athènes, l'ancienne ville de Thésée.

Le tiers seul est habité. Toute la ville, dont la population peut être de douze mille habitants, a six à sept milles [6] de circonférence [7]. — Écrit dans la maison du patriarche de Byzance. — Siméon Kabasilas, de la ville d'Akarnanie, en Grèce.

[1] Cette division d'Athènes par races, langues et religions, est conforme aux habitudes du moyen âge et s'est conservée en Orient. On voit par la lettre de Kabasilas, qui nous fournit à cet égard le plus ancien document, que les Turcs, maîtres du pays, gardaient la citadelle et habitaient tout autour ; que les chrétiens, c'est-à-dire les Grecs, la véritable population indigène, se divisaient en deux quartiers, l'un plus près du centre, l'autre plus éloigné, celui-là s'étendant au sud-est de la ville, vers le temple de Jupiter Olympien et vers l'arc d'Hadrien, partie de la ville aujourd'hui déserte, mais dans laquelle l'anonyme de 1460 avait vu un grand marché, preuve d'une nombreuse et active population, et où Spon trouva encore quelques maisons habitées qui sont figurées dans la vue générale dessinée par J. Carrey.

[2] *Le temple dédié au dieu inconnu* est une assertion qui confirme celle des missionnaires, dont Guillet assuma la responsabilité, et qui fut vivement combattue par Spon et Vaillant.

[3] On entendra les Turcs sous ce nom d'Ismaélites.

[4] L'anonyme de 1460 décrit également l'Olympiéion sous le nom de palais d'Hadrien ; c'était la tradition locale.

[5] La porte de ce quartier, c'est l'arc d'Hadrien.

[6] Ce chiffre de la population est admissible, si l'on considère qu'il était encore à la fin du XVIIe siècle de sept à huit mille, selon Spon ; mais la circonférence de la ville, portée à sept milles, même à six, est exagérée.

[7] Je n'ajoute pas le paragraphe, qui suit dans le texte, sur la pureté du dialecte athénien. Il est bien établi que, *toute proportion gardée*, on a parlé et on parle meilleur grec à Athènes que partout ailleurs.

est remplacée par quelques cabanes de pêcheurs ; qu'y a-t-il de vrai dans cette assertion ? » La réponse de l'habitant de Constantinople, qui se vante d'être né à Nauplie et d'avoir été souvent à Athènes, prouve deux choses à la fois : d'une part, l'existence d'une Athènes encore peuplée et toujours magnifique par les monuments de l'antiquité ; d'autre part, l'ignorance où était le correspondant grec, comme les Grecs de Constantinople en général, de l'histoire et de la situation de leur patrie. Quant à une absence complète de critique lorsqu'il s'agit de monuments, ce défaut n'était particulier ni à Zygomalas, ni aux habitants d'Athènes, il était propre aux villes de l'Italie, de la France, de l'Espagne, qui toutes avaient conservé de l'antiquité ses monuments bien mieux que ses souvenirs.

Deux circonstances que j'ai déjà signalées, mais qu'il n'est pas inutile de remettre en évidence au point où nous en sommes arrivés, expliquent cet isolement de l'Attique et ce retranchement d'Athènes du monde vivant. C'est, en premier lieu, la lutte incessante et furieuse de la chrétienté et de l'islamisme dans les mers de l'Archipel [1] ; c'est, en se-

---

[1] Un bon tableau de l'antagonisme sanglant des chrétiens et des musulmans dans l'Archipel, accompagné de sages réflexions sur le défaut d'union, cause de toutes les défaites, se trouve dans l'ouvrage d'Ant. Arroyo : « Relacion del pro- » gresso de la armada de la santa Liga hecha entre el papa

cond lieu, la ligne de navigation des pèlerins en terre sainte, la seule voie suivie par les voyageurs, qui passait loin et hors de vue du Pirée. Rien ne prouve mieux l'influence de ces deux circonstances que l'initiative prise par nos ambassadeurs à Constantinople, en se rendant à leur poste ou en en revenant. N'ayant rien à craindre des parties belligérantes, et la terre sainte n'étant pas le but de leur voyage, ils se détournent de leur route, jettent l'ancre dans le Pirée et vont visiter la célèbre ville de Minerve. Leurs relations méritent quelque attention, parce que seules elles fournissent des données exactes au milieu des compilations [1], des redites [2] et des amplifications.

» Pio quinto, el rey catholico Phelippe segundo, y Venetianni » contra il Turco. Escritta por Marco Antonio Arroyo. En » Milan, 4°, 1576. « Voyez le chapitre : « Discorso sobre el » accrescentamiento de los Turcos. »

[1] Je pense aux ouvrages d'hommes, d'ailleurs très-savants, tels que Laurenberg, Ortellius, etc.

[2] Je citerai en exemple Chappuys, qui se mit en tête de montrer l'*Estat des royaumes et républiques du monde tant anciens que modernes*. Paris, folio, 1598. Il parle de Rome ancienne et s'étend complaisamment sur la Rome moderne; mais après avoir longuement disserté sur la république des Athéniens, il se tait sur la situation présente d'Athènes, comme si Athènes et les Athéniens avaient disparu de la surface de la terre. Nous nous sommes occupé, p. 10, de l'*Isolario* de Bondelmonte, je dirai ici quelques mots d'un ouvrage du même genre, d'Antonio Millo. J'ai vu au Musée

François Savary de Brèves, l'habile diplomate, revint de son ambassade en 1605. Il se rendait en terre sainte, de là à Tunis et à Alger. Il ne se détourna pas de sa route pour visiter Athènes, et la relation de son voyage, écrite par son secrétaire [1], bien qu'elle mentionne la Grèce sur le titre, ne parle cependant que des îles de Scio, de Metelin et de Candie, qu'ils aperçurent de leur bord. Ce n'est donc pas à lui que revient l'honneur d'avoir inauguré parmi nos ambassadeurs cette louable habitude de rendre hommage aux plus nobles souvenirs, c'est à Louis Des Hayes, baron de Courmenin, qu'il appartient [2]. Louis XIII, dont il était le conseil-

Britannique un volume, inscrit sous le n°10,365 des additions au catalogue, qui porte en titre : *Arte del navicar de Antonio Millo Armiralgio in Candia* 1591 et qui contient, à partir du feuillet 34, un *Isulario de tuto el mare Mediterano*; mais les dessins en sont si mauvais, tant dans cette copie que dans une autre qui a pour titre : *Isulario de Antonio Millo MDLXXXVII* (Cotton, Julius, E. II.), qu'il me semble inutile d'en parler dans mon travail, où il n'est pas question de discuter la position géographique d'Athènes et la manière dont on est parvenu peu à peu à la fixer.

[1] *Relation des Voyages de monsieur de Brèves, tant en Grèce, terre saincte et Ægypte qu'aux royaumes de Tunis et d'Alger, le tout recueilli par le S. D. C.* (Jacques Du Castel, son secrétaire, qui dédie l'ouvrage au fils de M. de Brèves, celui-ci étant mort.) Paris, 4°, 1628.

[2] Henri, baron de Beauveau, le courageux compagnon du duc de Mercœur en Hongrie, n'était pas ambassadeur, mais

ler et maître d'hôtel, l'avait nommé son ambassadeur en 1621 et l'avait chargé, après avoir aplani quelques difficultés concernant les lieux saints, d'aller offrir au saint sépulcre de magnifiques présents. Il accomplit les intentions de son souverain, et revint en France, sans avoir vu la ville de Périclès; mais, chargé d'une seconde mission en 1630, il se rendit à Constantinople en traversant la Grèce et en passant par Athènes. Par égard pour ses remarquables travaux sur Jérusalem [1], où l'exactitude s'allie au talent, nous mettrons sur le compte de son secrétaire la description suivante :

La ville d'Athènes est située sur la pante et aux environs d'un rocher, qui est assis dans une plaine,

il voyageait dans le Levant à cette époque, et il fit entrer dans la seconde édition de son ouvrage du Levant une vue cavalière ou dessin à vol d'oiseau de toute la Morée. C'est une fine estampe, une combinaison neuve et bien faite, dans l'état des connaissances de l'époque, pour donner une idée approximative de la configuration du pays et de sa silhouette dans la mer. Elle se trouve dans l'ouvrage suivant, à la page 20 : *Relation journalière du Voyage du Levant faict et descrit par Henry de Beauveau. — Reveu, augmenté et enrichy par l'autheur de pourtraicts des lieux les plus remarquables.* A Nancy, 4°, 1615.

[1] *Voyage du Levant fait par le commandement du Roy en 1621 par le sieur D. C.* Paris, 4°, 1624. Seconde édition avec des additions, fruits d'un second voyage. Paris, 4°, 1629. Troisième édition. Paris, 4°, 1643.

laquelle est bornée par la mer qu'elle a au midy et par les montagnes agréables qui l'enferment du côté du septentrion. Elle n'est pas la moitié si grande qu'elle estoit autrefois, ainsi que l'on peut voir par des ruines, à qui le temps a fait moins de mal que la barbarie des nations qui ont tant de fois pillé et saccagé cette ville. Les bastimens anciens qui y restent témoignent la magnificence de ceux qui les ont faits ; car le marbre n'y est pas épargné non plus que les colomnes et les pilastres. Sur le haut du rocher est le chasteau dont les Turcs se servent encores aujourd'huy. Entre plusieurs anciens bastimens, il y a un temple qui est aussi entier et aussi peu offencé de l'injure du temps comme s'il ne venoit que d'être fait ; l'ordre et la structure en est admirable ; sa forme est ovalle et par dehors aussi bien que par dedans ; il est soutenu par trois rangs de colonnes de marbre, garnies de leurs bases et chapiteaux : derrière chaque colonne il y a un pilastre qui en suit l'ordonnance et la proportion. Les chrétiens du pays disent que ce temple est celui-là même qui étoit dédié au Dieu incogneu, dans lequel saint Paul prescha, à présent il sert de mosquée, et les Turcs y vont faire leurs oraisons [1].

[1] *Voiage de Levant fait par le commandement du Roy.* A Paris, chez Adrian Taupinart, 4°, 1632. L'éditeur s'exprime ainsi dans un avis au lecteur : « Outre que l'autheur a cor-
» rigé beaucoup de fautes qui s'y estoient coulées, tu verras
» qu'il y a adjousté plusieurs choses notables qu'il a observées

Ces visites de nos ambassadeurs faisaient ainsi flotter de loin en loin le drapeau français dans le port du Pirée, et les bâtiments de commerce de toutes les nations y cherchaient quelquefois un refuge; aussi, tous les portolans, guides nautiques de ces temps, marquent-ils avec soin le port Lion. Sur ces cartes marines, le nom d'Athènes, bien que ville de l'intérieur, se trouve placé à côté de celui du port, et cela par un reste d'habitude, car si leurs auteurs s'aventurent dans quelque légende explicative, ils dévoilent aussitôt leur ignorance de l'état réel de cette ville, comme de tout l'intérieur du pays. Ainsi, je lis sur l'une des jolies cartes de la Méditerranée, dressées par Francesco Monno, en 1630 [1] : *Atene e adesso tutta giettata a terra che non*

» en un troisième voyage que depuis deux ans il a fait à
» Constantinople par le milieu de la Grèce, dont tu trouve-
» ras icy la description. » On lit, en effet, le récit de ce
voyage à la page 467. Il y eut entre la mission de 1622, et
celle de 1630, un autre voyage dont le secrétaire de M. Des
Hayes parle ainsi : « Outre ce voyage de Constantinople et
» de Jerusalem, i'en ay fait encores deux autres en Levant
» avec le sieur Des Hayes. » Enfin, on fit une troisième édition de cette relation à Paris, même format, année 1643.

[1] « Arte della vera navegatione, con il regimento della
» tramontana e del sole di gio : Francesco Monno di Mo-
» naco, chirurgico, con un portolano, con le coste figurate
» de tutti li porti da stantiar vascelli co i luoghi pericolosi di
» tutto il mare Mediterraneo et carta mediterranea — l'anno
» di nostra salute MDCXXXIII. » — On voit, par l'une des
légendes, que ce portolan fut dressé en 1630. Près du port

vi si vedono sollo delle edeficij dove erano gli studij con grandi anticaglie et vi e un poco di fortezza con artegliaria pero non puo giongiere all' armata qual potra stare dentro del porto di Atene.

Un goût nouveau, ou l'extension d'un noble goût déjà ancien, vint stimuler des efforts d'investigation sollicités vainement par les érudits et par l'archéologie. Depuis que François Ier avait envoyé chercher en Italie des statues antiques, et fait mouler celles qu'on découvrait tous les jours, faute de pouvoir les acquérir; depuis qu'il avait abandonné ces poursuites, rebuté par l'infidélité d'Andrea del Sarto, ce goût s'était maintenu et propagé en dépit des contrefaçons et des roueries des antiquaires italiens, et sans qu'il vînt à personne l'idée de s'adresser à d'autres et de chercher ailleurs. Vers 1625, pendant que le cardinal de Richelieu prodiguait l'or pour obtenir de l'Italie les sculptures antiques qu'il destinait à la décoration de son nouveau château [1], le comte d'Arundel ouvrait une voie nouvelle [2], en

du Pirée, qui n'est pas nommé, on lit Saffinos, l'une des variantes du nom corrompu d'Athènes.

[1] Le Père Babin, dont je reproduis plus loin la relation, cite la collection des antiques de ce château comme point de comparaison avec les beautés du Parthénon. Cette appréciation montre quelle était alors la renommée du château de Richelieu.

[2] Voir plus haut (dans mon ouvrage sur le Parthénon) ce que j'ai dit de Cyriaque d'Ancône au commencement du XVIe siècle, et de ses recherches de fragments antiques.

poursuivant des recherches sur un sol plus fécond.
Le goût ou la mode des collections commençait à
poindre en Angleterre, une sorte de renaissance un
peu tardive s'y faisait jour, et chacun voulut, à
l'imitation des villes italiennes, orner ses jardins,
ses cours, ses vestibules des chefs-d'œuvre de la
sculpture antique. La difficulté d'en trouver en
Italie conduisait naturellement à l'idée d'étendre le
champ de ces poursuites au delà des mers, en suivant les indications des voyageurs, qui représen-
taient le sol de la Grèce et de l'Asie Mineure
comme jonché d'innombrables débris antiques, qui
étaient, à les entendre, autant de chefs-d'œuvre.

Une idée, même la plus heureuse et la plus facile à exécuter, devance toujours de beaucoup et
reste longtemps à attendre la main qui s'en empare
et qui la féconde. L'idée de *transplanter la Grèce en
Angleterre* [1], comme l'écrivait Peacham, fut adop-
tée par le comte d'Arundel vers 1613. Il fut donc

[1] Voici le passage emprunté à Peacham. Le *Complete Gent-
leman* a été imprimé en 1634 : « I cannot but with much
» reverence mention the every way Right honourable Tho-
» mas Howard, lord high Marshal of England, as great for
» his noble patronage of arts and ancient learning, as for
» his high birth and place, to whose liberal charges and
» magnificence, this angle of the world oweth the first sight
» of Greek and Roman statues, with whose admired pre-
» sence he began to honour the gardens and galleries of
» Arundel-house about twenty years ago and hath over since
» continued to transplant old Greece into England. » P. 107.

bien véritablement le premier, non-seulement à collectionner avec méthode, mais aussi à tirer de la Grèce directement les chefs-d'œuvre de la sculpture et les monuments les plus curieux de l'épigraphie. Il employait, dans ce but, les agents du gouvernement en mission dans le Levant, les grands négociants qui pour leurs affaires naviguaient dans les mers de la Grèce et de l'Asie Mineure, enfin et surtout des agents particuliers, au nombre desquels il faut citer un certain William Petty, chapelain du comte [1], qui se distinguait par son activité et l'adresse avec laquelle il se conciliait l'esprit des habitants. L'exemple du comte d'Arundel fut bientôt imité par des collectionneurs rivaux; citons en particulier un duc de Buckingham, dont l'agent n'était rien moins que sir Thomas Roe, ambas-

---

[1] « The person chiefly employed by the earl in these re» searches was Mr Petty. It appears from sir Thomas Roe's » letters, who had a commission of the like nature from the » duke of Buckingham, that no man was ever better quali» fied for such an employment than Mr Petty. « He encoun» ters, says sir Thomas Roe all accidents with unwearied » patience, eats with Greeks on their work-days, lies with » firshermen on planks, is all things that may obtain his » ends. » Mr Petty, returning with his colection from Samos, » narrowly escaped with his life in a great storm, but lost » all his curiosities and was imprisoned for a spy, but » obtaining his liberty, pursued his researches. » (Walpole, *Anecdotes,* I, 293.) Ce William Petty était oncle du fameux sir William Petty, la souche de la famille Lansdowne.

sadeur d'Angleterre près de la Porte, et le roi Charles Ier lui-même, qui chargeait du soin d'augmenter sa collection de sculptures antiques [1] son amiral dans le Levant, sir Kenelm Digby. Il se produisit alors une rivalité d'enlèvement et de mutilations, prélude éloigné des sauvages procédés de lord Elgin, qui rappelait, à seize cents ans de distance, les prouesses des pourvoyeurs d'antiquités grecques de quelques empereurs romains, et ne rencontrait pas les résistances qu'on opposa à un Acratus [2]. Ces fâcheuses conséquences de nobles passions excitaient dès lors les plaintes et l'indignation de voyageurs plus désintéressés. Du Loir, qui voyageait de conserve avec le bâtiment de M. de la Haye, ambassadeur de France à Constantinople, traversa l'Archipel en novembre 1639. Il vit dans l'île de Délos une statue d'Apollon, de dix pieds de hauteur, *que les Anglais ont sciée en deux, de haut en bas, pour en emporter une partie* [3]. Il faut détourner

[1] Charles Ier, lors de son martyre, possédait 1387 tableaux de maîtres et 399 sculptures antiques.

[2] Voyez plus haut (dans mon ouvrage sur le Parthénon) les méfaits de Néron et le rôle aussi délicat que particulier d'Acratus.

[3] *Les Voyages du sieur Du Loir.* Paris, 4°, 1654, p. 8. En 1442, Bondelmonte avait vu cette statue entière. (*Librum insularum Archip.* Edid. L. de Sinner.) En juin 1678, Corneille Le Bruyn rend compte de son état : « On y voit encore » (à Délos) une partie de la statue d'Apollon, sçavoir le tronc » du corps et une partie des cuisses, le reste en a été em-

les yeux de ce mauvais côté de la recherche des antiquités pour apprécier les services rendus aux arts et à l'archéologie par les efforts. du comte d'Arundel [1] et de ses imitateurs. Athènes n'eut pas beaucoup à souffrir de leurs procédés, bien qu'il fût tentant d'exploiter le filon le plus riche et le plus précieux dans cette grande mine de l'Orient; bien qu'on ait enlevé quelques morceaux de sculpture de cette ville et de ses environs; mais son éloignement de la mer, l'occupation de l'Acropole par les Turcs, très-soupçonneux à l'égard des entreprises des chrétiens, et particulièrement une sorte de respect traditionnel qui planait encore sur ce sanc-

» porté par les curieux qui y sont venus de temps en temps, » du nombre desquels je me mettray si l'on veut, puisque » j'en rompis aussi un morceau que je garde pour en con- » server la mémoire. » Voyez l'édition in-4° de ses voyages. Paris, 1725, t. I, p. 60. M. F. Thiersch prétend reconnaître un fragment de cet Apollon dans le pied colossal que les voyageurs admirent dans la bibliothèque de Saint-Marc, à Venise. (*Reisen in Italien, seit* 1822. Leipzig, 8°, 1826, p. 232.) J'ai vu ce pied, je n'ai pas d'opinion sur sa provenance, et M. Thiersch aurait mieux fait de montrer plus de réserve. Il faut adresser le même conseil à ceux qui affirment que le pied colossal, placé dans la cour du Capitole à Rome, vient de ce même Apollon de Délos.

[1] Tous les étrangers visitaient sa collection, les artistes avaient la liberté de l'étudier, lui-même la montrait, et elle était devenue l'une des bases les plus solides de la renaissance du bon goût en Angleterre. Voyez Sandrart, p. 241. *Birch's collection of letters*, III, p. 254. Walpole, *Anecdotes*, I, 293.

tuaire de l'art, protégèrent les monuments d'Athènes contre les mutilations.

La paix qui régnait en Orient était une paix armée en guerre, c'est-à-dire un état bien précaire. Les moindres infractions aux traités étaient suivies de ruptures éclatantes et subites. En voici un exemple : protégés secrètement par les Turcs, les corsaires de l'Algérie exerçaient ouvertement leurs brigandages. Un jour, en 1637, la flotte vénitienne leur donne la chasse, ils trouvent refuge et protection dans le port turc de Valona. C'était contraire aux traités : l'amiral vénitien s'empara des vaisseaux algériens dans le port même et sous le canon des Turcs. A cette nouvelle, le sultan Murad, qui assiégeait en personne Bagdad, ordonne la rupture des relations avec la république et la mort de tous les Vénitiens qui habitent ses États. On conçoit que de semblables orages, toujours prêts à éclater, fussent des épouvantails pour les voyageurs. Dans cette circonstance, on parvint à calmer le sultan et à lui faire retirer son ordre barbare de massacre général. Au bout de deux années de difficiles négociations, la paix put être rétablie sur l'ancien pied, mais il n'en restait pas moins pour tout archéologue la crainte d'être surpris au milieu de ces complications, et nul ne s'aventurait dans ces parages.

L'Europe aurait donc été privée quelque temps encore d'informations exactes sur les antiquités de la

Grèce [1], si elles n'avaient été facilitées par l'établissement de nos consuls dans le Levant, au commence-

[1] On peut s'en convaincre par la routine des éditeurs. Les Isolario de l'Archipel avaient conservé la vogue que leur avait donnée celui de Bondelmonte, ce sont encore des Isolario qu'ils publient en plein xviie siècle. Il est vrai qu'on exécutait sur place et qu'on se procurait à Venise plus facilement des dessins des îles de la Grèce que des vues de l'intérieur du continent. Aussi, lorsque Marco Boschini, le graveur, recueille de tous côtés des dessins, il ne trouve pas une vue d'Athènes, et ne fait figurer la ville célèbre et son port que dans la carte générale de l'Archipel et dans la vue cavalière de l'île de Négrepont. Il dit lui-même au lecteur qu'il a réuni à grand'peine des dessins : *Hora mi son risolto d'intagliar le tutte di mia mano e dar le in publico.* Et, en effet, il publie un volume in-4°, sous le titre de *L'Arcipelago con tutte le isole.* Venetia, 1658. Cette collection de plans cavaliers de toutes les îles est utile à consulter. La bibliothèque impériale en possède un exemplaire soigneusement annoté par Huet ; annotations savantes qui compénsent la nullité du texte de Boschini, dont, au reste, il faisait lui-même très-bon marché. Il attachait, avec raison, plus d'importance à sa carte générale de l'Archipel : *Vi aggiungo di piu, un Arcipelago in un foglio, tanto giusto che ti potra servire per carta da navicare.* Sur cette planche, comme sur celle de l'île d'Egine, on lit *Legina* et *el golfo di Legina,* manière fautive d'écrire ce nom qui était habituelle alors, et explique une erreur du même genre commise par Guillet ou plutôt par son imprimeur. Ce même Marco Boschini avait publié, sept ans auparavant, une description particulière de l'île de Candie, qui est encore très-intéressante. C'est une collection de soixante et une vues cavalières prises avec adresse et gravées avec soin sous ce titre : *Il regno tutto di Candia delineato a parti a parte*

ment du XVIIᵉ siècle, et par l'envoi des missionnaires à
Athènes en 1645. La science devait trouver en eux de
dignes interprètes, et dès l'installation des uns et l'arrivée des autres, on sentit dans le lieu de leur rési-
dence une influence favorable à l'étude sérieuse et à
la conservation des monuments. Le consul Giraud
servait de cicerone à tous les voyageurs [1]. Très-versé
dans les langues grecque et turque, il recueillait
les traditions locales et les informations de toutes
sortes transmises par les générations. Ce prédéces-
seur lointain de l'excellent Fauvel devait avoir, avec
moins de critique, quelque chose de cette même
passion pour les antiquités athéniennes, passion si
agréable au voyageur, et qui nous stimula nous-
même au milieu de l'indifférence locale. Spon, un

*et intagliato da Marco Boschini Venetiano, al serenissimo
prencipe e regal Collegio di Venetia.* On a ajouté au bas de ce
même titre pour les exemplaires mis en vente : *M.D.C.LI.
Con privilegio nelli stati della chiesa e della republica di Venetia.*

[1] Guillet s'étant permis contre ce brave homme quelques
insinuations fâcheuses, Spon s'empressa de le défendre.
La vérité entrait dans cette défense pour autant que la rivalité des deux auteurs : « Le consul Giraud est un très-hon-
» nête homme, qui ne mérite rien moins que des censures de
» cette nature. Il sçait le turc, le grec vulgaire et l'italien
» aussi bien que le françois et il entend de plus le latin, le
» grec littéral, l'histoire, la géographie et les antiquités du
» pays. J'espère qu'il nous donnera un jour une description
» exacte de la Morée que je vis ébauchée entre ses mains. »
(Voyez t. II, p. 125.)

bon juge, attendait avec impatience la description détaillée d'Athènes du consul Giraud. Il l'avait vue dans ses mains à l'état d'ébauche. Il faut dire cependant qu'il existait entre lui et le sieur Châtaignier, consul de la Morée pour la France, une rivalité malheureuse. Ce n'est pas un secret, elle dura vingt ans, et nos ambassadeurs n'ont pas cru au-dessous de leur dignité de s'en occuper souvent dans leurs correspondances. Je n'en embarrasserai pas mon récit [1] : qu'il suffise de savoir que Giraud, malgré ses déboires, resta le cicerone des étrangers; que Châtaignier, de son côté, comprenant tout l'intérêt des monuments d'Athènes, s'occupait aussi de leur histoire, et qu'ils furent l'un et l'autre utiles aux voyageurs.

Les missionnaires français ne restèrent pas non plus indifférents aux antiquités de cette ville; ce n'était pas leur principale affaire, sans doute, comme l'auraient voulu les savants de l'Europe et ses voyageurs, mais c'était un délassement d'autant plus doux qu'ils s'en faisaient presque un devoir [2]. En

---

[1] On trouvera dans le cours de cet ouvrage des mentions fréquentes de Giraud, qui paraît, au milieu même de ses disgrâces, avoir intéressé tout le monde à sa cause. M. d'Ouières intercède pour lui, jusqu'en 1686, près de l'ambassadeur de France à Constantinople.

[2] On ne prendra pas à la lettre la réponse de l'un de ces missionnaires, sans savoir au préalable dans quelle circonstance elle fut faite. Galland, l'orientaliste, se plaignait, en

effet nos capucins, héritiers ou successeurs des jésuites en 1658 [1], avaient senti qu'ils devaient donner l'exemple de l'estime des arts, la vraie sauvegarde des monuments. Ils achetèrent, en 1669, sur l'ancienne voie des trépieds, le monument choragique de Lysicrate [2]. Leur couvent fit à ce chef-

1674, avec tant de vivacité des erreurs que les Pères commettaient dans les questions d'archéologie que l'un d'eux crut devoir, pour diminuer leurs torts, lui rappeler le vrai but de leur mission. Voici le passage : « Estant au Levant, » je me suis plaint au PP. capucins que quelques-uns de » leur mission nous en faisoient quelquefois accroire, ou » qu'ils ne se faisoient pas bien entendre sur le fait des an- » tiquités. Mais ils me répondirent fort judicieusement qu'ils » estoient dans leur mission pour en faire les devoirs et » non pas pour perdre le temps à ces sortes d'observations. » (Page 232 de la réponse de Spon à la critique de Guillet.)

[1] Les jésuites transportèrent leur mission d'Athènes à Négrepont, « parce qu'ils y ont trouvé plus d'occupation et » qu'il y a plus de Francs qu'à Athènes. » C'est Spon qui le dit, et il ajoute : « Leur hospice étoit presque à l'extrémité de » la ville, du coté de la maison de l'archevêque. » Tome II, p. 187, édition de Hollande. Ils n'auraient donc point été chassés par la population, comme Guillet l'avait annoncé, p. 206, en quoi il fut contredit par Spon. (Réponse, p. 311.)

[2] Le Père Simon en fit l'acquisition, comme citoyen d'Athènes, en 1669, et c'est ce titre que la Commission des monuments historiques de la France, instituée près du ministère de l'intérieur (aujourd'hui d'Etat), invoqua en 1845, à mon retour de la Grèce, pour restaurer un monument qui appartenait encore à la France, qu'elle avait conservé intact aux arts pendant près de deux siècles et qu'elle voulait rendre en bon état à la Grèce régénérée.

d'œuvre d'élégance un cadre de sa propreté simple,
de son activité silencieuse, de ses ombrages fleuris,
prêchant ainsi d'exemple devant toute la commu-
nauté franque [1], dont il était l'unique maison religieuse, devant tous les voyageurs auxquels il servait
d'abri hospitalier, à quelque nation qu'ils appar-
tinssent, quelque religion qu'ils professassent [2]. L'é-
cusson royal de France brillait au-dessus de la
porte d'entrée. C'était la noble enseigne de cette
pieuse hôtellerie européenne [3].

Pour répondre consciencieusement aux questions
des voyageurs, soit sur la destination première de

[1] Le Père Babin écrit en 1672 : « Les Francs n'ont à
» Athènes que la chapelle des Pères capucins, comme aupa-
» ravant ils n'avaient que celle des Pères jésuites. »

[2] Chandler, Anglais et protestant, disait en 1765 : « We
» arrived at the French convent wich is at this extremity of
» the town, infinitely delighted and awed by the majesty of
» situation, the solemnity and grandeur of the ruins which
» had met us. » (Tome II, p. 29.)

[3] Voyez la planche ci-jointe habilement gravée par M. Mé-
riou d'après la charmante estampe de le Roy : *Les Ruines des
plus beaux monuments de la Grèce.* Paris, folio, 1758. A mon
premier voyage à Athènes, en 1827, rien de tout cela n'était
encore changé. Quant au consul Fauvel, je le vis à Smyrne,
en 1826. Il avait alors quitté la Grèce et perdu pour toujours
ses plus chères illusions sur les Grecs. Son grand plan en
relief était chez lui, et il me *démontra* Athènes sur ce modèle,
oubliant peu à peu ses griefs contre les habitants, et reprenant sa chaleureuse passion de l'archéologie, comme s'il se
fût retrouvé devant les monuments eux-mêmes.

telle ruine, soit sur l'emplacement de tel monument, on s'était enquis près des habitants, on avait
quelque peu étudié Pausanias et les auteurs extraits
par Meursius; on fit mieux que répondre de vive
voix : dessiner était interdit aux voyageurs, on dessina pour eux. Profitant de la liberté des courses
matinales et de l'habitude qui détruit les soupçons,
les bons Pères parvinrent, en s'y reprenant à cent
fois peut-être, à dessiner un plan général d'Athènes
et de ses environs dans la forme des vues à vol d'oiseau ou cavalières. Cette espèce de panorama était
pris des bords de l'Ilissus, de manière à comprendre
dans le même cadre tous les monuments, les églises
et les principaux édifices modernes. L'état actuel en
ressortait clairement, sans mélange de conjectures
archéologiques, sans intervention de restauration
architectonique. Ils avaient eu le bon esprit de ne
pas encombrer le dessin de légendes explicatives, et
d'abandonner aux savants de l'Europe et aux voyageurs les commentaires [1]. Cette réserve n'empêchait

---

[1] Voyez la planche en regard de la page 78. Ce plan est réduit sur l'original, qui est dessiné au crayon sur une feuille
de papier de 67 cent. de largeur sur 39 cent. de hauteur. J'ex-
pliquerai plus loin comment cette copie a été faite sur le plan
original par l'ingénieur Plantier, au couvent des capucins d'A-
thènes, en 1685, lors de la tournée d'inspection des échelles du
Levant de M. d'Otières; comment aussi Guillet, ayant déjà eu
communication d'une autre copie, l'avait publiée dans son
livre, en y ajoutant des chiffres de renvoi et quelques légen-

pas qu'on rédigeât à part des descriptions de la ville, et nous verrons que la relation du Père Babin,

des. Cette copie au crayon n'a aucune explication dans le volume de la Bibliothèque impériale dont elle fait partie (cabinet des manuscrits, supplément français, n° 19) ; mais j'ai trouvé dans un carton de la topographie générale, intitulé Grèce, du cabinet des estampes du même établissement, un feuillet volant d'une écriture du XVIIᵉ siècle qui a dû servir d'explication à cette copie du plan original, à celle qui fut envoyée à Guillet, ou à toute autre. La voici avec son titre :

Explication de la nouvelle Athènes.
Les chiffres sont derrière la carte.

1. L'ancien chasteau, sur une montagne, où il ni a qu'une porte pour y entrer, dans lequel se voit encor le temple de Minerve où saint Paul trouva ces paroles escrites sur un autel, ἀγνώστῳ Θεῷ, *ignoto Deo;* je les ay leu[1] sur la porte de la mosquée. Ce temple fut consacré à sainte Sophie du temps des chrétiens et l'on voit encor, au fond, le siège épiscopal élevé de 12 dégrez. Je laisse aux autheurs à dire le reste.

1. La ville qui est sans muraille ni forteresse.

2. Ruine d'un aqueduc. Ruine de l'aqueduc de Licée[2].

3. Un avant portail et les ruines de ses vestibules, où sont bastis plusieurs maisons. Il y a quelques tours que l'on dit estre le reste de l'arsenal de Lycurgue[3].

4. En ces colonnes estoit autrefois le palais d'Adrien[4] : sur la porte qui est entière au dedans, il y a en grec litté-

---

[1] Cette insistance sur l'inscription du Dieu inconnu et la remarque *je l'ai leu* me ferait croire que cette explication accompagnait la copie du plan des capucins envoyée à Guillet.

[2] Guillet l'appelle ainsi, voyez le n° 7 de son plan.

[3] On lit aussi dans l'explication de Guillet : *Avant portail et les ruines de ses vestibules.* Ce sont jusqu'aux mêmes expressions.

[4] L'Arc d'Hadrien.

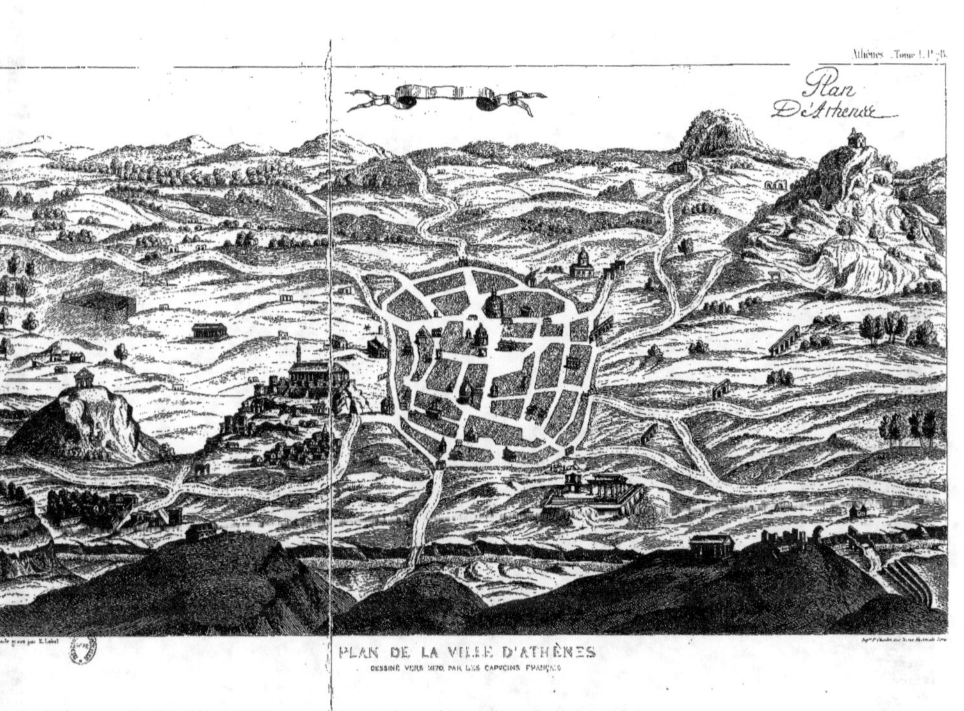

Athènes — Tome I. P. 78.
Plan D'Athènes
PLAN DE LA VILLE D'ATHÈNES
DESSINÉ VERS 1670, PAR LES CAPUCINS FRANÇAIS

préparée entre les années 1669 et 1671, est de beaucoup supérieure à tout ce qui avait été écrit jus-

ral : C'est ici le palais de Thésée, et au dehors : Ce n'est plus le palais de Thésée, mais d'Adrien. Je les ay leu plusieurs fois.

5. Village, où l'on dit que l'escole des péripatéticiens estoit, il y a encore une façon de tour, mais l'on ne voit plus que de simples maisons [1].

5. Maisons qui sont sur le chemin pour aller au chasteau, à la porte duquel, proche les murailles, il y a comme un corps de garde, où je parlais à l'aga du chasteau ; il y met deux soldats pour la garde.

6. Ruines d'un vieil temple.

7. Les anciens Grecs, les plus sçavants en l'antiquité, m'ont dit que c'estoit le lieu où estoit l'Aréopage ; l'on n'y voit plus que de certaines voutes très anciennes [2].

8. C'est une façon de tombeau très ancien, dont l'on ne me peut dire le nom, c'est pourquoi il faut recourir à l'antiquité.

9. Arc de Trajan, chacun le nomme ainsi [3].

10. Village où il y a quelque maison de campagne et de beaux jardins où l'on va se divertir.

11. Canal où se déchargeoit autrefois la rivière d'Illissus.
12. Son ancien pont. (*Le n° 13 manque.*)

14. Son ancien lict. Les Grecs appellent ξεροποταμος, xeropotamos, qui veut dire un torrent, un lieu où l'eau coule par l'abondance de la pluie et en autre temps est sec.

13. (*Je copie ces chiffres dans leur désordre.*) Cela s'appelle σταδιον παναθεναικον, stadion panathénaicon.

14. Ancien temple dont les ruines sont proches ; il ni est

[1] L'Académie.
[2] Le Pnyx.
[3] Le Monument de Philopappos.

qu'alors sur Athènes. Spon en jugea ainsi, puisqu'il la publia deux années avant d'entreprendre lui-même son voyage en Grèce. Mais revenons au plan d'Athènes dressé par les capucins français. Sans doute on aurait désiré plus d'exactitude dans le figuré du terrain, dans la représentation des monu-

resté qu'une façon de chappelle en rond ; l'on dit que c'estoit le temple de Junon, ce qui est resté, et l'autre, qui est à bas, de Jupiter [1].

15. Temple de Céres, tout entier, où il y a une esglise de Saint-George que les Grecs ont accomodé au milieu des colonnes avec de simples murailles [2].

16. Réservoir de l'aqueduc, il ni a plus qu'une ruine ; en celle montagne proche il y a quantité de marbres blancs [3] et des eaux froides en tout temps, que l'on va voir par rareté ; sur le sommet est une chappelle de Saint-Georges et au costé l'on tire des mandragores. Au pied ce sont deux colonnes en forme de porte [4].

17. Temple de Thesée, où il y a maintenant une esglise dediée à saint George [5].

---

[1] C'est le n° 117 du plan de Guillet, les restes de l'Odéon.

[2] Le n° 119 du plan de Guillet. C'est le temple de Triptolème, dessiné par Stuart.

[3] Ce sont ces *marbres blancs* qui causèrent l'erreur des capucins et, par suite, celle de Guillet. L'auteur d'*Athènes ancienne et moderne* prit le mont Anchesme pour le Pentélique.

[4] L'arc qui formait le commencement de l'aqueduc d'Hadrien.

[5] Cette explication a été écrite à Athènes en même temps que Babin rédigeait sa relation à Smyrne, ce qui prouve que ce nom de temple de Thésée était dans les traditions locales. Il est bien évident, par la forme des caractères et la couleur de l'encre, que ce feuillet de papier remonte au xviie siècle ; que cette explication a été rédigée à Athènes sans prétention érudite et dans l'impossibilité de faire des recherches dans les anciens auteurs ; qu'elle est l'ouvrage d'une personne qui, après un long séjour à Athènes, a pu se mettre en communication facile avec les habitants ; qu'elle est antérieure à la visite de M. de Nointel, dont il n'est fait aucune mention, et à la publication du voyage de Spon, qui avait détruit plusieurs erreurs reproduites ici ; que le plan auquel elle se réfère n'avait pas les chiffres marqués sur le dessin même, mais au dos. Toutes ces circonstances se réunissent pour désigner, comme rédacteur de cette note, un des capucins français d'Athènes.

ments, des formes moins conventionnelles pour les églises grecques, un dessin plus serré pour l'indication des contours des montagnes; mais les bons Pères avaient fait de leur mieux, et les voyageurs s'estimaient heureux d'avoir communication, même en cachette, de ce travail d'ensemble qu'ils n'auraient pas eu le temps d'exécuter, qu'ils n'avaient pas l'imprudence de tenter.

Le bon exemple donné par les capucins fut très-goûté des Grecs, il eut de l'influence sur les Turcs eux-mêmes, qui s'associèrent à ces idées nouvelles de conservation des monuments antiques. Nous avons le témoignage de Babin. Il raconte qu'un fragment de la frise de Phidias étant tombé, les Turcs le mirent à l'abri dans l'intérieur du Parthénon, leur mosquée [1].

Cependant les nécessités de la défense d'Athènes, dans l'état de guerre, l'état normal de l'Orient, avaient fait de l'Acropole une place fortifiée dans les règles; les nouveaux procédés de la guerre en faisaient un dépôt d'armes et de munitions, et ces circonstances devinrent pour les monuments une cause fatale de destruction. On en sentit vers cette époque les redoutables conséquences. Un magasin à poudre avait été établi dans les Propylées, non loin de la demeure de l'aga. En 1656, l'aga, sa famille

----

[1] Voyez plus loin la relation d'Athènes, du Père Babin.

et une partie du toit des Propylées sautèrent en l'air avec le magasin à poudre [1].

Les intervalles de paix, qui favorisèrent par instants des retours d'étude et de dispositions bienveillantes pour la conservation des monuments, n'étaient jamais de longue durée. La conquête de Rhodes et celle de Chypre devaient amener tôt ou tard une attaque contre l'île de Crète, véritable continent dans l'Archipel grec, sur la route de navigation des pèlerins de la Mecque, et barrant les communications de Constantinople avec l'Égypte. Le sultan Ibrahim, l'un des plus fanatiques et des plus cruels de ces souverains barbares, décida la guerre, et voulut l'accompagner des mesures les plus violentes contre les chrétiens. Il sembla, pendant un moment, que leur dernière heure avait

---

[1] « Il n'y a pas vingt ans, écrivait Spon en 1676, qu'il » étoit plein de poudres et d'armes à la turque. Isouf aga, » qui commandoit le château, demeuroit dessus dans un bâ- » timent à la moderne. — Le feu s'étant mis aux poudres par » un coup de foudre, tout ce batiment sauta en l'air. — Les » marques de ce désastre se voyent encore. » (t. II, p. 108.) « Until about twenty years ago, it was blown up by gun- » powder kept in it. » Wheler, p. 359, il copie Spon, comme on voit, mot pour mot. M. Émile Burnouf raconte autrement cet événement. « Au mois d'août 1656, la foudre tomba » sur l'Acropole d'Athènes pendant le siége qu'elle soutenait » contre les Vénitiens, » etc. (*Arch. des Missions*, t. I, p. 8.) Il y a là une erreur d'une trentaine d'années.

sonné, et que cette guerre allait devenir le signal d'un massacre général. Peu à peu cette fureur insensée se concentra sur l'île de Crète, sur les Vénitiens qui en étaient maîtres, et parmi les nations chrétiennes sur celles-là seulement qui lui portaient secours.

La guerre se résuma bientôt dans le siége de Candie, dont les défenseurs héroïques prolongèrent pendant vingt-cinq années leur résistance désespérée. En Europe, tous les cœurs généreux battirent à l'unisson du cœur saignant des assiégés, et de tous côtés on se croisa pour la défense de Candie. On sait les noms de nos héros français qui vinrent, sur la flotte du duc de Noailles, ravitailler la garnison épuisée et défendre cette forteresse démantelée, on sait aussi l'inutilité de leurs exploits. Le 6 septembre 1669, François Morosini signait, sur un monceau de décombres, une capitulation honorable et la paix avec le Grand Turc.

Le lamentable siége de Candie avait eu ses interruptions et ses reprises, ses moments de langueur et ses luttes acharnées, toutes vicissitudes dépendantes des événements de Constantinople et des succès ou des revers de la flotte vénitienne; mais en même temps aussi la guerre entre la Porte et Venise, débordant l'enceinte de l'île de Candie, se répandait dans l'Archipel, dans le continent de la Grèce, elle avait pénétré jusqu'en Dalmatie, et de là elle souleva bientôt les populations de la Hongrie et de la Pologne (19 mars 1663). Elle avait excité une telle irritation parmi les musulmans qu'il n'y avait plus pour les chrétiens aucune sécurité dans tout l'Orient, et que l'ambassadeur de France lui-même recevait en pleine audience des soufflets de la main du grand vizir, irrité des secours qu'un duc de la Feuillade conduisait contre l'armée ottomane [1].

L'Archipel offrit donc, pendant ces vingt-cinq années, une traversée bien peu sûre, et l'attrait des voyages en Grèce était devenu par trop dangereux. Près d'un quart de siècle se passa sans qu'on sût rien d'Athènes [2], si ce n'est qu'on n'y entrait qu'en

---

[1] M. de Hammer est le garant de cette assertion ; mais comme ses preuves sont dans des relations turques, il faut supposer de l'exagération et admettre, au lieu de soufflets, quelques bourrades.

[2] Les guides nautiques ou cartes marines publiés alors témoignent de ce retour à une ignorance complète sur le sort et sur les monuments d'Athènes. J'en donnerai une preuve : « Prima parte dello specchio del mare Mediterraneo dal ca-» pitan Francesco-Maria Levanto in Genova, folio, 1664. » Il y est dit d'Athènes : « Hora altra colà non si vede che ter-» reno sterile seminato di pietre, » p. 119. Cette phrase est copiée, ou au moins répétée, dans le *Nouveau grand livre de Letroit, contenant la mer Méditerranée.* — Mis en lumière par Jaacque Anthoine. — Amsterdam, folio, 1664. Le voyage de plusieurs ecclésiastiques italiens dans l'Archipel est du même temps ; *Monsignor Sebastiani, Vescovo di citta di Castello,* en avait écrit la relation, et la communi-

éveillant les soupçons, qu'on n'examinait ses ruines qu'au risque de la liberté ou même de la vie [1]; plus

quait manuscrite aux personnes curieuses de ces détails, *ma hora finalmente*, dit-il dans sa préface, *i progressi dell' armi cristiane per quelle parte mi hanno indolto a farlo stampare,* en effet elle parut sous ce titre peu régulier : *Viaggio e navigatione — nell' andare, e tornare dell' Arcipelago.* In Roma, 4°, 1687. C'est plutôt une description des îles de l'Archipel qu'un voyage, et je doute que l'auteur ait été à Athènes. Voici ce qu'il en dit dans le chapitre VIII du second livre intitulé : *Di Sciro, Negroponte, ed Atene.* — *Atene hoggi del tutto caduta dell' antica sua nobiltà; ne vi è di buono, cheil castello, posseduto, e guardato da' Turchi.* Le reste est pris dans les livres, et, je le répète, l'auteur me semble avoir vu la ville de Minerve des rivages de Syra, où il exerçait une autorité ecclésiastique. Il nous apprend lui-même qu'il s'opposa au mariage d'un jeune homme d'Athènes, *un giovine di Atène,* avec une jeune fille de Syra, parce qu'il suivait le rite, et qui plus est les erreurs des Grecs : « Potendo quella giovane facilmente » casarsi con altri del nostro medesimo rito, e credenza, » page 73. Cet ouvrage est en somme d'un très-faible intérêt. On lit cependant, et je ne voudrais pas omettre le passage suivant, à la page 145, à propos des passagers du vaisseau qui ramène Monseigneur à Venise à la fin de 1666 : « Un » ingegniere francese haveva nell' Arcipelago delineato tutte » quell' isole, come pur Candia, com somma diligenza, e » perfettione; tanto che non v'era porticello, nè punta, nè » casale, ò villagio che non vi si scorgesse a suo luogo. Si » contento di mostrarmele; ed io ne feci copiare le più » famose, particolarmente quelle che spectavano alla mia » vista. » J'ignore le nom de ce compatriote.

[1] M. des Monceaux en fit l'expérience en 1669, ainsi qu'on le verra par l'extrait que je donne ici de son journal de voyage in-

tard on apprit que la guerre, sans s'étendre jusque-
là, avait ruiné comme par contre-coup plusieurs
de ses monuments.

séré par fragments à la suite du *Voyage de Corneille le Bruyn*,
p. 350 du tome V de l'édition in-4° en 5 volumes. Rouen, 1725.
Je le ferai précéder d'un paragraphe de l'avant-propos : « Mon-
» sieur, voici l'extrait d'un voyage de M. des Monceaux, que
» vous m'avez demandé. Je l'ay fait fort à la hate parce que
» M. le comte de Bonneval (son neveu), qui avoit prêté le
» manuscrit, étoit sur son départ. Je ne doute que ce récit
» ne fut très bien reçu du public si la famille de M. des Mon-
» ceaux le vouloit faire imprimer ; mais, en ce cas, il fau-
» droit rechercher exactement lès originaux des plans et des
» vues qu'il avoit dessignées lui même et qui, vu le gout et
» l'intelligence de l'architecture dont il a donné partout des
» preuves dans sa relation, nous feront connaitre un grand
» nombre de monuments anciens qui sont maintenant abso-
» lument ignorés. » L'extrait du voyage commence avec la
terre sainte et se termine par l'itinéraire fort curieux suivi dans
la Morée et qui conduit les voyageurs par Corinthe, Mégare
et Éleusis à Athènes. Je transcris le passage suivant dè la
page 494 : « Nous descendismes dans la plaine et arrivames
» à Athènes après avoir traversé une foret d'oliviers d'une
» lieue. C'était en 1669. Les François avoient envoyé du se-
» cours à Candie contre les Turcs et, quoyque sous la ban-
» nière du pape, le Turc fut si irrité de cette infraction des
» traitez faits avec lui et de l'affaire des Timins, ou pièces de
» quatre sols, qu'il y avoit peu de sureté à voyager dans un
» pays où tout devoit paroitre suspect avec beaucoup de rai-
» son ; aussi l'auteur prit le parti de se rembarquer (au Pirée)
» pour joindre l'armée françoise devant Candie, et il revint
» avec elle ; aussi le reste de son voyage ne contient-il que
» peu de choses intéressantes. » Il est évident qu'il n'en-

Mais la guerre a une fin, et les retours vers les créations du génie n'en ont pas. La prise de Candie avait jeté un voile de tristesse sur la chrétienté, la paix générale qui suivit ranima les espérances d'un meilleur avenir. Le règne de Louis XIV était alors pour les arts et les sciences une ère nouvelle. Dirigé par son goût pour le grandiose, ou par les hommes éminents dont il sut s'entourer, le roi de France ne laissait rien d'utile en dehors de son influence, en dehors du cercle d'activité et d'investigation dont il était le centre. Les beautés de l'antiquité ne pouvaient être oubliées ou dédaignées, des voyages scientifiques furent organisés pour rechercher dans le monde entier les monuments des arts, qu'ils fussent construits, peints, sculptés, gravés ou écrits. On copiait les uns, on surmoulait les autres; ici on dessinait rapidement, là on enlevait tout ce qui pouvait être pris ou acheté. *Le roi voulant*, dit Perrault dans ses mémoires, *que les somptueux édifices qu'il fait construire en France soient en état de servir eux-mêmes*

tra même pas dans l'Acropole; et, en effet, on lit dans une dépêche de M. de Nointel : « Les sieurs Monceaux et Laisné » se retirèrent sans entrer dans le chasteau. » La perte des dessins de M. des Monceaux est très-regrettable; quant à ceux qu'aurait pu faire M. Laisné, on peut se consoler de ne les avoir pas retrouvés en voyant ses vues d'Angora jointes aux *relations envoyées du Levant*. Un volume in-4°. Bibl. Imp., suppl. fr., n° 1079.

de modèles à la postérité, il a envoyé dans l'Italie, dans l'Égypte, dans la Grèce, dans la Syrie, dans la Perse, et enfin par tous les lieux où il reste des marques de la capacité et de la hardiesse des architectes, plusieurs personnes savantes et bien instruites des remarques que l'on peut y faire. Telle était sans doute l'intention, et la meilleure manière de la remplir eût été d'ordonner une étude approfondie des monuments d'Athènes; or, je vois bien des missions scientifiques ordonnées de tout côté, je ne vois pas une mission pour Athènes. La mauvaise volonté des Turcs et leur opposition formelle à tout examen scientifique, qui n'était à leurs yeux qu'une manière de masquer des investigations stratégiques, ont pu empêcher qu'on donnât, qu'on pensât seulement à donner une semblable mission.

A défaut de mission spéciale, notre diplomatie et notre marine reçurent à cette époque une impulsion officielle dans la voie qu'elles avaient ouverte d'elles-mêmes; voici dans quelles circonstances. Louis XIV, considérant l'abaissement de notre commerce en Orient et l'état de décadence et d'abandon dans lequel étaient tombées les échelles du Levant, résolut de changer son ambassadeur à Constantinople et de donner à son successeur des instructions plus étendues. Mais il fallait trouver un homme capable d'apporter assez d'éclat dans sa mission pour relever le prestige de notre pavillon, et assez d'habileté dans les négociations pour obtenir le renouvellement et, plus encore, l'extension des capitulations.

M. de Nointel parut convenir à ce poste important. Il fut nommé ambassadeur près de la Porte, et, pendant qu'on rédigeait ses instructions [1], pendant que lui-même préparait avec un luxe inusité son équipement d'ambassade, des vaisseaux de la marine royale, sous la conduite du sieur d'Alundras, étaient envoyés à Constantinople pour ramener en France M. de la Haye Vantelet avec toute sa famille.

Charles-François Olier, marquis de Nointel [2], d'une famille noble, originaire du pays chartrain, était fils d'Édouard Olier, marquis de Nointel, conseiller au parlement de Paris, et de Catherine

[1] Voyez aux archives du ministère des affaires étrangères : « Un mémoire du roy pour servir d'instruction au sieur de » Nointel, allant ambassadeur à Constantinople, » daté du 12 juillet 1670. La réduction des droits de douanes, le libre commerce dans la mer Rouge et, avant tout, la protection des saints lieux et le rétablissement des échelles du Levant, formaient les articles principaux de ces instructions.

[2] Tous les actes diplomatiques signés par M. de Nointel, qui m'ont passé sous les yeux, portent : « Nous, Charles- » François Olier, marquis de Nointel, conseiller du roy en » tous ses conseils, en sa cour de parlement de Paris et son » ambassadeur en Levant. »

Ses armes portaient d'or, au chevron de gueulles, cotoyé de trois raisins, deux en chef, un en pointe ; l'escu soutenu de deux levrettes et couronné d'une couronne de marquis.

Masson. Voulant suivre la carrière de son père, il se distingua dans ses études, et fut nommé conseiller au parlement [1] le 26 août 1661. Quelques années après, il reçut le titre de conseiller d'État.

Il convenait au nouveau poste qu'on lui destinait. De bonne famille, il était aussi homme d'affaires, parlait facilement plusieurs langues, et ses voyages antérieurs [2], son goût pour les arts et pour les investigations de toutes sortes devaient en faire un noble représentant du roi [3] et un habile négociateur. Il

[1] Cornelio Magni, attaché à l'ambassade de M. de Nointel, tenait de lui ce détail. Il dit : « Egli è dell' estrazione di » toga, auend' occupato la carica di consigliere del parla- » mento di Metz in Lorena, come pure in Parigi, nel cui » impiego termino i giorni il di lui padre con sommo ap- » plauso. » Tome I, page 96.

[2] Coulanges rapporte dans ses mémoires qu'avant d'entrer au parlement de Paris il avait été conseiller au parlement de Metz avec un M. de Nointel et qu'ils voyagèrent ensemble en Allemagne et en Italie dans les années 1657 et 1658. On lit également dans le Voyage de Cornelio Magni : « E » ben versato nella lingua italiana, auendo dimorato qualche » tempo in Roma e passegiata l'Italia, come la Germania e » Flandria, essendosi negli anni giouanili portato per la via » di Pollonia verso queste parti per pura curiosità. » Tome I, page 95.

[3] Le chevalier d'Arvieux, qui n'était pas payé pour aimer M. de Nointel, ayant à lui reprocher certains froissements d'amour-propre, fait cependant de sa personne un portrait dans lequel la part d'éloges est la meilleure : « Il étoit âgé » de quarante ans, d'une taille médiocre ; il avoit le visage

partit de Paris, et s'embarqua à Toulon le 22 août 1670. Après treize jours de navigation il arrive à Malte[1] et continue son voyage jusqu'à Constantinople.

Dès son arrivée dans cette ville, il met en action un système d'ostentation, de bravade, de superbe, qu'il n'abandonna pas un seul instant pendant toute la durée de son ambassade. C'était dans sa nature, c'était aussi le résultat d'une appréciation assez juste du caractère des populations orientales, qui jugent les gens sur l'extérieur et sur l'attitude. Qu'on n'oublie pas d'ailleurs quel traitement M. de la Haye Vantelet avait subi, en pleine audience du grand vizir, le 7 décembre 1665, et subi sans demander ses passe-ports; or, tout vizir étant capable de se porter à de semblables excès, il convenait que le nouvel ambassadeur de France indiquât tout

» long, le teint brun, les yeux grands ; d'une complexion
» mélancolique, il étoit grave, comme il convient à un ma-
» gistrat, il parloit peu, avoit la voix grosse, rude et peu
» agréable ; il paroissoit indifférent, peu attaché au bien ;
» sans faste, il aimoit pourtant à être bien logé et bien meu-
» blé ; il étoit sçavant, fort sage, fort posé et fort homme de
» bien. » (*Mémoires*, t. IV, p. 243.)

[1] Dépêche du 4 septembre 1670. Il parle de sa réception dans l'île de Malte : « J'y ay esté receu avec touttes les dé-
» monstrations d'honneur que je pouvois désirer et qui font
» bien connoistre que le roy est le maistre partout. » (Archives des affaires étrangères.)

d'abord par sa manière d'être qu'il n'était pas d'humeur à les accepter.

M. de Nointel écrit au ministre, à Paris, qu'il a reçu des forts et des châteaux turcs, dans les Dardanelles, force saluts d'honneur, et il continue ainsi sa dépêche : *Nous avons tenté d'estre traittés de la même manière à Constantinople* [1]*, mais le caimacan trouva la proposition si nouvelle, qu'il respondit que*

---

[1] « Les quatre vaisseaux du roi qui portoient M. de Noin» tel et Soliman aga étant arrivés aux isles des Princes, » devant Constantinople, le 22 octobre 1670, M. d'Apre» mont qui les commandoit envoya dire au caïmacan qu'il » avoit des ordres exprès de ne point saluer le serail, ni la ville, » à moins qu'il ne fut assuré que l'un et l'autre lui rendroient » le salut. » (Mém. du chev. d'Arvieux.) Soliman aga, dont il est ici question, est l'ambassadeur turc que cite la Fontaine dans sa lettre en vers à la princesse de Bavière, du mois de juillet 1669. Il retournait à Constantinople. Le poëte vante les succès de notre ambassadeur près de la Porte, et son éditeur, M. Walckenaer, met en note qu'il s'agit de M. de Nointel. Les dates contredisent cette assertion. M. de Nointel n'avait pas quitté la France au mois de juillet 1669, mais la renommée de la grande représentation de ce diplomate éblouissait encore, au xıxᵉ siècle, un homme aussi perspicace que M. Walckenaer. Voici le passage :

> Que craindroit-il (Louis XIV), lui dont les armes
> Vont aux Turcs causer des alarmes.
> Nous attendons du Grand Seigneur
> Un bel et bon ambassadeur.
> Il vient avec grande cohorte.
> Le nôtre est flatté par la Porte.
> Tout ceci la paix nous promet
> Entre saint Marc et Mahomet.

c'estoit lui demander sa teste que d'exiger que le sérail rendît le salut ; qu'il n'y avoit pas d'exemple qu'on l'eût jamais fait à personne, pas mesme pour les armées triomphantes du Grand Seigneur! L'ambassadeur trouve l'excuse impertinente ; il y répond par une impertinence : c'était sa manière et son système. Par son ordre, les vaisseaux du roi de France ne saluent pas le sérail, et ils entrent silencieusement dans le port. Il descend à terre avec un grand appareil et le cérémonial le plus imposant qu'il pût imaginer ; il en donne tout le détail à la cour de France, qui du reste avait fait entrer dans les instructions de l'ambassadeur les règles d'étiquette qu'il devait observer [1] : *J'ai cru qu'il estoit important de commencer à me faire cognoistre par une entrée publique, encore que quelques-uns de mes prédéces-*

---

[1] Ce passage se trouve dans les instructions que M. de Nointel reçut à Toulon avant de s'embarquer ; on y lit en outre :

« L'ambassadeur estant arrivé à Constantinople, il fera
» toute diligence pour saluer Sa Hautesse le plutot qu'il luy
» sera possible afin de pouvoir, sans perdre de temps, com-
» mencer les fonctions de son ambassade, ce qu'il ne pour-
» rait faire qu'après ceste cérémonie.

» Il prendra soin qu'elle se fasse de la manière accoustu-
» mée et ainsi qu'il convient au rang que le roy tient dans
» la chrestienneté et à la réputation en laquelle les roys de
» France ont tousjours été auprès des empereurs ottomans
» qui donnent à eux seuls, de tous les potentats chrestiens,
» le titre d'empereur qu'ils prennent aussi pour eux mêmes. »

*scurs l'ayent négligé par des considérations particu-
lières, et je m'y suis déterminé par l'exemple des autres ambassadeurs et par la raison que, s'agissant
d'un renouvellement d'alliance, il estoit à propos de
faire voir la magnificence des François aux Turcs,
après leur avoir imprimé la terreur avec les vaisseaux
de Sa Majesté; ce qui m'a convaincu, c'est que, toutte
la cérémonie se devant faire à Andrinople, j'ay pensé
qu'il en falloit faire voir quelque chose à Constantinople. C'est pourquoy, en complimentant le caïmacan
de ma part, on luy a demandé quand il désiroit me
faire recevoir; il a respondu qu'il attendoit les ordres
de la Porte, dans la crainte qu'il avoit de n'en pas
faire assez.* M. de Nointel ajoute, dans une lettre du
12 novembre : *Les Turcs et les étrangers ont fort
approuvé mon entrée dans Constantinople : ils témoignent qu'ils n'ont pas de mémoire d'en avoir veu une
si belle* [1].

Il rend compte ensuite [2] de sa réception chez le
caïmacan. Il attend dans son salon : *Le caïmacan est
venu, et, comme il traversoit pour gaigner sa place,
nous l'avons joint sur le sopha ou estrade, et, nous
estant assis en même temps et vis-à-vis de luy, mais*

---

[1] J'ai omis tous les détails de cette entrée, parce qu'ils ont
été donnés par le chevalier d'Arvieux, et M. de Hammer les
a répétés d'après lui.

[2] Dépéche du 30 novembre 1670. (Archives du ministère
des affaires étrangères.)

dessous, **M. de la Haye**, *prenant la parole, lui a dit....*
Je ne transcrirai pas ce discours; je citerai seulement
le passage de la dépêche de M. de Nointel où il
montre sa manière de rendre humeur pour humeur,
impertinence pour impertinence. Selon les usages,
on s'était fait réciproquement des présents : *Le cai-*
macan en tesmoigna une reconnaissance médiocre,
mais je luy en tesmoignay encore moins des caphtans,
ou robes qu'il m'a fait donner au nombre de vingt. —
Il se leva en même temps et nous de mesme, luy pre-
nant son chemin vers sa chambre sans se tourner;
nous prismes le nostre du costé de la porte sans le
regarder.

Le sultan, passionné pour la chasse, résidait à
Andrinople; l'ambassadeur s'y rend et se présente
chez le grand vizir, qui le reçoit assez sèchement,
car il se souvenait d'avoir rencontré sinon les troupes de Louis XIV, au moins la portion la plus chevaleresque de la noblesse française sur les champs
de bataille, au siège de Candie et à Saint-Gothard.
Aussi, lorsque M. de Nointel lui parle, par l'entre-
mise de son drogman, de la vieille amitié de la
France, le grand vizir murmure que ces vieux
amis, il les rencontre partout au milieu de ses ennemis. *Ce qui m'a déplu davantage,* dit l'ambassadeur en terminant sa dépêche [1], *c'est la manière de*

---

[1] Dépêche du 3 janvier 1671. (Archives du ministère des
affaires étrangères.)

recevoir la lettre du roy, la sécheresse de sa conver-
sation, et son incivilité lorsque je l'ay quitté, et, si je
n'en ay pas tesmoigné sur le champ mon desplaisir, ça
esté par prudence pour ne pas faire eschapper la gra-
vité du visier, qui, pour estre sérieux, n'en est pas
moins emporté ; mais dès le lendemain je me suis plaint.

Dans son mauvais vouloir, le grand vizir re-
fusait d'accepter les modifications proposées par la
France aux capitulations; le renouvellement même
lui semblait devoir être ajourné, et il employait
l'habileté turque à créer des atermoiements.

M. de Nointel comprit facilement que la discussion et les bonnes raisons n'avanceraient pas la négociation; il écrivit à sa cour que l'intimidation seule
pouvait l'appuyer. *Je ne puis douter qu'ils ne chan-*
geassent de langage s'ils voyoient arriver à Constanti-
nople dix ou douze vaisseaux avec des lettres de Sa
Majesté pour demander ou le renouvellement des capi-
tulations aux termes que je prétends par vos ordres,
ou le retour de l'ambassadeur et des François avec la
restitution des avanies [1]. Quelques jours après, il
écrit : *Il faudroit un volume pour vous expliquer*
l'arrogance de la Porte et le peu de considération qu'on
affecte de faire paroitre pour la France. Ce n'est pas
qu'ils ne la craignent ; mais on s'imagine qu'il en sera

---

[1] Dépêche datée d'Andrinople et du 25 février 1671. (Voyez
dans les archives du ministère des affaires étrangères.)

comme par le passé et que les menaces demeureront sans effet, et l'on n'a pas fait difficulté de me dire que M. de la Haye et mes prédécesseurs avoient souvent menacé de quitter, soit à l'occasion des Génois ou des avanies, mais qu'ils n'en avoient rien fait [1].

Une seconde visite chez le grand vizir donne à notre ambassadeur l'occasion de prendre sa revanche d'arrogance et de supériorité [2] : *Le visier entra; lorsque nous fûmes assis, j'affectay de me tenir aussi fier et aussi indifférent qu'il m'en monstroit l'exemple.* Après avoir rapporté la conversation qui eut lieu entre eux, il dit : *Je me retiray en regardant fixement et avec gravité ce ministre superbe, et luy faisant pour tout salut une inclinaison de teste imperceptible et si peu considérable, que c'estoit quasi ne le pas saluer; néantmoins, soit qu'il creust que j'en ferois davantage en me voyant commencer, ou autrement, il me salua, sans bouger toutefois de son siége. Il parut durant tout l'entretien beaucoup plus affable que la première fois, et il faisoit cognoistre, nonobstant ses menaces, qu'il avoit dessein que je fusse content de son accueil; ce qui ne m'empescha pas de tesmoigner que je ne l'estois pas par mon geste, par le ton de ma voix et la fierté que j'affectois, car ce sont les seules choses qui dépendent d'un ambassadeur. Il a beau parler*

[1] Constantinople, 15 mars 1671. (Arch. des aff. étrangères.)
[2] Constantinople, 9 mai 1671. (*Idem*)

7

juste, les drogmans en usent comme il leur plaist, et l'on peut dire qu'ils s'acquittent de toutte autre fonction que de la leur ; car, au lieu d'estre de véritables interprètes, ils font le personnage et du visir et de l'ambassadeur, faisant dire à l'un et à l'autre tout ce que la timidité leur peut suggérer [1].

Le grand vizir repoussait les prétentions de la France comme exorbitantes. Il déclara que la Porte n'accorderait jamais autre chose que le renouvellement pur et simple des anciens traités. Il affecta de croire que les nouvelles exigences de la France avaient pour auteur, non le gouvernement du roi, mais son ambassadeur, et il ajourna à six mois toute négociation, jusqu'à ce que M. de Nointel eût reçu

---

[1] On comprit à Paris l'inconvénient de ces agents timides, souvent infidèles, et cependant indispensables. On envoya à l'ambassade de Constantinople le chevalier d'Arvieux, qui, s'il n'offrait pas les mêmes inconvénients, en avait d'autres. J'en parle plus loin. De la Croix s'exprime ainsi dans ses mémoires, tome I, p. 146 : « Cette lettre fut mise entre les mains de » monsieur d'Arvieux que l'on choisit à cause qu'il parle turc, » afin que l'on pût s'en servir en cas de besoin et s'il falloit » porter au grand visir quelque parole de vigueur, ce que les » droguemens ordinaires ne font pas volontiers, considérant » le Turc comme leur maître primitif qui a sur eux droit de » vie et de mort : ce qui les oblige d'adoucir les termes, de » changer les phrases et de taire ce qui pourroit fascher la » Porte, en sorte que très-souvent un discours vigoureux » prend une autre face dans la bouche d'un interprète et pa- » roît humilié et rampant. »

des lettres de créance sur le point spécial du renouvellement des capitulations. Ainsi débuta cette bruyante ambassade. Cet échec laissait du loisir à M. de Nointel; il était homme à l'employer utilement. Je ne parlerai pas de ses courses dans les environs de Constantinople, de ses visites dans toutes les mosquées, dans tous les palais, de ses réunions et de ses fêtes [1]; je mentionnerai seulement ses efforts pour répondre à la curiosité générale qu'excitaient en France les assertions erronées du ministre protestant Claude, au sujet de certains articles de foi des Grecs schismatiques. Un nouveau patriarche grec étant arrivé à C^{le} nstantinople, M. de Nointel lui fait quelques avances et se loue de ses bonnes dispositions pour l'Église romaine : *Je luy ai fait*

---

[1] Pour les fêtes somptueuses et le luxe grandiose de cette ambassade, je renvoie au journal de Galland, dont je ne citerai que ce passage, qui paraîtra moins singulier, si on se rappelle que la troupe de Molière a ôté aux hommes le privilége de jouer le rôle des femmes : « Dimanche 29 janvier 1673 : M. l'ambassadeur donna à M. le président de » Gennes, au secrétaire d'Angleterre et à une très-grande » assemblée de Francs, de Grecs et de femmes, tant de Péra » que de Galata, le divertissement du *Cyd*, de l'*École des Maris* et de la *Petite Farce* (composée par Galland) qui avoit » esté représentée le dimanche précédent. On emprunta de » très-riches habits à la grecque pour habiller les personnages » qui devoient représenter les femmes dans le *Cid*, voici l'habillement que j'avois pour faire celuy d'Elvire, suivante ou » confidente de Chimène, etc. »(Bibl. Imp., anc. fonds 10,529.)

7.

présent de toutte l'histoire byzantine; si j'avois les Pères grecs, je les luy donnerois encore dans quelque occasion favorable, et je prendray la liberté de vous représenter sur ce subject que, si j'avois deux ou trois histoires byzantines, et des Pères et autres autheurs grecs, bien reliés avec les armes du roy, je m'en pourrois servir dans des conjonctures avantageuses; car, outre que ce seroit le moien de faire esclatter icy la libéralité de Sa Majesté, je pourrois par là tirer plusieurs manuscrits de Montathos et des autres endroits où il en reste.

Il se trouve encore icy de beaux livres persans, turques et arabes, escrits et reliés admirablement; il arrive mesme quelquefois que l'on vend des bibliothèques touttes entières de gents de loy, comme de Mouftis, Cadis et autres, et qu'on les a pour un prix assés raisonable. Si vous jugiez, monsieur, que ce fust une chose digne de la curiosité du roy, je prendrois l'occasion d'en faire achepter quelqu'une des plus considérables et dont les livres seroient et des meilleurs et des mieux conditionés; vous aurez la bonté de me faire scavoir la volonté de Sa Majesté et le prix que j'y pourrois mettre [1].

Ce n'était pas sans un but sérieux que notre ambassadeur faisait tant de frais pour le patriarche grec et les autres religieux des sectes dissidentes. Il avait reçu, en partant de France, des instructions,

---

[1] Dépêche datée de Constantinople, le 9 février 1672.

provoquées par les solitaires de Port-Royal, pour s'assurer si les communions .orientales, séparées de l'Eglise d'Occident, croyaient à la présence réelle de Jésus-Christ dans l'eucharistie, et à la transsubstantiation [1]. Il avait emmené avec lui le jeune Antoine Galland, dont on vantait déjà les connaissances dans les langues orientales, pour obtenir du clergé grec schismatique des attestations en forme sur les articles de leur foi [2]. Il écrit au roi à ce sujet :

J'ai cru, sire, ce point de fait si important que je n'ay rien oublié pour l'esclaircir, et je puis asseurer V. M., en luy gardant toutte la fidélité que je luy dois, que les Grecs et les Arméniens croyent la présence réelle de J.-C. au saint-sacrement et la conversion substantielle du pain et du vin en son corps et en son sang, et qu'ils

---

[1] On voit dans les mémoires du chevalier d'Arvieux qu'il reçut une commission du même genre : « J'allai prendre » congé de M. de Turenne, qui avoit beaucoup de bonté pour » moi ; et comme je l'avois souvent entretenu sur la croyance » des Orientaux sur la présence de Jésus-Christ au saint-sa- » crement de l'autel, avant sa conversion, il me recommanda » très-fort de lui ramasser tous les éclaircissemens qu'il vou- » loit encore avoir sur cet article et sur plusieurs autres et » de l'en bien informer à mon retour. » (Mémoires, t. IV, p. 296.)

[2] Le curieux journal de Galland est rempli de détails à ce sujet. Je renvoie aux dates suivantes : 1672, 4 janvier 10, 21, 26, février 20, mars 1, 4, avril 3, 17, août 2, novembre 15, 1673, juillet 25. (Bibliothèque Impériale, deux volumes, ancien fonds 10,529 A.)

*adorent Jésus-Christ présent réellement et invisible-
ment dans l'eucharistie* [1].

Il envoya plus tard en France des professions de
foi et des déclarations signées par les patriarches et
les hauts dignitaires de l'Église d'Orient [2]. Ces actes
furent déposés à la Bibliothèque du roi par ordre
de Louis XIV et s'y trouvent encore aujourd'hui.
Ils ont été souvent consultés et plusieurs fois invo-
qués. J'en citerai un vénérable exemple. On lit dans
la *Perpétuité de la foy* touchant l'eucharistie :

*Je rapporterai ici divers extraits des relations que
M. de Nointel, ambassadeur du roy à la Porte, a envoyées à ses amis à Paris, qui contiennent des témoignages qui persuaderont toujours non-seulement tous
ceux qui connaissent particulièrement la parfaite sin-
cérité de celui qui les a écrites, mais aussi toutes les
personnes sensées qui ne s'imagineront jamais qu'un
homme d'honneur, qui sert de ministre à un grand roi,
dans un emploi considerable, voulût hasarder sa réputation en publiant des faussetés dont tant de gens
auroient intérêt de le convaincre et tant de moyens de
le faire* [3].

[1] Dépêche datée de Constantinople, le 1er juillet 1672.

[2] Cornelio Magni parle des travaux particuliers et importants de M. de Nointel sur ce même sujet, t. I, p. 96.

[3] Suit le récit d'un entretien entre M. de Nointel et l'abbé
du monastère de Mauromale en Europe, près Constantinople, entre le même fonctionnaire et un papas de l'Église des

Pendant le temps donné à ces investigations, on avait reçu à Paris les dépêches de M. de Nointel, qui déclarait le mauvais succès de ses négociations, et le roi avait décidé l'envoi à Constantinople d'une personne d'un certain rang diplomatique, porteur d'une lettre ministérielle très-ferme, qui annoncerait le rappel immédiat de l'ambassadeur, s'il n'était pas fait droit aux demandes de la France. Le chevalier d'Arvieux, qui parlait le turc, fut la personne choisie pour cette mission. On le connaît par ses mémoires; un homme de peu, qui se croit un personnage, et se faufile dans les bonnes grâces de Louis XIV, en passant par les boudoirs des maîtresses du roi [1]. Il nourrissait contre M. de Nointel

Grecs de Baktchekleu, entre le même et un papas de Calcédoine. La perpétuité de la foi touchant l'eucharistie, liv. VIII. Preuves de l'union des églises d'Orient avec l'Église romaine, t. II, p. 1129. Paris, in-8°, 1841.

[1] Après avoir fait ses visites d'adieu à la reine et à toutes les princesses, il ajoute : « Le roi étant à la messe, je pris » ce tems pour voir mesdames de Montespan et de la Val- » lière qui me firent beaucoup d'honnêtetés. Je les entretins, » pendant qu'elles furent à leur toilette, sur les coutumes » des dames de Turquie et sur le sujet de mon voyage. Et » comme je sortois de la chambre, je trouvai le roi à la porte » qui alloit entrer tout seul. Il se prit à rire, et, selon qu'il me » fut rapporté, deux heures après, par une de leurs femmes » de chambre, le roi ne fut pas fâché que j'eusse été faire » ma cour à ces dames; elle me dit encore que l'entretien » qu'ils eurent ensemble là-dessus m'étoit très-avantageux. » (Mém. IV, p. 294.)

beaucoup de jalousie, et le secret désir de le supplanter. La flottille qui l'amena à Constantinople entra dans le port le 19 février 1672. L'ambassadeur se servit habilement de la présence des vaisseaux français pour intimider le gouvernement de la Porte et pour presser les négociations. Il laissa de côté et tint à l'écart le porteur de la lettre du roi. De là l'irritation du chevalier d'Arvieux; et cependant cette conduite était sage, puisque le grand vizir se relâcha de son mauvais vouloir et consentit à discuter les nouveaux articles des capitulations. Après quelques difficultés, les négociations atteignirent une heureuse conclusion. *Votre Majesté peut maintenant être assurée*, écrit l'ambassadeur [1], *que les capitulations de la France avec la Porte sont renouvellées, et tous ses sujets, même ceux du clergé, lui en sont redevables d'une nouvelle obligation, puisqu'ils doivent uniquement à la terreur qu'elle vient d'imprimer l'aschèvement de ce traité. J'y ai apporté, sire, depuis près de trois ans, tout ce qui pouvoit dépendre de mon industrie, de mon zèle et de ma vigilance* [2].

---

[1] Dépêches d'Andrinople des 3 et 10 mai 1672. (Archives du ministère des affaires étrangères.)

[2] On trouve, dans une dépêche du 21 septembre 1673, un intéressant commentaire sur les capitulations et des détails curieux sur les présents donnés à cette occasion à tous les fonctionnaires, se montant à 7,128 piastres et 5 sols. Les dépenses personnelles s'élevèrent à environ 6,000 piastres.

La mission de l'ambassadeur de France était accomplie; mais, poussé par sa curiosité, son désir de paraître et de faire briller partout l'éclat de sa suite et l'importance de sa position, M. de Nointel entreprit de parcourir tout l'archipel grec, de visiter Smyrne, la terre sainte, le mont Sinaï et l'Égypte. Il donnait pour prétexte, pour excuse, ou au moins pour raison de cette entreprise si vaste et alors si hardie, l'utilité d'une sorte d'inspection générale de toutes les échelles du Levant et la convenance d'une installation officielle et magnifique des nouvelles capitulations dans tous les lieux où elles allaient avoir dorénavant force de loi.

Ce côté du projet, le plus nouveau, n'était pas sans grandeur; il ne fut pas exécuté sans efficacité; l'autre, celui de la curiosité, de l'investigation scientifique et de l'étude des arts, était depuis longtemps prévu et avait été préparé avec soin. M. de Nointel portait avec lui une bonne bibliothèque. Il était accompagné de personnes instruites, de drogmans habiles, et parmi eux se faisait remarquer le jeune Antoine Galland [1], qui avait pendant deux

[1] Cet orientaliste habile, studieux, exact, a consigné patiemment par écrit ses observations de chaque jour, ses acquisitions de manuscrits orientaux, ses sujets d'étude, pendant tout le temps qu'il resta près de M. de Nointel, sans caractère officiel, mais attaché à sa personne pour le guider de ses conseils dans ses rapports délicats avec les Turcs et les Grecs, et l'éclairer de son savoir dans toutes les questions re-

années de séjour à Constantinople perfectionné ses
études du grec moderne et du turc : son savoir lui

ligieuses ou littéraires, dont il se donnait mission de s'occuper en dehors de ses devoirs, et pour satisfaire son activité
prodigieuse. J'ai retrouvé à la Bibliothèque impériale deux
volumes de ce journal, le premier comprenant toute l'année
1672, le second commençant avec l'an 1673, mais s'arrêtant par malheur à Chios, le samedi 30 septembre, après
avoir décrit d'une manière suivie, méthodique, étendue, le
commencement ou les dix premières journées du *Voyage en
terre sainte et en Grèce* de M. de Nointel, de manière à nous
donner une idée de l'utilité et de l'intérêt qu'aurait eus une
relation aussi détaillée dans des lieux si célèbres. Qu'est devenue la suite de ce journal ? J'ai questionné les catalogues
et les conservateurs, mes recherches ont été vaines. Un autre
sera probablement plus heureux que moi.

J'ai lu ces deux volumes. J'y cherchais des détails d'intimité et d'intérieur sur les goûts et les serviteurs de M. de
Nointel. Je croyais qu'un camarade de Carrey et de Magni
parlerait des dessins de l'un, des descriptions de l'autre ; mon
attente a été trompée. Galland est très-réservé quand il s'a-
git du personnel de la maison de l'ambassadeur. Les habitudes diplomatiques et la crainte des indiscrétions l'empêchè-
rent sans doute d'écrire tout ce qu'il voyait et entendait.
Quoi qu'il en soit, il y a dans ce journal bien des passages
curieux, d'abord sur les études de Galland lui-même, sur
son goût pour les médailles, dont il s'occupa dès lors spécialement, sur sa prédilection pour les contes orientaux, la source
de sa réputation future, sur son caractère réservé, sur les tendances de son esprit d'observation ; puis beaucoup de remarques sur l'active curiosité de M. de Nointel, s'étendant à
tout, mettant à profit sa position et ne laissant échapper aucune occasion de voir, ici une mosquée ou un palais de

permettait de contrôler les rapports des drogmans, de traduire les pièces officielles et les communica-

sultane, là une ruine antique, un jour une cérémonie, un autre jour les tentes du Grand Seigneur, et ainsi sans relâche, suivant les circonstances ; enfin des observations, d'un intérêt plus général, sur la position du corps diplomatique à Constantinople, sur les cérémonies des Turcs et les croyances de l'Église grecque. Tout cela est assez éloigné du sujet que je traite ici, j'extrairai donc seulement un petit nombre de passages qui se rapportent aux acquisitions de M. de Nointel en manuscrits, médailles, pierres gravées, marbres, aux artistes attachés à sa maison ou employés par lui, enfin aux communications qu'il reçut d'Athènes.

J'ai compté douze mentions d'achats de manuscrits orientaux pour le compte de M. de Nointel (1672, 10, 11, 14, 15, 21, 31, janvier, 10, 16 février, 11 mars, 22, 30 décembre. 1673, 5 janvier) et quelques acquisitions de médailles (21 août 1672, 7 octobre, 4 février 1673). Il suffit de renvoyer à ces dates ; je suivrai pour les extraits la marche du journal lui-même : 28 février 1672 : « Le Père Alexis, custode » des capucins (de Constantinople), dit à Son Excellence que » pendant le temps qu'il demeuroit à Athènes, s'estant rendu » amy de l'aga, il estoit entré dans le temple ancien qui sert » à présent de mosquée, lequel reste encore assez entier dans » le lieu qu'on appelloit autrefois Acropolis, et qu'estant » plus long que large, il avoit remarqué dans le fond, en » une pièce de marbre, de laquelle matière tout le temple » est encrousté, deux trous enfoncés médiocrement avant, » lesquels estoient rouges, sans pouvoir deviner d'où procé- » doit ceste rougeur, qu'il avoit fourré la main dedans l'un » et dans l'autre sans avoir senty aucune chaleur, dont une » personne de considération qui y fut après lui disoit s'estre » apperceu, l'opinion des Turcs estant que derrière ce mar-

tions écrites avec autant d'exactitude que de préci-
sion, et de donner à M. de Nointel des avis motivés
sur l'intérêt et la valeur des nombreux manuscrits

» bre, il y a de ces lampes perpétuelles qui y bruslent jus-
» ques à présent; qu'il y a d'un costé deux armoires lesquelles
» sont ouvertes et de l'autre costé deux qui ne le sont pas et
» qu'on ne veut pas ouvrir, parce que c'est une tradition
» qu'après que les Turcs se furent rendus maîtres de ceste
» ville, ceux qui ouvrirent les autres, devinrent aveugles.
» On dit qu'on n'y trouva autre chose que des livres, que le
» dehors est environné d'un rang de colonnes éloigné de la
» muraille du temple d'un espace assez grand pour que quatre
» hommes puissent s'y promener de front. Au reste qu'il y a
» de très-belles sculptures en relief et sur le marbre et sur-
» tout de grandes figures équestres sur le frontispice qui don-
» nent beaucoup d'ornement à cet édifice et qu'on découvre
» de fort loing. De plus que sur un lieu élevé dans la mesme
» ville il avoit veu comme une espèce de tour (fourre?) voutée
» en dóme avec un triomphe (le monument de Philopappus)
» de l'empereur Adrien gravé en gros relief sur le marbre.
» Au reste qu'en fouissant dedans et aux environs de la ville
» on découvroit tous les jours quelques statues ou d'autres
» restes d'antiquité. — Mercredi 3 aoust 1672. Le patriarche
» Dionysius envoia à M. l'ambassadeur une excommunica-
» tion contre quelques Grecs d'Athènes que S. E. lui avoit de-
» mandé en faveur d'un capitaine de barque, nommé Brunet,
» auquel ils avoient causé de grandes pertes. — Jeudi 10 no-
» vembre 1672. Le R. Père René, capucin, estant de retour
» d'Athènes, présenta à S. E. une petite figure de marbre,
» sans teste, fort bien faite et que j'ay jugé estre d'une Vénus
» avec un petit masque et une petite teste de femme. Il lui
» présenta aussi trois médailles dont il y en avoit deux d'A-
» thènes. — Lundy 22 may 1673. M. l'ambassadeur receut

orientaux qu'on lui apportait de toutes parts, depuis qu'on connaissait ses goûts et sa générosité.

L'ambassadeur, devenant voyageur, menait avec

» une petite boete qu'on lui envoioit de Brousse dans laquelle
» il y avoit cinq médailles. » (Après avoir décrit la cinquième
il ajoute): « En voicy la représentation dessignée par le sieur
» Rombaut Fayd'herbd de Malines, disciple de Diepenbok
» pour le dessin et de Jourdans pour la peinture. » (Cette médaille, face et revers, est dessinée habilement au crayon
rouge). — « Mardi le 23 may. Le sieur Fayd'herbd montra à
» Son Excellence le portrait du Grand Seigneur, qu'il avoit
» peint, lequel ne lui déplust pas. — Samedy 27 may. Le
» sieur Rombaut Fayd'herb dessina et peignit le Reiskitab
» après l'avoir veu passer par les rues d'Andrinople avec toute
» la ressemblance que son idée avoit pu lui fournir. — Di-
» manche 28. Le sieur Fayd'herbd estoit allé coucher le jour
» précédent à Andrinople pour voir aujourdhuy le grand
» visir, — il craionna la veuë d'Andrinople qui est fort belle
» du costé de Bosnakioi. — Vendredy 16 juin. Le sieur Rhom-
» bout Faydherbd fut à Andrinople de la part de S. E.
» (M. de Nointel) pour voir aller le grand visir à la mosquée
» et le bien remarquer, afin d'en tirer le portrait. — Il le vit
» si bien que d'abord qu'il fut de retour à Bosnakioi il mit
» son portrait en couleur suivant l'idée qu'il en avoit, avec
» tant de succès que M. l'ambassadeur en fut fort satisfait.
» — Mercredy 5 juillet. Je vis ce que le mauvais temps m'a-
» voit empêché de pouvoir voir l'année précédente, je veux
» dire la tente du Grand Seigneur, posée, ornée et ameublée
» de la manière qu'elle doit estre pour le loger. M. l'ambassa-
» deur eust la bonté de m'y envoier avec son premier et se-
» cond secrétaire et *son peintre* qu'il avoit fait accompagner
» de son chiaoux pour nous y introduire. — Mercredy 20
» septembre. Monsieur, je quitte le style ordinaire de mon

lui deux peintres de tale it, innovation dont il avait
compris l'importance, même avant de quitter Paris.

» journal pour vous addresser particulièrement celuy que je
» dois écrire dans la suite. Je me persuade qu'il sera très
» digne de vostre curiosité puisqu'il doit contenir le voyage
» de Scio, d'Athènes, de Naxis. — M. l'ambassadeur s'em-
» barqua sur les cinq heures du soir dans le port de Thera-
» pia qui estoit proche de son serrail, sur une galiote à seize
» paires de rames armée de six perriers, qu'il avoit prise à
» louage, à cent cinquante écus par mois, avec suite de qua-
» rante cinq à cinquante personnes. »

Mon commentaire sur ces extraits sera d'autant plus court
qu'il se trouve fait d'avance dans diverses parties de cet ouvrage. Les trois premières citations montrent M. de Nointel
en rapport avec les missionnaires, le patriarche et quelques habitants d'Athènes, avant son voyage en Grèce, les questionnant
sur l'état des monuments de cette ville, et encourageant leurs
investigations par sa curiosité. Les cinq citations suivantes nous
donnent le nom du peintre flamand que M. de Nointel attacha
à sa personne, qui entreprit le voyage de terre sainte et de Grèce
avec lui, et qui mourut en route; ses maîtres peuvent faire
préjuger la nature de son talent; le dessin de la médaille
tracé sur une des pages du journal de Galland montre la
facilité et l'habileté de sa main, qui a de l'analogie avec la
manière de J. Carrey. Nous savons qu'il dessinait également
le portrait et le paysage. La citation du 5 juillet prouve que
M. de Nointel avait en outre *son peintre*, c'est-à-dire Jacques
Carrey; enfin, la dernière citation est le début de la relation
du voyage. Elle commence avec le jour du départ, le 20
septembre 1673, et malheureusement elle s'interrompt dix
jours après. Selon Galland, M. de Nointel s'embarqua sur
une galiote; M. d'Otières, dans une dépêche adressée à M. Girardin, et les sieurs de Combes, officiers du génie, dans un

Il avait prié le grand peintre du temps, Charles le
Brun, de lui indiquer un artiste assez habile pour
dessiner à la fois l'architecture, la figure, les animaux et le paysage, assez jeune pour supporter les
fatigues du voyage, assez indépendant pour quitter
Paris et s'absenter quelque temps. C'était assez difficile à trouver. Cependant le Brun lui désigna,
parmi ses élèves, un jeune homme qui pouvait convenir à ses projets et qui consentait à partir pour
l'Orient. Jacques Carrey, de Troyes en Champagne,
dont je parlerai plus loin [1], était donc l'un de ses
peintres, l'autre entra à son service pendant son
séjour à Andrinople, c'était Rombaut Faidherbde [2],

mémoire adressé au ministre de la marine (Archives du dépôt de la marine), disent *qu'il montoit un londre, qui est une
espèce de brigantin.* L'ambassadeur écrit au roi qu'il monte
une frégate. Se faisait-il illusion? je l'ignore; se trompait-il
sur la valeur des termes? c'est probable et cela importe peu.

[1] Sur Jacques Carrey et l'orthographe de son nom, voyez
d'autres détails, page 146.

[2] Sandrart cite Lucas Fajdherbe, de Malines (il écrit ainsi
son nom), parmi les bons élèves de Rubens; il nous apprend
qu'il abandonna la peinture pour se faire sculpteur et s'acquit
dans cet art une véritable réputation. (Acad. nob. artis pic-
toriæ. Noribergæ, folio, 1683.) Rombaut, le peintre de M. de
Nointel, était-il son frère? Ce jeune homme de talent voyageait, comme dit Cornelio Magni, pour se perfectionner, et
il est resté ignoré, en mourant à la fleur de l'âge, loin de son
pays. Je ne puis rien affirmer, le journal de Galland, auquel
je renvoie, étant le seul document que je puisse invoquer pour
faire la biographie de Rombaut Faydherbde.

de Malines, élève d'Abraham Diepenbeck et de Jordaens, homme habile à saisir la ressemblance, soit que son modèle posât, soit qu'il ne fît que passer devant lui. Il composait également de souvenir les scènes de mœurs et les cérémonies publiques, faculté rare et précieuse en Orient, où les musulmans voient de mauvais œil, et comme de mauvais augure, le travail d'un peintre, qui tient pour eux de la sorcellerie.

Avant de partir [1], l'ambassadeur annonce son voyage au roi, et charge son secrétaire De la Croix de le faire agréer en bonne part, en même temps qu'il remettra à Sa Majesté l'original des capitulations renouvelées : « J'en ay chargé Delacroix, mon » second secrétaire, à cause de sa fidélité, ne croyant » pas la pouvoir mieux recognoitre qu'en luy pro- » curant l'avantage de se présenter devant V. M. » Et plus loin, dans la même dépêche, il s'exprime ainsi : « Je lui demande la grâce de ne pas trouver » mauvais le voyage que je vais faire du consente- » ment du Visier à Smyrne, Chio et quelques au- » tres isles de l'Archipel, puisque j'ay déjà pourvu » à préserver les marchans d'estre inquiétés pendant » mon absence.

---

[1] Il se fit précéder dans les échelles du Levant par l'envoi des capitulations renouvelées. On en trouve les doubles dans la correspondance ministérielle : dépêche datée de Chios, 17 octobre 1673.

» Je partiray sur une fregatte fort ajustée, avec
» quarente personnes [1] à ma suitte et autant de ra-
» meurs, taschant de touttes mes forces de soutenir
» avec éclat et magnificence, dans touts les lieux où
» je passeray, la dignité dont Votre Majesté m'a
» honoré. La Porte même y contribue de son costé,
» me faisant accompagner, outre mes gianissaires,
» de deux chiaoux, et m'authorisant d'un com-
» mandement pour me faciliter les entrées et un

[1] Au nombre de ces quarante personnes se trouvent les
deux peintres et Cornelio Magni, qui a écrit une relation du
voyage. Celui-ci avait déjà fait une excursion en terre sainte
dix ans auparavant. (Voyez son ouvrage, t. I, p. 417-459.) Il
pouvait être de bon conseil, et ses relations avec l'Italie, la
correspondance qu'il entretenait avec des personnages considérables, assuraient à M. de Nointel une trompette de renommée qu'il n'était pas homme à dédaigner. Aussi Cornelio, se
faisant sans doute illusion sur les égards dont il était l'objet,
termine-t-il ainsi sa relation : « Mi sentii tutto commovere
» staccandomi da S. E. quale aveva avuto l'onore di servire
» circa un' anno, in qualità, non diro di camerata, ma di vero
» e affettuoso fratello. » (T. II, p. 561.) Revenons au départ
de M. de Nointel. Cornelio Magni cite plusieurs personnes de
sa suite, mais il omet Galland, à moins que l'orientaliste ne
figure sous le titre de secrétaire. Il parle d'un gentilhomme
de Champagne, j'ignore le nom de ce voyageur. Voici le passage : « Determinammo di porci in assai buona compagnia,
» con un P. gesuita, detto il P. Sogè, Parigino, un cappuc-
» cino elemosiniere di S. E., il sig. segretario, un gentil-
» huomo di Sciampagna et io, col rimanente d'ufficiali,
» gente da livrea et altri di servizio in numero di circa
» ottanta. » II, 79.

» accueil favorable partout. C'est ce qui a esté re-
» fusé à plusieurs ambassadeurs. Le comte de Vin-
» ceslay, qui l'estoit d'Angleterre, n'ayant pu obte-
» nir la liberté de reconduire sa femme jusqu'à
» Chio [1]. »

M. de Nointel commença son voyage par Chios,
il passa à Mételin, Smyrne, Délos, Naxos, etc., etc.
Je n'ai l'intention de le suivre, hors de la Grèce [2],
qu'autant qu'il sera nécessaire pour indiquer son
itinéraire et faire comprendre sa manière de voyager. C'est ainsi que, dans une dépêche datée

[1] Dépêche datée de Constantinople, du canal de la mer
Noire, 21 sept. 1673. Je mentionne plus loin le voyage de
lord Winchelsee.

[2] Pendant ce voyage d'agrément et d'érudition, la correspondance commerciale et politique suivait son cours; elle
forme plusieurs volumes. Je l'ai lue avec attention, et j'en ai
extrait des parties que je compte utiliser ailleurs. Je ne citerai ici qu'une dépêche de Colbert, pour donner une idée des
préoccupations bibliographiques qui trouvaient leur place
dans l'esprit de ce grand ministre, au milieu d'affaires autrement importantes. Il écrit à M. de Nointel, le 23 avril 1674,
et, après avoir fait ses félicitations à l'ambassadeur sur le renouvellement des capitulations, il lui dit que les affaires du
commerce dont il est chargé n'exigent pas avec l'ambassade une correspondance aussi longue ni aussi fréquente
que les matières dont l'entretient M. de Pomponne. Il termine : « Après vous avoir parlé de ce qui concerne le service
» du roy et le bien de ses sujets, je vous prie de me permettre
» de vous parler d'une curiosité particulière qui me regarde.

de Naxos, du 10 décembre 1673, il parle des
observations qu'il consigne par écrit, il espère

» J'ay entretenu fort amplement le sieur de la Croix, vostre
» secrétaire, sur la recherche des manuscrits pour ma biblio-
» thèque et luy ay marqué tous les lieux dont il en pourra
» tirer et les moyens dont il se pourroit servir pour cela, et
» vous me ferez un singulier plaisir, non seulement de luy
» ordonner de s'y appliquer, mais mesme de luy donner
» dans les occasions toutes les assistances qui pourront dé-
» pendre de vous et de l'autorité de vostre ministère pour y
» réussir. »

Colbert insiste de nouveau dans une dépêche du 10 novembre 1674: « Lorsque le sieur de la Croix, vostre secré-
» taire, estoit icy, je le chargeay de s'appliquer à rechercher
» tous les manuscrits qu'il pourroit trouver dans le Levant
» et de les achepter pour me les envoyer, estant bien aise d'en
» avoir quelques uns sans faire une trop grande dépense,
» pour mettre dans ma bibliothèque. Et c'est sur quoy je
» vous prie non seulement de luy permettre de prendre ce
» soin pour moy, mais mesme de lui donner les secours, qui
» pourront dépendre de vous, dans toutes les occasions où il
» pourra en avoir besoin ; mais comme il a escrit depuis peu
» que la bibliothèque de Panajotti, premier drogman du
» grand visir, estoit fort considérable et que peut être elle
» pourroit estre à vendre, dont il n'aura pas manqué de vous
» parler, aussitost que vous aurez esté de retour à Constan-
» tinople, je suis bien aise de vous escrire sur ce sujet pour
» vous dire qu'il seroit important pour le service du roy,
» que vous vous appliquassiez à bien connoistre de quelle
» qualité sont les livres de ceste bibliothèque et s'il y a ou de
» fort anciens manuscrits, ou des livres d'histoire du Levant,
» ou des livres de belles lettres ou de doctrine d'autheurs
» connus dans l'antiquité et qui n'ayent point encore esté

8.

en former un corps d'ouvrage intéressant : « Si
» j'ay le malheur de ne pas exécuter ce que je

» imprimez en Europe et il seroit bien important et très
» agréable au roy que vous en fissiez l'achapt, pour mettre
» dans la bibliothèque de Sa Majesté, mais en cas qu'il ne se
» trouveroit dans cette bibliothèque que des livres de prières,
» ou autres, servant aux rites grecques, qui ne peuvent estre
» d'aucune utilité de deçà, en ce cas, dis-je, vous n'achepterez
» pas ceste bibliothèque. Comme j'apprends, par vos lettres,
» que dans le voyage que vous venez de faire jusques en Jeru-
» salem et au Caire, vous avez passé au mont Sinaï et visité
» les Maronites ; en cas que par le moyen des connoissances
» que vous avez prises dans ce voyage, vous puissiez faire
» amas de livres curieux, de la qualité de ceux que je vous ay
» marqué cy dessus, je vous prie de les achepter et de me
» les envoyer, de temps en temps, par les occasions des vais-
» seaux marchands qui iront à Constantinople.

» A l'égard de la dépense que vous ferez pour tous ces
» achapts, vous pouvez prendre de l'argent des marchands
» qui sont à Constantinople en leur donnant des lettres de
» change que vous pouvez tirer sur M. Arnoul, intendant
» des galères, je ne manqueray pas de les faire acquitter
» ponctuellement.

» Vous verrez par le mémoire que je vous envoye d'un de
» nos sçavans ce qu'il estime que l'on doit observer sur ces ma-
» nuscrits et comme parmy une centaine de volumes, que
» M. de la Haye envoya dans les dernières années de son
» ambassade, il s'en est trouvé trois fort rares.

» Je suis, monsieur, vostre très humble et très affectionné
» serviteur.

COLBERT.

» A Saint-Germain-en-Laye, le 10 novembre 1674. »

» me promets, la peinture y pourra suppléer en
» quelque sorte par le soin que je prens d'occuper

INSTRUCTION POUR L'ACHAT DES MANUSCRITS.

« Il y a à Constantinople et aux lieux voisins plusieurs
» manuscrits grecs, ou entre les mains des Turcs, qui les
» ont pris sur les chrestiens, ou chez les Grecs, particuliè-
» rement les moines ou les prestres et leurs héritiers et les
» uns et les autres sont souvent à vendre. L'on ne peut man-
» quer d'achepter tous les vieux en parchemin et en papier,
» soit de soye ou enduit de quelque matière, pourveu que
» ce ne soient pas des livres de prières, de chant et d'usage
» ordinaire dans les églises.
    » Si M. de Nointel prenoit ce soin, il pourroit envoyer de
» temps en temps plusieurs manuscrits en France, le public
» y trouveroit un très grand avantage, parce que les hommes
» de lettres enrichiroient par l'édition de plusieurs belles
» pièces non imprimées, chacun la science de sa profession,
» et ce seroit orner nostre France des despouilles de l'Orient.
» M. de la Haye, il y a quelques années, envoya, en deux
» fois, plus de cent manuscrits en cette langue, parmy les-
» quels il y en a trois qui n'ont point de prix et plusieurs
» très considérables. »
    Depuis lors, tous nos ambassadeurs à Constantinople rece-
vaient des instructions de ce genre. Lorsque M. Girardin,
en 1685, partit pour succéder à M. de Guillerargues, M. de Louvois lui ordonna de l'informer des manuscrits curieux et des
statues antiques qu'il pourrait découvrir. Il ajoute, dans sa
lettre, qu'il *trouveroit à Constantinople un nommé Galand qui
estoit chargé de faire ces recherches.* (Journal de M. Girardin,
aoust 1685.) Le nouvel ambassadeur prit au sérieux cette
recommandation (l'influence de M. de Nointel était encore
debout à Terapia), et il inséra, dans ses instructions aux différents consuls du Levant, un article dans cette intention. Il

» deux peintres à la représentation des plantes, ar-
» bres, fruits, fleurs, ports de mer, montagnes,
» villes, isles, point de vues des plus beaux, habil-
» lements de chaque lieu, dont j'ay voulu prendre
» aussy les originaux [1], aussy bien que les animaux,
» plantes et fruits, médailles et marbres que j'ay
» pu rencontrer les plus remarquables. Quant aux
» plus belles personnes, qui ne sont pas en grand
» nombre, il m'a fallu contenter de leurs portraicts.
» C'est ce que j'ay fait jusqu'à présent, mais trou-
» vant que mon dessein ne serait pas assez étendu
» s'il se renfermoit seulement dans les isles de Mé-
» telin, Scio, Micone, Naxis et autres de l'Archi-
» pel, la tentation m'a pris et j'y ai succombé, de

en donne avis au ministre dans une lettre du mois d'août 1685 :
« Je luy manday (au consul de Chypre) qu'ayant appris qu'il
» se trouvoit dans ces quartiers d'anciennes médailles fort
» belles et des manuscrits curieux, que je le priois de me don-
» ner avis et de m'envoyer des mémoires de ce qu'il décou-
» vriroit, afin que je pusse en écrire au roy qui m'avoit
» chargé d'en faire la recherche pour son cabinet et sa biblio-
» thèque, qu'il ne manquât pas aussy de m'avertir si dans les
» anciennes ruines et vieux édifices il se trouvoit encore quel-
» ques statues antiques, afin que je les fisse examiner et que
» j'obtinsse de la Porte les ordres nécessaires pour les faire
» transporter en France. » (T. I, p. 256 de la correspondance
de M. Girardin, Département des manuscrits de la Bibliothèque Impériale.)

[1] Cornelio Magni trahit, dans la formation de cette collection, un projet assez puéril, j'en parlerai plus loin.

» passer en Candie, Rhodes et Chypre, et de pous-
» ser jusques en Jérusalem et en Égypte. »

En effet, je vois dans une lettre datée de Larnaca,
le 19 février 1674, qu'il a touché aux isles de Patmos,
Léros, Stanchioi (Kos), à Satalie, sur la côte de Ca-
ramanie, ainsi qu'à Rhodes, et qu'il se dispose à faire
voile pour Seide, l'ancienne Sidon, sur la côte de
Syrie. Je ne le suivrai pas dans ce voyage, malgré
l'intérêt que prend sa correspondance [1], datée de

---

[1] Voici les dates et le résumé de quelques dépêches qui méri-
teraient d'être publiées à la suite d'un voyage en Syrie. Seyde
le 9 mars 1674. M. de Nointel touche à Tripoli de Syrie. Il est
reçu par le pacha ; longue conversation avec lui au sujet des
capitulations, à la fin de la dépêche je lis : « Il m'offrit ses che-
» vaux, ses faucons, levriers et autres équipages de chasse,
» me disant qu'il m'accompagneroit dans tous les lieux qui
» seroient les plus propres à cet exercice qu'il faisoit très sou-
» vent. » — Jérusalem 15 avril. Longue dépêche traitant de
l'état présent de la ville sainte. — Jérusalem 25 avril. Description du voyage de Jaffa à Jérusalem. — Seyde 18 juin. Il
quitte Jérusalem le 7 mai et se rend à Gaza. Détails intéressants sur les chevaux. Il reçoit dans cette ville l'ordre du
vizir de ne visiter que les saints lieux et de retourner à Constantinople. Il renonce forcément au voyage du Sinay et du
Caire : il s'embarque à Jaffa, arrive à Saint-Jean-d'Acre et
va à Nazareth. Retour à Saint-Jean-d'Acre et à Seyde. Longs
détails sur le commerce. Il part pour Tripoli de Syrie. —
Tripoli le 22 juillet. Détails et négociations au sujet des capitulations. Il termine : « La crainte de vous ennuyer m'o-
» blige à remettre à un autre temps les particularités de mon
» voyage du Liban qui comprennent Edem, les Cèdres et
» Canoubin, retraite du patriarche des Maronites. » Alep

Jérusalem, de Tripoli ou d'Alger, je dirai seulement qu'il était impossible, à cette époque, de tracer un itinéraire plus intéressant et de marcher dans ces pays, alors si difficiles, avec plus de résolution et de grandeur [1]. Ce voyage eut un long retentissement en Orient, on parla pendant des années du magnifique ambassadeur, et si les avantages qu'il obtint pour les Latins furent seulement momentanés [2], l'impression qu'il laissa de son passage fut longtemps favorable au nom français. M. de Nointel voulait pousser son voyage à travers le désert, mais un ordre du grand vizir l'arrêta [3], et il

10 aoust. « Je suis à Alep depuis huit jours et j'y ai fait une » entrée fort honorable estant précédé de mes trompettes, » de huit janissaires, autant de droguemens, de dix vallets » de livrée, de mes chevaux de mains et environ de huit » hommes vestus à la grecque. J'estois suivy du consul et de » toutte la nation qui faisoit avec ma maison plus de 150 ca-» valiers et j'ay pu juger par l'abondance du peuple et ses » démonstrations que la cavalcade lui plaisoit tant par son » éclat que par son ordre. »

[1] Cornelio Magni, qui fut de tout le voyage, en a donné une relation sèche et ennuyeuse, mais exacte. Comme nous possédons, au Cabinet des estampes, une vue générale de Damas, dessinée par Carrey, il est probable que cet artiste a quitté M. de Nointel à Tibérias ou aux Cèdres du Liban et l'aura rejoint à Alep après avoir visité Baalbek et Damas.

[2] M. de Hammer s'étend, dans son *Histoire de l'Empire ottoman*, sur ce qu'il appelle les empiétements de M. de Nointel. (T. VI, p. 319.)

[3] Il était parti de Jérusalem avec toute sa suite et se ren-

revint sur ses pas en passant par la Grèce. Je vais citer en entier une dépêche datée d'Athènes, du 17 décembre 1674, dans laquelle M, de Nointel parle de remettre à un autre temps la rédaction de ses notes et souvenirs. Le mouvement des affaires, je le crains bien, l'aura distrait ou détourné de ce projet, car j'ai cherché vainement, sous toutes les rubriques des archives du ministère des affaires étrangères, un mémoire ou des notes qui pussent avoir trait à ce voyage; je n'ai trouvé que cette lettre [1], qui en devient d'autant plus précieuse :

dait au Caire avec l'intention de suivre la route de Gaza, du désert et du couvent du Sinay, mais étant à Gaza il reçut la dépêche c'est-à-dire l'ordre du vizir. Cornelio Magni parle de ce contre-temps, t. II, p. 333.

[1] J'ai supprimé le début de cette dépêche. En voici le résumé. Athènes 17 décembre 1674 : « Je me suis donné l'honeur, par mes dernières lettres des mois de septembre, de » vous marquer ce qui s'étoit passé à mon entrée dans Alep. » Suivent des détails sur le service religieux et les croyances des Maronites et des Syriens, sur les jésuites en Orient, sur le commerce d'Alep, sur le consulat de cette ville, sur un voyage de près de soixante lieues que M. de Nointel entreprend pour voir l'Euphrate, excursion hasardeuse dans laquelle une centaine de cavaliers l'accompagnent. — Il part d'Alep, passe par Antioche et s'embarque le 3 octobre dans le golfe d'Alexandrette, au port qu'il appelle Bonnet. Le 9 il arrive en Chypre, et il donne des détails sur cette île; il en repart le 19. Il touche à Santorin le 29, à Milo le 4 novembre, et il entre le 14 dans le port du Pirée. Je ne puis m'étendre ici davantage, mais je ne renonce pas à publier le voyage

« Je couchay le quatorzième jour de décembre
» sur le bord de la marinne du port Lion, autrefois
» Pirée, et le quinsiesme sur les neuf heures du
» matin, l'aga ou gouverneur du chasteau d'Athè-
» nes, estant venu me trouver sous ma tante, m'ac-
» compagna à la ville, après m'avoir fait saluer
» d'une descharge de la compagnie qu'il comman-
» doit. Elle commenceoit la marche avec les offi-
» ciers turcs et je la continuois environné de mes
» estaffiers et autres livrées à la grecque, estant
» suivy des consuls françois et anglois, et de cin-
» quante cavaliers. Mes trompettes mesloient leurs
» fanfares au son lugubre de celles du pays, ce qui
» dura une heure et demy par un chemin de pleine
» et un bois d'oliviers, et tant la bannière françoise
» que la rouge estoient déployées. Je rencontray,
» auprès du temple de Thésée, les principaux des
» Athéniens, ecclésiastiques et séculiers, en habits
» de cérémonies, qui me rendirent leurs devoirs,
» qui furent suivis de la descharge du canon du
» chasteau, et ce fut à son bruit, et au milieu d'un
» grand concours de peuple, qu'ayant passé sous les
» beaux restes du pallais de Périclès et auprès de la
» chapelle ou tombeau de Socrate [1], j'arrivay au

entier de M. de Nointel. Le public partagera l'intérêt que j'ai
trouvé en le lisant.

[1] Une tradition locale, bien ancienne sans doute puisque

» palais qui m'avoit esté préparé, où je ne pus rien
» manger d'un dîner à la turque qui m'attendoit. Il
» me fut aussi impossible de boire du vin du pays,
» tellement aromatique et si meslé de poids et de
» l'odeur du laudanum, qu'il suffit d'en demeurer
» à l'odorat sans en incommoder le goust.

» Il y a un mois que je suis dans ce pays, dont
» la mémoire de son antiquité est si recomman-
» dable et dont l'estat présent, si ensevely qu'il soit
» dans les ruines et l'ignorance, ne laisse pas encore
» de mériter une forte admiration et un examen
» qui laisse de grandes conjectures du passé par la
» considération des monuments qui sont encore sur
» pied.

» Il y en a beaucoup de relations, mais je puis,
» monsieur, vous asseurer que personne n'a eu
» autant de moyens que j'en ay rencontrés de bien
» examiner toutes ces richesses de l'art, et l'on peut
» dire d'icelles qui se voyent dans le chasteau, au-
» tour du temple de Minerve, qu'elles surmontent
» ce qu'il y a de plus beau dans les reliefs et les
» statues de Rome.

» J'entray la première fois, en pompe et au bruit
» du canon, dans le trésor où sont renfermées ces
» merveilles, et j'y suis retourné, incognito, quatre
» ou cinq fois pour mieux admirer et connoistre les

l'anonyme de 1460 s'en fait l'écho, désignait ainsi l'horloge
hydraulique ou tour des vents d'Andronikos.

» beaux desseins que mon peintre en a très bien
» tirés, qui montent à plus de deux cens figures,
» hors le naturel et sur le naturel, en grand et
» moindre relief, il y en a d'entières et de mutilées,
» ce sont des hommes, des femmes et des centaures,
» des combats et victoires de ceux-ci, des triomfes,
» des sacrifices et s'il m'estoit possible d'exprimer
» maintenant la riche confusion qu'un si bel ordre
» et une disposition si vivante et une expression de
» tant de passions différentes ont laissé dans mon
» esprit, je l'entreprendrois avec plaisir, mais ayant
» besoin d'y méditter de nouveau, vous me per-
» mettrés, monsieur, d'en remettre l'entreprise à
» un autre temps. J'y joindray les représentations
» désignées qui suppléeront à la foiblesse de ma
» connoissance et à l'oubli presqu'inévitable dans
» une si abondante variété, quoyque sur un mesme
» sujet.

» Et je me persuade qu'elles seront d'autant mieux
» reçues, qu'outre leur justesse, elles sont encore
» recommandables par leur rareté qui les rend uni-
» ques. Personne, à ce que l'on m'a assuré, n'a eu la
» liberté de prendre ces desseins ; les sieurs Monceaux
» et Laisné se retirèrent sans entrer dans le chasteau,
» et ceux qui en ont eu l'entrée n'ont pas mesme
» eu le loisir de bien considérer les miracles qu'y
» s'y voyent. Tout ce que l'on peut dire de plus
» eslevé de ces originaux, c'est qu'ils méritteroient

» d'estre placés dans les cabinets ou galleries de Sa
» Majesté, où ils jouiroient de la protection que ce
» grand monarque donne aux arts et aux sciences
» qui les ont produits; ils y seroient mis à l'abri
» de l'injure et des affronts qui leur sont faits par
» les Turcs, qui, pour éviter une idolâtrie imagi-
» naire, croyent faire une œuvre méritoire en leur
» arrachant le nez ou quelque autre partie.

» L'on a encorre pris fort exactement les desseins
» et prospectives de la ville, de différents endroits
» et de toutes les antiquités qui y sont renfermées
» ou qui se trouvent dans son voisinage, et j'espère
» avoir l'honneur de vous en dresser un compte
» très exact, aussy bien que du gouvernement du
» pays, tant politique que civil, et du voyage que
» j'ay fait dans l'Attique, la Boece, les royaumes
» d'Éleusine, des Plattéens, des Doriens, de la
» Phocée, dans les villes de Livadia et de Thèbes,
» sur le bord du golfe de Lepante et dans l'isle de
» Negrepont, où j'ay admiré avec un plaisir singu-
» lier la chose du monde la plus singulière, puis-
» qu'elle est unique, c'est le flux et le reflux de
» l'Eurippe...

» Le voyage, qui m'a donné occasion de considé-
» rer ces choses, a duré quinze jours, à la fin des-
» quels je suis rentré dans Athènes. »

De ces deux cents figures dessinées par le peintre de notre ambassadeur[1] une partie nous reste encore,

[1] C'est pendant son séjour à Athènes, soit avant, soit après l'excursion dans l'Attique, que M. de Nointel fit dire la messe par son chapelain dans l'ancien temple de Triptolème, sur la rive gauche de l'Ilissus. Ce sanctuaire antique était abandonné par les Grecs, après avoir été pendant plusieurs siècles l'une de leurs églises. La ville habitée, en se retirant toujours plus au nord, avait laissé ce monument à l'écart et l'avait, pour ainsi dire, retranché de la vie active. Le Père Babin et les autres missionnaires ont constaté son état d'abandon plusieurs années avant le passage de M. de Nointel à Athènes. (Voyez plus haut, p. 80, les Mémoires des capucins, et plus bas la relation du P. Babin.) Spon et Wheler parlent également, en 1676, de peintures effacées, non par la violence, mais par le temps, c'est-à-dire depuis nombre d'années, tandis que le passage de M. de Nointel est de 1674 : *Les Grecs l'ont rempli de peintures à fresque de leur manière qui est très-misérable. — Elles sont presque toutes effacées.* (T. II, p. 161.) Wheler, comme d'habitude, copie mot pour mot : *This church hath been painted formerly according to the greek manner, that is, with no great art, but is now quite defaced.* (P. 379.)

Les Grecs auraient donc pu prendre en patience l'usage que l'ambassadeur de France faisait d'une église abandonnée, ou au moins fort négligée par eux, mais on n'aime pas qu'un rival possède la chose même dont on se soucie le moins, et, après le départ de M. de Nointel, les habitants d'Athènes mirent ce temple-église en interdit, comme ayant été souillé par les catholiques. On a donc pu attribuer son abandon, sa dégradation, sa ruine et sa démolition complète, en 1771, à cette manifestation religieuse; mais une explication plus raisonnable est dans la disparition de plusieurs monuments

et nous n'avons qu'à confirmer les éloges qui sont donnés à l'artiste persévérant, occupé pendant un mois, sans échafaud et d'une façon si incommode, à fixer sur son livre de croquis, avec autant d'assurance et de fidélité, ces merveilles de l'art.

Cet artiste, c'était Jacques Carrey. M. de Nointel le comprend au nombre de ses peintres, sans le nommer une seule fois [1]. Peu importe. Nous savons que

contre lesquels pareil prétexte ne s'élevait pas. La négligence a été dans tout l'Orient l'auxiliaire actif et persévérant de la barbarie. il faut lui attribuer aussi la ruine de ce temple; les indications qui le désignent dans le plan d'Athènes par les capucins et les dessins publiés par Stuart, dans ses *Antiquités d'Athènes*, sont tout ce qui nous reste de ce sanctuaire antique et de cette œuvre d'art.

[1] Cornelio Magni, qui faisait partie de la suite de l'ambassadeur, devait vivre en camaraderie de voyage avec ces artistes, et cependant il ne nomme pas davantage Carrey, il le transforme en un peintre flamand. J'avais soupçonné une confusion. Comme il énumère, au départ de Constantinople, toute la suite de l'ambassadeur, et qu'il parle d'un gentilhomme champenois, je pensais que ce gentilhomme pourrait bien être le peintre de Troyes arrivé récemment, mais Galland parle aussi de ce voyageur dans son journal, et presqu'en même temps du peintre de l'ambassadeur. Il importe peu. Nous voyons que M. de Nointel avait avec lui, dans ce voyage, Jacques Carrey et Rombaut Faydberbde. Celui-ci mourut à Naxos. Voici les paroles de Cornelio Magni : « Ha condotti » S. E. nel suo seguito due pittori fiaminghi, giovani di » buoni costumi e di passibile sufficienza; si sono questi dati » à viaggi per vedere di perfezionarsi nella loro professione; » uno di questi infermatosi a morte e passato all' altra vita. »

l'ambassadeur obtint du gouverneur du château, par faveur toute spéciale et en retour de généreux présents, la permission de faire dessiner les sculptures du Parthénon [1]; nous savons en outre que Jacques Carrey fut installé dans l'Acropole avec un janissaire de l'ambassade [2], et pendant près d'un mois s'attacha à ce travail [3]. Il importait de faire vite pour ne se laisser gagner ni par le temps, ni par un retour du gouverneur sur ses bonnes dispositions : l'artiste ne faillit pas à la confiance de M. de Noin-

(T. II, p. 118.) M. de Nointel dit aussi dans une dépêche, que je cite plus loin, que l'un de ses peintres mourut à Naxos, et il ne le remplaça qu'à son retour à Constantinople.

[1] On lit dans les lettres de Cornelio Magni : « Il sig. am-baciatore invaghito di si gran rarità, conducendo seco un pittore Fiamingo, giovane assai ben versato, fece pratica col Castellano per concertar seco il comodo di poter' inviare quello alla cittadella, per copiare a chiaro e scuro, qu' bei combattimenti da me di sopra nominati. Oppose questi molte difficulta; ma assicurato da S. E., che tutto sarebbe passato con quiete, senza strepito, e fatto gli rappresentare il tutto da un taglio di sei bracchia di scarlatto di Venezia di tutto paragone, e da una mezza dozzina di oche di café, che tutto poteva montare a cinquanta zecchini, piegossi ad aprire libero l'adito, col concedere ampla la permissione. » (T. I, p. 504.)

[2] *Il y avait toujours*, dit Spon, *deux janissaires à côté de son peintre, lorsqu'il tiroit quelque chose.* (Voyage, t. I, p. 263.)

[3] Je calcule de vingt à vingt-trois jours. M. de Nointel fit son entrée dans l'Acropole le 14 novembre, et il était de retour de son excursion le 17 décembre.

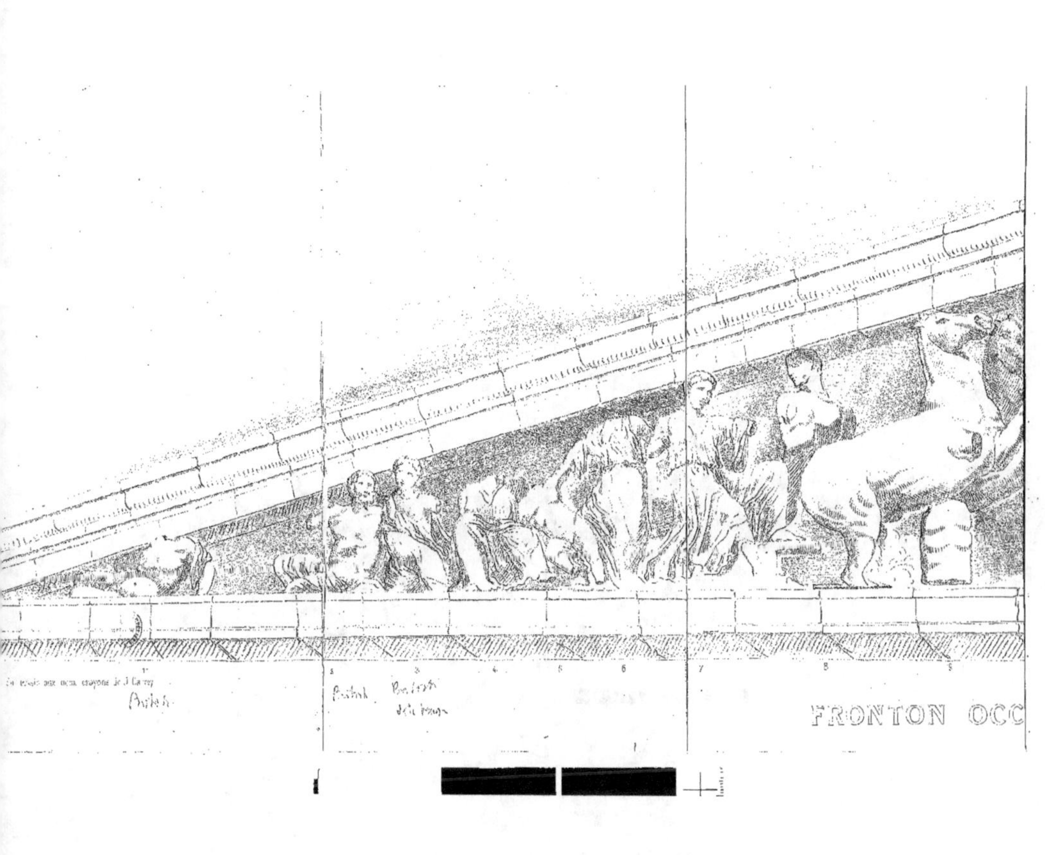

d'après les deux crayons de J Carrey
British
British British
de la frise
FRONTON OCC

CCIDENTAL OU DE L'OPISTHODOME

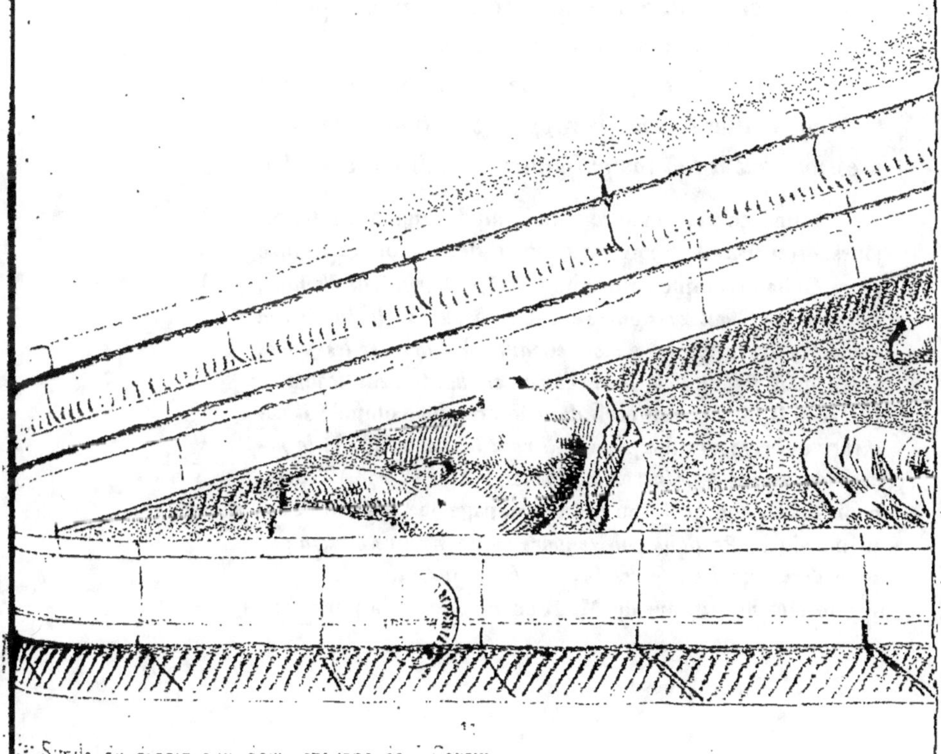

Simili du dessin aux deux crayons de J. Garrey.

tel, qui, après avoir vu Athènes en détail et fait une
excursion intéressante dans les environs, trouva le
travail achevé [1]. Et cependant, cette opération se
composait de deux frontons occupés par vingt-sept
figures, de quatre-vingt-douze métopes et de plus de
trois cents pieds de frise. Il fallait travailler sans le
secours d'un échafaud, c'est-à-dire ajouter, à la fatigue des yeux, la lassitude d'une attitude forcée. *Il
faillit s'y crever les yeux*, nous raconte Spon, qui
passa par Athènes l'année suivante, et vit ces dessins
à Constantinople dans les mains de M. de Nointel.
L'entreprise, comme on voit, était si grande, si nouvelle, qu'elle subissait déjà, comme une légende
orientale, l'influence de l'exagération.

On a dit, de nos jours, que *ces esquisses étaient
très-imparfaites et sous le rapport du style et de l'expression tout à fait insignifiantes* [2]. J'admets ces criti-

[1] J'estime, comme on le voit, qu'il mit de vingt à vingt-trois
jours à son travail. Spon varie entre deux mois et quinze
jours, Galland compte quinze jours. *M. le marquis de Nointel,*
dit Spon, *fit tout dessigner lorsqu'il passa à Athènes; son
peintre y travailla deux mois et faillit à s'y crever les yeux,
parce qu'il falloit tout tirer de bas en haut, sans échafaut.*
(T. II, p. 148.) Il avait écrit dans le premier volume : *Il demeura quinze jours à copier seulement les bas reliefs et la façade du temple de Minerve à Athènes.* (T. I, p. 263.) Wheler
copie Spon, comme à son ordinaire, page 362. Galland s'exprime ainsi : *Pendant quinze jours qu'un peintre y resta par
ses ordres pour dessiner les bas reliefs qui y sont.*

[2] Je cite la critique de M. Brönstedt, c'est la plus bien-

ques quand je compare, commodément assis dans la galerie de l'Ecole des beaux-arts, les dessins de Carrey avec les plâtres pris sur les originaux, mais sous ce rapport l'élève de le Brun méritera le blâme en bonne compagnie, car je ne connais pas aujourd'hui beaucoup d'artistes capables de s'acquitter d'une pareille tâche selon toutes les conditions de l'art. Juger ainsi l'œuvre de J. Carrey n'est pas conforme à la justice. Il faut se transporter en idée à Athènes et au XVIIe siècle. Pour mon compte, je me rappelle avec quelles difficultés j'ai dessiné la petite partie de la frise qui est restée en place. Faute de recul possible, et les entourages du temple n'étaient pas dégagés au temps de Carrey comme ils le sont de nos jours, on voit les bas-reliefs de Phidias d'un angle tellement aigu que le raccourci forcé fausse les mouvements et change le caractère des têtes. Le peintre de M. de Nointel était pressé et par le temps et par la crainte d'indisposer la population et son aga, il allait vite, et cependant, quand on examine ses dessins, sous le rapport de l'exactitude et du mouvement bien senti, deux conditions essentielles, on ne peut s'empêcher de les admirer à part même les difficultés du travail, et la reconnaissance du service qu'il nous a rendu. Service immense, si l'on

veillante. Ayant construit tout son second volume des recherches en Grèce sur ces dessins, l'ingénieux Danois ne voulait pas les déprécier. (*Voyages*, t. II, p. 166, en note.)

considère que beaucoup de ces bas-reliefs et statues sont perdus à tout jamais ou dispersés en fragments qu'on ne saurait rapprocher sans le secours de ses indications; si l'on considère surtout que ce n'est pas l'artiste, mais l'archéologue qui les interroge. Du reste, ce service sera mieux apprécié quand on aura sous les yeux, en regard des dessins de J. Carrey, ceux qu'on donnait en même temps au public. Voici le fronton occidental du Parthénon tel que l'a dessiné Spon [1].

Le voici tel que l'a reproduit Wheler [2], et d'après

[1] *Voyages de Spon*, t. II, p. 143. Cette copie de la gravure de Spon est faite trait pour trait avec la plus grande exactitude.

[2] *Voyages de Wheler*, p. 360. Dans cette gravure (voyez sur la page suivante) les dieux de l'Olympe jouent à ce jeu que les enfants nomment le saut-de-mouton. Il faut, pour y croire, le voir de ses propres yeux, et c'est pourquoi je donne cette reproduction, fidèle jusqu'au moindre trait.

lui, toujours en ajoutant davantage au ridicule, Cornelio Magni [1] et les autres.

Le voilà enfin tel que le donne l'ingénieur qui accompagnait en 1685 M. d'Ottières [2].

[1] Dans la reproduction donnée par Cornelio Magni, le char de la Victoire sans ailes est traîné par un seul animal qui a les formes d'une souris. Les métopes sont remplacées par des guirlandes. (T. II, p. 498, *lettera sesta.*)

[2] Ce dessin se trouve dans un volume du Cabinet des Mss de la Bibliothèque Impériale, suppl. français, n° 19. La copie que je publie est réduite au tiers. J'en parle plus loin en citant cette tournée d'inspection des échelles du Levant.

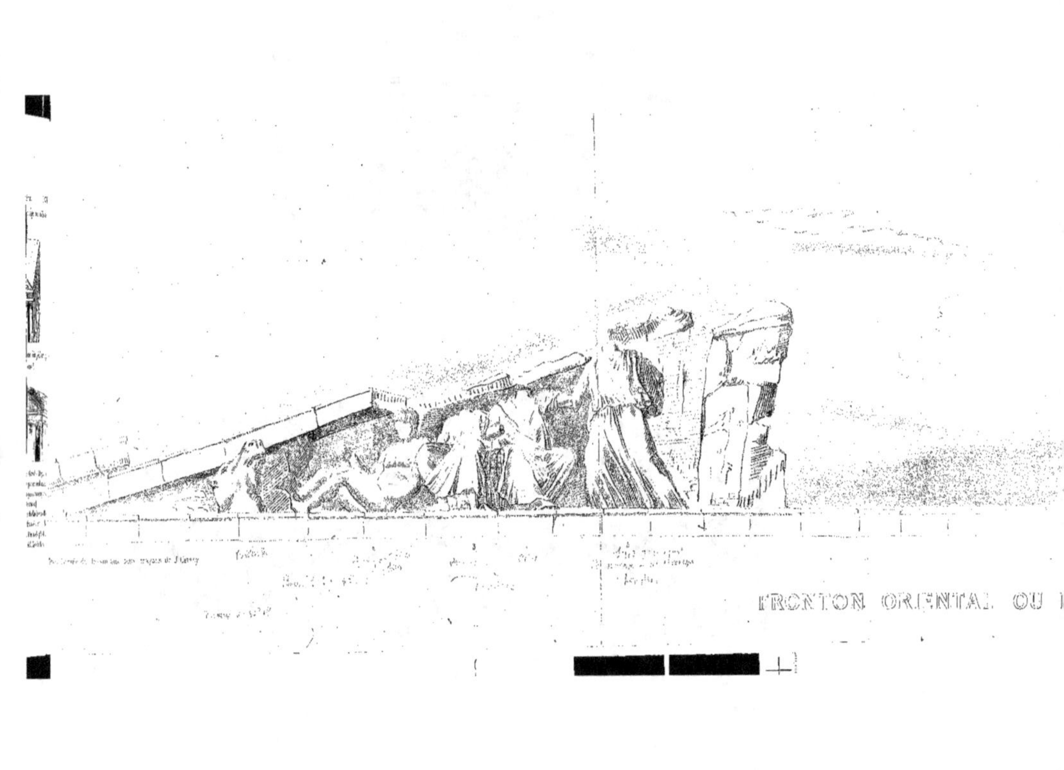

FRONTON ORIENTAL OU

U DU PRONAOS

Ce sont là les seuls renseignements que nous aurions sur cette grande page déchirée par les Vénitiens quelques années plus tard, si les dessins de M. de Nointel ne se fussent pas retrouvés. De pareilles bouffonneries ne sont plus des éléments d'études; elles forment comme le piédestal du monument de reconnaissance que nous devons à la mémoire de Jacques Carrey.

En retournant à Constantinople, M. de Nointel passa par Chios, où ses gens eurent une rixe assez fâcheuse avec quelques habitants de l'île [1]. De la Croix, son secrétaire, qui, comme nous l'avons vu, avait été chargé de porter en France les capitulations renouvelées, le rejoignit ici. Le 21 février, l'ambassadeur rentra dans la capitale de l'empire ottoman. Là, après avoir mis à jour les affaires et correspondances, il s'occupa de rédiger, sous forme de mémoires, ce qu'il avait vu dans son voyage, et de faire mettre au net, ou en couleur, les croquis que ses peintres avaient faits sur place. La dépêche suivante [2] rend compte de ces occupations : « Les continuelles dé- » pesches auxquelles j'ay esté obligé depuis mon » retour, soit pour vous ou pour la Porte et aux » eschelles, m'ont empesché jusqu'à présent de dé- » mesler et mettre en ordre un grand nombre de » mémoires que j'ay tirés des différents endroits où

[1] Dépêche de Smyrne, 18 janvier 1675.
[2] Elle est datée de Constantinople, le 6 juin 1675.

» j'ay passé, et qui doivent encore être confirmés
» et plus estendus par d'autres que j'attends; il ne
» m'a pas aussi esté possible, de la quantité de des-
» seins que j'ay, d'en faire exécuter plus de huict,
» qui sont des représentations du sépulchre d'Absa-
» lon et de son paysage, d'une cascade admirable
» dans le fond du Liban sous Canobin, d'une grotte
» qui en est proche, de la lanterne de Démosthènes
» à Athènes, des eaux de Damas, de la rivière du
» Jourdain, d'un nain d'une figure extraordinaire
» que je rencontray à Antab et d'un dervisch que je
» vis à Gaza. Ces tableaux n'estant pas encore bien
» achevés et leurs toiles estant fort plicées, je n'ose
» pas prendre la liberté de les envoyer, me réser-
» vant pour d'autres qui, représentant les mêmes
» choses, n'auront pas les mesmes deffauts; un fort
» grand, dont la mesure a esté prise sur un endroit
» de la salle du palais de France, est commencé, et
» il représentera mon audience du visier lors du
» renouvellement des capitulations, dont les princi-
» paux visages seront au naturel, et où l'on tasche
» de renfermer ce qu'il y avoit de principal dans
» cette cérémonie; il y en a un de crayonné qui est
» de mesme grandeur, où l'on voit le saint sépul-
» chre, la moitié des galleries qui l'environnent, les
» spectateurs qui y sont placés et le spectacle du feu
» saint qui se joue en bas par les Grecs, dont la
» variété et multiplicité des figures, et la singularité

» de l'action universelle qui s'y distingue peut don-
» ner quelque satisfaction [1].

» Ce qui retarde, monsieur, la continuation de
» ces peintures, c'est la visée d'en perfectionner
» quelques-unes davantage, ce qui m'a obligé d'en-
» voyer mes deux [2] peintres à Andrinople pour
» observer le visier et les autres grands de la Porte,
» mesme le Grand-Seigneur et son fils, et estre aussy
» témoins des réjouissances publiques qui s'y feront
» pour la circoncision et le mariage, je me per-
» suade qu'ils s'en acquitteront bien, car leur ayant
» confié les desseins que j'ay déjà de Sa Hautesse,
» de son premier ministre et du prince qui ont esté
» faits par un peintre, mort à Naxis, dont le coloris
» ne valoit rien, je me promets qu'ils s'en aideront
» considérablement et qu'ils en rapporteront des
» portraits parfaits; ils scavent bien mesler les cou-
» leurs, et ils ont le génie et l'exécution très-bon;
» la matière, outre celle déjà marquée, ne leur
» manquera pas, par les sorties du Grand-Seigneur,
» la cavalcade de son fils et le campement, et quand
» ils seront de retour icy, j'auray le moyen de leur

[1] On verra, page 144, que ces tableaux décorèrent plus tard son château de Bercy. M. de Nointel, les considérant comme sa propriété, les aura rapportés en France sur le refus du roi de les payer.

[2] On voit par là que M. de Nointel avait déjà remplacé le peintre qui mourut à Naxos.

» fournir des habillemens des principaux officiers et
» de tous ceux qui sont remarquables par leur variété
» et singularité. Les plus beaux points de vue du
» monde nous environnent encore de tous côtés,
» ainsy voilà une abondance qui demande beau-
» coup de temps pour estre épuisée. Les frais, mon-
» sieur, n'en sont aussy que trop grands pour moy,
» puisque ces deux peintres, pour leurs gages, me
» reviennent à 500 escus par an, et que leur nour-
» riture avec les toiles et couleurs reviendra encore
» à autant, ce qui me donne l'espérance que Sa
» Majesté aura la bonté d'y faire une réflexion effi-
» cace à mon soulagement. »

M. de Nointel, livré ainsi aux arts et aux lettres,
n'abandonnait rien de sa dignité d'ambassadeur. La
résistance qu'il opposa aux empiétements du vizir
et la fermeté dont il fit preuve dans cette lutte in-
égale [1] seraient remarquables à toute époque, elles
eurent alors un grand retentissement.

[1] Je ne puis mieux faire comprendre le caractère de cette
lutte qu'en citant M. de Nointel lui-même. L'accuser de
petitesse d'esprit, lorsqu'il insiste sur l'observation rigoureuse
de petitesses d'étiquette, ce serait montrer qu'on ignore
l'importance du cérémonial chez les Orientaux. Le passage
suivant des instructions données, au nom du roi, à M. Girardin, qui succédait en 1685 à M. de Guilleragues, le successeur même de M. de Nointel à l'ambassade de Constantinople,
donne mieux que je ne pourrais le faire une idée exacte de
cette importance : « L'ambassadeur doit sur toutes choses se
» maintenir dans la possession dans laquelle ledit sieur de

Par malheur la position particulière de M. de
Nointel n'était plus en rapport avec les prétentions

» Guilleragues s'est restabli, d'avoir son siége ou tabouret sur
» l'estrade ou sopha du grand visir, et comme ce premier
» ministre n'a consenti à rendre cet honneur à l'ambassa-
» deur du roy que par la juste appréhension qu'il a eue d'ir-
» riter la puissance de Sa Majesté, qu'il sçait bien pouvoir
» porter toute seule plus de dommage à l'empire ottoman
» que toutes les forces de l'Europe jointes ensemble, il y a
» bien de l'apparence que cette mesme raison subsistant
» toujours et augmentant même de jour à autre par les soins
» infatigables de Sa Majesté à tout ce qui est de sa gloire et
» de l'agrandissement de son empire, il ne rencontrera pas
» de difficultés à obtenir ce mesme traitement. »

Galland connaissait le caractère des Turcs, qu'il pratiquait
journellement, et dont il parlait la langue. Loin de blâmer
M. de Nointel, il approuve sa conduite et vante sa fermeté.
Voici une des dépêches de notre ambassadeur datée de Constantinople, le 5 mai 1677 :

    « Sire,

  » Le nouveau visir, Moustafa Pacha, ayant accordé de me
» donner son audience, je me suis rendu à son palais avec
» la pompe ordinaire, où estant monté dans une petitte
» chambre pour attendre son retour du grand sérail où il
» tenoit divan, j'eus lieu d'exercer ma patience. Estant re-
» monté à cheval, affin de passer dans la seconde cour et y
» mettre pied à terre au degré, je suis monté à l'appartement
» du visir, et pour y arriver, passant dans des galeries assez
» étroites, je repoussay des Turcs qui sembloient ne me pas
» connoistre ou avoir trop d'empressement à entrer dans la
» chambre d'audience; et je les escartay d'une façon à les
» faire tomber si la muraille ne les eust retenu, ce qu'ils

qu'il manifestait comme ambassadeur. Entraîné
par son amour du faste, qu'il considérait d'ailleurs

» receurent comme ils le devoient avec une très grande
» patience, et parce que Mauro-Cordato vouloit en quelque
» façon modérer mon juste ressentiment, je l'arrestay par le
» bras et le fis aussi reculer, et j'entray de ceste manière dans
» le lieu destiné à me recevoir ; un tabouret m'y estant pré-
» senté au bas de l'estrade, qui me donna à juger que celuy
» du visir, lorsqu'il arriveroit, se mettant sur son extrémité,
» on me réduiroit à lui parler dans une situation si inesgalle
» et qui est contre l'usage, je crus debvoir prévenir ce nou-
» vel affront et ne pas réserver à m'en défendre contre ce
» ministre en personne. Par ce motif, tout aussi tost que je
» fus dans ceste chambre, je montay sur le sofa, je pris le ta-
» bouret qui m'estoit préparé des mains de trois hommes qui
» le tenoient, ils me le quittèrent fort humblement estonnez
» de la juste indignation qui ne laissoit pas, quoique je fusse
» entièrement maistre de moy mesme, de paroistre sur mon
» visage. On vint en mesme temps me prier de descendre,
» afin de me tenir en bas, plusieurs offices s'interposèrent
» à ce sujet, mais inutilement ; car demeurant sur mon siége
» lorsque celuy du visir avoit esté reculé crainte que je ne le
» prisse, je respondis d'un ton de voix ferme et assez eslevé
» à estre entendu du visir mesme que je sçavois ma place,
» que plustost de la quitter je perdrois la vie, et que, si le
» visir persistoit à me la disputer, je me retirerois sans au-
» dience. Mon droguemant me sollicitant d'acquiescer, je luy
» répliquay, je vous commande partout, mesme icy, de ne
» me pas proposer une si insigne bassesse que le deffunct
» visir n'a jamais exigé et à laquelle jamais je ne consentiray.
» La réthorique de Mauro-Cordato fut aussi très inutile ;
» cependant le vizir, qui m'avoit fait attendre, attendoit à
» son tour dans l'espérance de me fleschir, estant tout prest à

comme un devoir de sa charge, par son goût pour
les arts [1], qu'il encourageait avec munificence, ayant

» venir à l'audience, il a fallu qu'il ait modéré son orgueil,
» en exposant à tous les officiers turcs, rangés dans la mesme
» chambre, son désir de me réduire au parti qu'il vouloit,
» par les messages qui, de sa part, me venoient par ses affi-
» dés. L'on me dit que me trouvant placé sur le sofa, à costé
» de la porte par laquelle ce premier ministre devoit sortir,
» je serois, lorsqu'il passeroit, plus eslevé que luy, mais ceste
» réflexion ne tendant qu'à me surprendre, je ne l'escoutay
» point. Et enfin quand Mauro Cordato eut prononcé : Il
» supremo visiro commenda, che la sedia si metti da basso,
» — je repliquay: Puol questo signore commendar alla sedia,
» che la li lascio libera, ma non à mi, che mi ritiro nel mio
» palazzo, et en même temps je passay fièrement et je suis
» retourné chez moy en très bel ordre. Cette desmarche, qui
» s'accommodera, comme je l'espère, à ma satisfaction, m'a
» paru nécessaire à prévenir la plus grande superbe du visir
» et luy donner dans le commencement de son ministère
» l'opinion qu'il me doit. »

Le ressentiment du vizir fut tel, que M. de Nointel crut
prudent de se retirer à la campagne dans la maison de son
drogman. En s'y rendant, son escorte fait du tapage et tire
des coups de fusil, sans son ordre peut-être, mais à sa grande
satisfaction, car il s'était fait précéder d'un trompette qu'il
avait à ses gages. « Le visir en fut informé, écrit-il de Con-
» stantinople le 29 juin 1677, et m'envoya un aga qui m'a
» dit qu'il avoit ordre de m'envoyer le lendemain une com-
» pagnie de janissaires pour me garder, afin que je ne sortisse
» plus. Ceste tempeste s'est dissipée, il n'a pas esté envoyé
» de gardes. »

[1] Dans sa dépêche du 3 septembre 1675, il s'étend longuement sur ses charges et dépenses : « J'ay déjà pris la liberté

en outre peu d'ordre et se trouvant obligé souvent d'attendre longtemps le payement de ses appointements, il en était arrivé à devoir vingt-quatre mille piastres, et ses engagements se trouvaient dans les mains les moins délicates de Constantinople [1]. Déjà

» de vous parler de mes peintres, qui me donneront le » moyen de contribuer à la satisfaction de Sa Majesté, et » j'y adjouste que l'un d'eux estant demeuré à Andrinople » avec Lacroix y a eu les moyens d'y prendre quantité de » desseins des machines, des festes, du camp du Grand- » Seigneur, du disné de l'ambassadeur d'Angleterre lors de » son audience et de la paye qui y fut faitte, et il en rapor- » tera encore plusieurs portraits. »

[1] Je citerai quelques passages extraits de quatre dépêches qui peignent sa triste position.

Constantinople, le 12 juillet 1677. M. de Nointel parle de sa position financière embarrassée, il avoue devoir 23,900 piastres à des juifs et à d'autres usuriers; mais il expose qu'il lui est dû par le roi 40 mille escus, ce qui fait qu'il lui restera 2,600 piastres, *lorsqu'il se sera acquitté de ses debtes.*

Pera, 26 mars 1677. « Je supplie très humblement Votre » Majesté d'agréer l'envoy que je luy fais de la Croix, mon » secrétaire, qui aura la gloire de se jeter à ses pieds. »

Versailles, 2 octobre 1677. Le ministre répond : « Je suis » fasché de vous dire que le roy n'a point aprouvé le paie- » ment de vos appointemens, que vous vous êtes fait faire par » le commerce de Marseille, et moins encore que vous ayez » employé l'autorité du Grand Seigneur pour y forcer les » marchands. Quelques soins qu'ayt pris le sieur de la Croix » de faire voir la nécessité à laquelle vous estiez réduit et quoi- » que vous en ayez rendu un compte bien exact, dans votre » dernière lettre du 18 juillet que j'ay eue l'honneur de lire

le roi avait vivement désapprouvé une sorte de contrainte imposée par l'ambassadeur au commerce de Marseille pour le payement d'une partie de ses appointements; plus tard il le disgracia, et son rappel

» toute entière à Sa Majesté, elle n'a pas trouvé juste que » vous fissiez souffrir les marchands de vos besoins, et elle » a jugé que vous pouviez attendre qu'elle vous eut fait payer » des appointemens qui vous estoient dus. »

J'aurais pu donner de plus longs extraits, la dépêche suivante suffira; elle fait le tableau éloquent de ses services et de son malheur.

Belgrade, 29 juin 1678. « Je ne sçay plus ou j'en suis, la » peste me retient à quatre heures de Constantinople, la faim, » faute d'avoir de quoy subsister, m'attaque à chasque mo» ment et je ne reçois aucune nouvelle qui puisse me mar» quer, avec une autorité sufisante, quand je serai secouru » efficacement. — J'ay renouvellé les capitulations, j'ay pro» duit au commerce plus de huit cents mille livres de dimi» nution et je viens de rémédier aux inconvéniens qui pour» roient naistre de la guerre avec l'Angleterre. Je ne parle » pas des barques et des gens rendus par le défunt vizir et » de plusieurs autres particularités, de mon aplication à » maintenir mon caractère, de ce que j'ay opéré pour l'É» glise et de mon désintéressement total; j'ay peur, mon» sieur, de vous ennuyer et je vous demande pardon de vous » en avoir tant dit; je fais en ce rencontre, ce qui se prati» quoit autrefois dans cet empire, lorsqu'un visier, moufti, » ou autre grand, étoit décédé, l'on mettoit à ses mains, dans » son tombeau, tous les hodjets ou sentences de ceux qu'il » avoit fait mourir, ou chastié rigoureusement, afin qu'il put » justifier en l'autre monde, qu'il s'estoit conduit en cela » avec justice et il se servoit encore de ces actions justes pour » contrepeser ce que d'ailleurs il auroit pu faire de mal,

lui fut signifié en même temps qu'on lui nommait un successeur.

Cette gêne matérielle, cette atteinte morale à son caractère, étaient inconciliables avec les grandes habitudes de M. de Nointel : il fallut réduire le train, et pour ainsi dire fermer maison. Les peintres durent partir. Carrey quitta Constantinople un peu précipitamment même, laissant à l'ambassadeur tous les dessins qu'il avait mis au net, mais réservant pour lui-même tous ses croquis, qu'il entassa dans un coffre, et n'emportant que quelques cahiers qui lui semblaient les plus intéressants, et dont plusieurs contenaient des dessins qu'il avait faits sur les indications et pour l'agrément de son maître, le peintre le Brun.

Cette préférence donnée aux commissions fut cause de la perte des autres dessins, qui jamais depuis ne parvinrent à l'artiste; mais elle fut en même temps l'occasion de la faveur qu'il retrouva près de son ancien maître. Celui-ci le retint chez lui, l'admit à sa table, lui fit avoir une pension avec un

» j'aprehende, monsieur, d'estre mort dans l'esprit du roy,
» j'en vois fondre sur moy les avis de tous costés, ainsi,
» monsieur, comme à mon puissant intercesseur, je prends
» la liberté de vous mettre entre les mains toutes les actions,
» dont je viens de vous toucher le destail, je vous suplie très
» instamment de les présenter à Sa Majesté et de luy ofrir ma
» confiance, qu'elles serviront à éfacer ce qui lui a desplu
» dans ma conduite. »

appartement aux Gobelins et à Versailles, où il fut employé à dessiner les objets les plus remarquables du cabinet du roi; lui-même se l'adjoignit dans la décoration de la galerie de Versailles pour la partie des animaux, dont il avait fait une étude particulière.

M. de Nointel quitta Constantinople à la fin de l'année 1679 [1], après avoir satisfait honorablement à tous ses engagements [2]. Il avait hâte de venir à Paris expliquer sa conduite, certain de reconquérir la faveur du roi, quand il lui aurait fait connaître comment il l'avait servi. Il ne voulait pas rester un seul jour à Constantinople après l'arrivée de son successeur, et en l'attendant, il emballa soigneusement ses collections, qui étaient pour lui comme de glorieuses archives, et ses titres à la bienveillance de son gouvernement. Il détacha des murs du palais

---

[1] La dernière dépêche de M. de Nointel est du 12 septembre 1679. Il attend M. de Guilleragues et compte s'embarquer immédiatement sur le vaisseau de la marine royale qui amène son successeur, afin de rentrer le plus tôt possible en France.

[2] Pour obtenir ce résultat, il fit le plus pénible des sacrifices, il vendit sa terre près Compiègne et son marquisat à Louis de Bechameil, conseiller secrétaire du roi. Les chansons satiriques du temps ne ménagèrent pas ce dernier. La collection Maurepas, de la Bibliothèque Impériale, en a recueilli deux; elles sont rangées dans les années 1679 et 1683. Voyez tome IV, folio 551, et tome V, folio 260. Voyez aussi les Mémoires de Saint-Simon, tome VI, page 5.

de France les grands tableaux de Carrey, qui devaient rappeler à ses successeurs une ambassade illustrée par tout ce qu'il y a de plus noble dans la façon de représenter son pays à l'étranger, et surtout en Orient. Il les plaça dans son château de Bercy, qu'il avait fait construire magnifiquement par le Vau, l'architecte du roi, dans des temps meilleurs. A son retour à Paris, il fut mal accueilli à la cour, quoique le ministre, moins oublieux des services rendus par l'ambassadeur, le défendît généreusement. Cette disgrâce lui fut très-sensible, et le jeta dans une gêne pénible. Il vendit avec précipitation une partie de ses collections [1], et s'éloigna de Paris pour vivre plus économiquement à la campagne. Là, au milieu de la solitude, il chercha dans ses souvenirs de voyage et dans leur rédaction [2] à oublier l'ingratitude des hommes et l'injus-

---

[1] Le comte de Caylus écrivait en 1764 : « Ce ministre curieux et attentif à observer ce qui méritoit d'être remarqué, » avoit fait des réflexions intéressantes sur les antiquités, il » en avoit fait dessiner un grand nombre : malgré toutes mes » recherches, il ne m'a pas été possible de les retrouver. Il a » certainement apporté à Paris plusieurs marbres antiques et » beaucoup d'inscriptions, j'avoue à la honte de mon pays » qu'on ignore ce que les uns et les autres sont devenus ; on » sait seulement qu'il en avoit donné plusieurs à M. Baude- » lot, digne membre de l'Académie des belles lettres, à la- » quelle il a légué en mourant son cabinet d'antiquités. » (*Recueil d'antiquités*, t. VI, p. 197.)

[2] M. Letronne affirme que M. de Nointel consulta sou-

tice des gouvernements. Une attaque d'apoplexie le surprit dans ces nobles travaux, et il mourut le 31 mars 1685.

L'ambassadeur mort, voyons ce qui restait de cette belle ambassade. Un frère qu'il avait était avec lui à Constantinople; le climat lui fut contraire et il succomba, à la grande douleur de M. de Nointel [1]. Faidherbde, le peintre flamand, mourut à Naxos en 1673. L'abbé Pécoil vint terminer sa carrière à Lyon, entouré d'une considération méritée. Cornelio Magni parcourut l'Italie, s'arrêtant là où l'on voulait bien publier ses *Souvenirs de voyages*, seul moyen d'existence qui lui restât. Galland eut plusieurs missions, et retourna en Orient et à Constantinople à la recherche des médailles antiques et des manuscrits orientaux [2]; rentré définitivement en

vent Thévenot *pour la relation de ses voyages, qui l'occupa constamment dans sa retraite.* Je crois que ce n'est qu'une supposition.

[1] Galland mentionne ce fait et s'exprime d'une manière touchante sur la douleur de M. de Nointel.

[2] Je lis dans une lettre écrite à M. de Louvois par M. Girardin, de Constantinople, le 25 mai 1686: « Le sieur Galland qui » recherche icy des médailles m'en a remis un pacquet que » je me suis chargé de vous faire tenir. Je luy ay fait donner » un passeport de la Porte pour le voyage qu'il est sur le » point de faire à Smirne et aux autres lieux où il croit pou- » voir s'employer utilement pour s'acquitter des ordres que » vous luy avez donné. » Ce passe-port est transcrit en son entier dans le second volume du journal de l'*Ambassade de*

France, il s'attacha à plusieurs savants que la mort successivement lui enleva : mais son heureux caractère, son assiduité à l'étude, sa fidélité à ses devoirs lui créèrent rapidement de nouveaux appuis, et, sous leur protection, il publia de nombreuses dissertations sur des sujets de numismatique, et des traductions d'ouvrages orientaux parmi lesquelles les *Mille et une Nuits* sont restées populaires comme la réputation qu'elles lui ont acquise. Carrey [1] enfin, le

M. Girardin ; il porte la date du 15 mars 1686 et est délivré pour aller de Constantinople à Smyrne, à Alep, à Seyde, à Barut (Beyrout), au Caire et pour revenir à Constantinople.

[1] Je placerai ici quelques détails biographiques sur Carrey. En premier lieu, on lira avec plaisir l'article que lui a consacré Grosley, le spirituel et patriotique historien de Troyes et des Troyens (en Champagne).

« Carré (Jacques) naquit à Troyes, le... janvier 1649. Poussé
» par son génie à l'étude du dessin, il en prit à Troyes les
» premiers principes, qu'il alla perfectionner à Paris. Il y
» eut le bonheur d'être admis parmi les élèves de Ch. le
» Brun. M. Ollier de Nointel, partant en 1677 (lisez 1670)
» pour sa célèbre ambassade de Constantinople, demanda à
» le Brun un dessinateur en état de rendre l'architecture,
» la sculpture, les animaux et le paysage. Carré lui fut donné.
» Dans le cours de son ambassade, M. de Nointel parcourut
» successivement la Grèce, l'Asie mineure, et la Palestine.
» Ces courses, protégées de toute l'autorité du grand-seigneur,
» découvrirent une foule de monuments dans tous les genres,
» échappés aux recherches inquiètes et tracassées des anti-
» quaires, qui n'avaient parcouru qu'en tremblant ces beaux
» pays. Tout fut dessiné par Carré, sous les yeux de M. de

peintre de M. de Nointel, le dessinateur des antiquités
d'Athènes, se retira à Troyes après la mort de son

» Nointel. Ces dessins, qu'il mettait ensuite au net, sont
» d'autant plus précieux, qu'ils contenaient quantité de mo-
» numents très-importants, détruits depuis ou très-dégradés.
» Je ne nommerai que le temple de Minerve dans l'acropole
» d'Athènes, qui, dans la guerre des Turcs contre les Vé-
» nitiens, à la fin du dernier siècle, ayant été converti en
» magasin à poudre, fut en partie démoli par l'explosion
» des poudres qu'il renfermait.

   » Carré avait réservé les brouillons, esquisses et croquis.
» A son départ de Constantinople, il y en laissa un coffre
» rempli, qu'on lui devait faire repasser en France, et dont il
» n'eut plus de nouvelles. A la mort de M. de Nointel, les
» *mis au net*, qui formaient une suite considérable, passèrent
» à M. Foucault, intendant de Caen. Des informations sur
» leur sort, à la vente du cabinet de ce dernier, m'ont appris
» que l'on présumait qu'acquis pour l'Angleterre ils y étaient
» passés. D'après cette présomption, craignant qu'ils ne
» soient tombés dans quelque château ou maison de campa-
» gne, lieux où les Anglais rassemblent ce qu'ils ont de plus
» précieux, j'ai publié dans *le Londres,* 2ᵉ édition, tome II,
» p. 212, une proclamation où j'invite les Anglais qui pour-
» raient avoir connaissance du lieu qui recèle ces dessins, à
» l'indiquer aux savants qui forment la *Société des antiquai-*
» *res.* J'ignore si mes vues auront été remplies. Les croquis
» de M. Carré demeurèrent à Constantinople, parce qu'il
» donna la préférence aux commissions dont le Brun l'avait
» chargé : différents habillements à la lévantine, animaux,
» plantes particulières au Levant dessinées et en nature,
» armes offensives et défensives des différents peuples de ces
» contrées, formaient la pacotille qu'il ne voulut pas aban-
» donner, et qu'il rapporta en France. Le Brun, sensible à cette

maître le Brun, son seul protecteur. Il continua
dans sa ville natale à peindre, à dessiner, à graver

» attention et aux progrés de son élève, le retint chez lui,
» lui donna sa table avec un appartement aux Gobelins et à
» Versailles. Son œil et sa main exerçés à voir et à copier
» l'antique, furent employés à dessiner les morceaux les
» plus intéressants du cabinet du roi, où il travaillait en-
» fermé sous clef. Il partagea depuis les travaux de le Brun,
» dans la galerie de Versailles pour la partie des animaux,
» dont il avait fait une étude particulière. Il existe des mo-
» numents particuliers de ses talents dans trois grands ta-
» bleaux qui décorent le salon du château de Bercy, près
» Paris. Carré y a représenté la première audience du mar-
» quis de Nointel chez le grand visir, l'entrée solennelle du
» même ambassadeur dans Jérusalem, la cérémonie du feu
» sacré, espèce d'orgie que les Grecs célèbrent le samedi
» saint dans l'église du saint sépulchre de la ville sainte.
» Depuis sa retraite à Troyes, Carré allant à Paris avec un
» de ses neveux, et passant devant le château de Bercy, son
» neveu lui proposa de revoir ces tableaux ; il le refusa obsti-
» nément, et lui dit pour justifier ce refus : Mon œil y verrait
» des défauts que ma main ne serait plus en état de corriger.
» Carré revenu à Troyes à la mort de le Brun, peignait pour
» les églises, des tableaux d'autel. Il fit en 1720, pour l'église
» de Saint-Pantaléon, sa paroisse, six grands tableaux, où
» il représenta les principales actions de la vie du médecin
» grec. Ces tableaux se ressentent de la vieillesse de l'artiste,
» mais ils offrent quelques bonnes réminiscences. Celui où
» le martyr est représenté dans la fosse aux lions, est pré-
» cieux par la manière dont ces animaux y sont traités.
» Il lui restait quelques dessins de ses Études de Constan-
» tinople. J'ai vu la marche d'un nouveau sultan qui va
» prendre possession de la Mosquée de Soliman, ébauchée

jusqu'à ses derniers jours. Sa réputation l'avait précédé. Il la devait à la protection de le Brun,

» sur un papier de très-grande largeur, sujet traité et fini
» dans la partie du cabinet du roi, exposée au Luxembourg.
» Son neveu m'a donné un de ces dessins, qui représente l'o-
» pération de l'empalement, telle qu'elle se pratique parmi
» les Turcs. Il possédait encore de lui, une suite d'animaux
» gravés à l'eau forte, sur des planches de quatre à cinq
» pouces de longueur. Carré mourut d'apoplexie le 19 fé-
» vrier 1726, âgé de 77 ans.

    » J'ai des oiseaux domestiques gravés en petit par lui-
» même, d'après ses dessins. Il les avait donnés à mon père,
» avec une tête de Diane en bas-relief, qu'il avait ramassée
» dans le port de Pyrée, parmi les galets et les cailloux rou-
» lés par la mer. Cette tête gravée comme la Vénus de Mé-
» dicis, a de plus un voile très-léger, qui partant de l'occi-
» put où se termine la spirale que décrivent les tresses des
» cheveux, vient en flottant légèrement, passer sur l'épaule
» gauche. Le marbre de ce bas relief, qui offrait une figure
» entière, réduit à la tête, forme un médaillon de deux
» pouces de diamètre qui a acquis le lisse des cailloux rou-
» lés. » (OEuvres inédites de P.-J. Grosley. Paris, 8°, 1812.
Mémoires pour servir à l'histoire des Troyens célèbres, t. I.)

    Bien qu'écrite par un concitoyen et un homme d'esprit,
cette biographie demandait quelques rectifications, j'ai été
à Troyes pour les faire. Elles porteront d'abord sur l'orthographe du nom de Carrey, sur quelques circonstances de sa
vie, et plus particulièrement sur la nature de son talent
étudiée dans ses tableaux. En premier lieu, j'ai cherché
dans sa ville natale si on y conservait quelques dessins de sa
main, quelques gravures exécutées par lui, ou des documents intimes, comme lettres autographes, récits de voyages, etc., etc. Je n'ai rien trouvé, ni dans la bibliothèque

dont on se figure difficilement aujourd'hui l'autorité et la grande position, mais qui par sa seule

publique, ni chez les amateurs, et feu M. Arnaud, peintre
(l'auteur du *Voyage archéologique dans le département de
l'Aube*, Troyes, 1837, in-folio, et des *Antiquités de Troyes*,
in-folio), m'avait écrit de son côté (juillet 1844) qu'il n'avait
rien découvert provenant de ses travaux ou concernant sa vie.
Quant à son nom, tous les auteurs de la province l'écrivent
Carré comme Grosley. Pour m'assurer de la véritable orthographe, j'ai recherché dans les archives départementales les registres des comptes de la fabrique de l'église Saint-Pantaléon.
J'espérais qu'il y serait fait mention de l'acquisition des cinq
grands tableaux représentant la légende du saint patron, et
qu'en conséquence le nom de l'artiste serait porté conformé-
ment à la signature de sa quittance. Je trouvai en effet ces
registres, et je les ai dépouillés attentivement depuis 1690,
année de la mort de le Brun et du retour de J. Carrey à
Troyes, jusqu'à 1727, l'année qui suivit le terme de sa carrière. Antérieurement à l'année 1701 je ne trouvai rien,
mais le compte de cette année est signé par lui, en sa qualité de marguillier de la paroisse, ainsi :

Il signe de la même manière les registres de cette paroisse,
jusqu'en 1704, et cette année il tient lui-même le compte, qui
est entièrement écrit de sa main. En voici le début :

« Compte que Jacque Carrey, marguillier de l'église Saint-
» Pantaléon de Troyes, rend : — pendant l'année qui a com-
» mancé le cinquiesme jour d'aoust mil sept cent trois et
» finy le dimanche vingt sept juillet mil sept cent quatre. »
Après l'enregistrement des revenus et des dépenses, le

approbation érigeait un élève en peintre de renom ;
il la devait aussi à ses voyages en Orient à la suite

compte se termine ainsi : « L'an mil sept cent six, le cin-
» quième febvrier, honorable homme Jacques Carrey, bour-
» geois à Troyes, et ancien marguillier de l'église **S. Panta-**
» léon dudit Troyes, a présenté et exibé le présent compte... »
Il signe après les autres marguilliers, comme le montre le
fac-simile donné plus haut ; mais l'habitude du pays de suivre la prononciation est si bien établie, qu'un habitant ajoute
ces mots au-dessous de son nom : *Reçu de monsieur Carré le
10 juin 1707, etc., etc.*

Dans le registre de l'année 1717, je trouve encore la mention suivante : « Dix livres payées à monsieur Carré, pein-
» tre, pour le tableau qu'il a fait et fourny pour servir de
» ciel au dessus du grand autel, suivant sa quittance du
» 2 avril 1717 — cy — 10,0,0. »

Je ne saurais expliquer pourquoi les cinq grands tableaux
de la vie de saint Pantaléon ne sont portés dans aucun
des comptes jusqu'à l'année 1728. Ont-ils été donnés ? les
a-t-on payés en dehors des comptes de la fabrique ?

L'orthographe de ce nom bien établie, nous voyons dans
les renseignements recueillis par Grosley : 1° que les dessins
de Carrey, acquis ou hérités par M. Foucault, auraient passé
en Angleterre. Comment concilier ce renseignement avec la
présence de l'album d'Athènes dans la collection de M. Begon ? Je l'ignore ; 2° qu'il rapporta avec lui des armes et des
costumes ; 3° qu'il dessina les morceaux les plus curieux du
cabinet du roi, c'est-à-dire les objets antiques ; 4° qu'il avait
près de soixante-dix ans lorsqu'il fit pour Saint-Pantaléon
de Troyes les cinq grands tableaux qui ornent encore aujourd'hui cette église ; 5° qu'il grava à l'eau forte plusieurs
planches d'animaux ; 6° enfin qu'il avait ramassé sur le port
du Pirée et rapporté à Troyes une tête de Diane en bas-relief.

d'un ambassadeur, enfin à quelques souvenirs des dispositions remarquables de sa jeunesse. Carrey,

Je m'attacherai plus particulièrement aux travaux de peinture de Carrey, parce que je trouve à Troyes des ressources suffisantes pour apprécier sa manière de peindre. Il aurait fait, c'est-à-dire livré ou donné, en 1720, cinq grands tableaux de la légende de saint Pantaléon, commencés sans doute vers 1714 ou 15. Ces tableaux, je les ai vus, ils sont dans un état de conservation qui permet très-bien de les juger sous le rapport de la composition et de l'expression, comme sous celui de l'exécution matérielle. La composition est théâtrale et académique, les expressions sont monotones et complétement nulles, le type de saint Pantaléon est sans noblesse, et surtout sans caractère; enfin la touche est molle et indécise, et les tons tranchent en rouge et en bleu sur une gamme générale grise et monotone. C'est une œuvre de vieillesse, et en somme moins l'imitation de le Brun que sa mauvaise queue. On ne retrouve plus dans aucun de ces tableaux la moindre influence des chefs-d'œuvre de l'antiquité ou des beautés de l'Orient, soit dans les types, soit dans le coloris. Le seul souvenir de l'ambassade de M. de Nointel se trahit dans le choix des costumes. Carrey avait dans son atelier à Troyes quelques vêtements et armures rapportés de Constantinople. Il s'en servit pour ses tableaux. Saint Pantaléon est costumé avec une *antérie* violette, au col et aux manches serrés par de petits boutons passés dans un cordonnet; il a un ample caftan rouge, et dans toutes les scènes le turban joue un grand rôle. C'est surtout dans le tableau où saint Pantaléon est représenté ressuscitant un malade devant le roi, que l'artiste a entouré celui-ci d'une cour orientale, à laquelle il ne pouvait donner ce caractère et cette exactitude de costume qu'avec le secours des objets eux-mêmes, de dessins faits sur les lieux et de ses souvenirs. Les

rentré dans ses foyers et livré à lui-même, s'efforça
de justifier cette réputation; malheureusement, sa
carrière d'artiste avait été scindée par ses voyages
sans résultat utile pour son talent. Parti à l'âge de
vingt et un ans, près de dix années d'études des
chefs-d'œuvre de l'antiquité et des types caractéris-
tiques de l'Orient auraient développé ses dispositions
naturelles en leur donnant une vraie originalité, en
ouvrant une vaste carrière à sa pensée, si, revenu
à Paris, il ne fût pas rentré dans l'atelier et sous
la férule du maître qui lui avait accordé son
congé. Il reprit donc sa routine et sa dépendance.

bonnets rouges à queue des bostangis, les turbāns verts
des descendants de Mahomet, les turbans à fourrures et les
casques à la circassienne, cette variété et ce fouillis qu'on
voit à Constantinople, se retrouvent très-bien dans ce tableau.
Ce sont les seuls ouvrages de Carrey que je connaisse, car
pour ceux qui ornaient le château de Bercy, je ne sais ce
qu'ils sont devenus, n'ayant pu obtenir, M. le comte de
Nicolaï étant absent, entrée dans ce château qu'il n'habite
plus et qu'il entretient à peine. On lit dans la dernière édition de la *Description de Paris*, de Brice (t. IV, p. 358):
« Le grand salon (du château de Bercy) est orné de quelques
» peintures singulières, qui représentent l'audience donnée
» par le grand vizir au marquis de Nointel, ambassadeur de
» France à la Porte; l'entrée du même ambassadeur dans
» Jérusalem et la cérémonie du feu sacré chez les Grecs. »
Piganiol répète la même chose presque dans les mêmes termes. (*Descript. hist. de la ville de Paris*, Paris, 12°, 1765,
p. 98.) Dulaure, dans son ouvrage sur les *Environs de Paris*,
publié de nos jours, n'y change rien.

Quand, plus tard, en 1690, à la mort de le Brun, il se trouva tout d'un coup livré à lui-même et seul dans une petite ville, sans guide comme sans conseil, son inexpérience se trahit sans naïveté, ses hésitations ne se rachetèrent par aucun élan. Il montra une timidité vieillotte; ni dans ses compositions, ni dans son dessin, ni dans le type de ses figures, on ne sent, on ne voit percer aucune réminiscence de cet art antique qu'il avait étudié courageusement en Grèce et dans ses chefs-d'œuvre. Son beau voyage était comme non avenu. Il ne se rappela que les défauts de son maître et ses mauvaises tendances, sans avoir cette fougue et ce grandiose avec lesquels Ch. le Brun les dissimulait. Jacques Carrey mourut à Troyes le 19 février 1726.

Quels sont les résultats de l'ambassade de M. de Nointel, de ce voyage d'exploration et des travaux de cet artiste laborieux et fécond? Je les ai recherchés avec soin; je vais les exposer en détail, ils sont moins considérables, moins intéressants surtout que je ne l'espérais.

On fit, dans ce voyage, en l'absence d'érudition et de saine critique, tout ce qu'à cette époque il était possible de faire [1] : acquisition et enlèvement

---

[1] On retrouve, dans le voyage de Spon, le souvenir de cette investigation consciencieuse s'étendant à tout. Ainsi, lorsque le voyageur parle *des armoires fermées de tables de marbre que personne n'ose ouvrir*, il ajoute : *Monsieur l'ambassadeur de*

de monuments et d'objets d'art, collections de costumes et d'ustensiles curieux à l'usage des populations, dessins nombreux de tout ce qui frappait l'attention, en monuments, plantes, animaux, physionomies nationales, mœurs et usages; on fit enfin des notes, et on demanda des mémoires aux agents français.

A partir des premières années du XVII⁰ siècle, la Grèce et ses colonies étaient redevenues ce qu'elles avaient été sous les Romains, une vaste carrière d'objets d'art exploitée par chacun. Les Anglais, comme je l'ai exposé plus haut en détail, s'étaient déjà approprié les plus curieux morceaux de sculpture. Quelque opinion qu'on professe pour ces procédés, il est incontestable qu'enlever les monuments au lieu de les dessiner était un mode d'investigation admis et avoué [1]. M. de Nointel, dans son ardeur, eût été capable d'inventer le procédé; il en usa lar-

---

France (c'est de **M.** de Nointel dont il s'agit) *les auroit néantmoins fait ouvrir si les scrupuleux l'eussent voulu permettre.* (T. II, p. 120, Wheler, p. 364.)

[1] Arrivés à l'*Isola Micone* (c'est-à-dire à Délos, sa voisine), ils trouvèrent une statue colossale toute mutilée: « Questa la » credemmo il simulacro d'Apollo Nume Tutelare; il capo » intieramente manca, esportato, per quanto dicesi, da certi » letterati inglesi, non sò, se dal conte di Arandel che fece » per tutto l'Arcipelago di molti marmi l'acquisto, come può » raccogliersi dal libro da esso palesato, intitolato *Marmora* » *Arundeliana.* » (Cornelio Magni, t. II, p. 107).

gement. Il dit lui-même dans une de ses dépêches qu'il avait quatre manœuvres qui détachaient des bas-reliefs les parties les mieux conservées, qui dégrossissaient les fragments pour alléger leur poids, qui faisaient enfin avec ordre et précaution ce que d'ordinaire l'étrangeté de semblables procédés ne permet pas de faire. A Paros, il choisit, parmi les objets d'art, ce qu'il y avait de mieux et de plus transportable [1], et, quoiqu'il ne soit pas dit dans sa correspondance qu'il eût rapporté quelque chose d'Athènes, nous savons par différentes relations [2] qu'il a encore trouvé là à glaner après tant d'autres [3],

[1] « Caminando per la città osservò il signor ambasciatore » molti marmi disposti in varie parti, scarpellati con esqui- » sita maestria, rappresentati varie cose, molti ne fece levare, » e condurre alla sua barca, quelli particolarmente, che erano » di facile esportazione. » (Cornelio Magni, t. II, p. 131.)

[2] On lit dans une lettre de Galland, qui faisait partie de l'expédition scientifique de M. de Nointel : *Il y a une inscrip-tion à Constantinople que M. de Nointel a fait transporter d'Athènes* (p. 224, de la réponse à la critique.)

[3] « Mancano quasi a tutte queste le teste (aux métopes du » Parthénon) mentre, chi non hà potuto esportare i corpi » intieri, si e contentato di esse, per trasmetterle poi ad or- » nare le galerie, e gabinetti de signori Grandi, e curiosi » letterati in Roma per l'Italia, Francia, Espagna, Germania, » e rimanente dell Europa, t. II, p. 484. »

Bien que cette observation se trouve dans une lettre datée de 1674, il ne faut pas oublier que l'auteur ne mit son ou-vrage sous presse qu'en 1691, et qu'il se pourrait bien qu'elle fût écrite sous l'impression des spoliations vénitiennes, à la

TÊTE ANTIQUE EN MARBRE,

TROUVÉE DANS UNE CAVE DE LA BIBLIOTHÈQUE IMPÉRIALE, EN JUILLET 1846, PAR M. C. LENORMANT,

Conservateur du cabinet des antiques, Membre de l'Institut.

ayant un talent particulier [1], et des moyens à lui,
pour endormir la surveillance si jalouse des Turcs [2].

suite du siége d'Athènes en 1688. Cependant on a vu plus
haut (page 149 en note), dans la biographie de Carrey, un
détail que Grosley tenait du neveu de ce peintre, et qui prouve
qu'après l'ambassadeur les personnes de sa suite glanaient à
qui mieux mieux.

[1] Spon avait remarqué quelques sculptures dans le château
des Sept-Tours, il les décrit dans son ouvrage et ajoute :
« Monsieur le marquis de Nointel, ambassadeur de France à
» la Porte, qui est extrêmement curieux, pourra un jour faire
» dessigner ces reliefs. Il nous fit voir chez lui plus de curio-
» sités que nous n'en aurions vu dans tout le reste de Constan-
» tinople. Nous y vîmes environ trente marbres ou inscrip-
» tions antiques qu'il a apportées d'Athènes ou de l'Archipel. »
(T. I, p. 263, 1re édit.; t. I, p. 156 de l'édit. de 1724.)

[2] Un beau jour, du mois de juillet 1846, on apprit à Paris,
avec un étonnement mêlé de quelque gaieté, que M. Ch.
Lenormant venait de découvrir une tête de Phidias dans les
caves de la Bibliothèque Royale. Quelle chance ont ces conservateurs, se dirent les lecteurs, de trouver, sans les chercher,
de si belles sculptures dans une bibliothèque où on cherche
si longtemps, sans les trouver, les livres que nous demandons! Sans alléger en rien le pavé qu'il lançait à la tête de ses
prédécesseurs, M. Lenormant lut à l'Académie, le 31 juillet,
une note dans laquelle, en annonçant sa découverte, il éta-
blissait avec sa sagacité ordinaire que cette tête, rapportée de Grèce par M. de Nointel, appartenait à la figure à
laquelle j'ai donné le n° 12 dans le dessin de Carrey. M. Letronne avait été administrateur de la Bibliothèque Royale
pendant bien des années, néanmoins il annonça la découverte du conservateur des médailles, sans rancune, et sans se
croire obligé d'expliquer ou d'excuser ce nouveau mode

D'Ansse de Villoison disait, en 1787, à l'Académie, en lui donnant quelques détails sur son propre voyage :

de conservation appliqué par lui-même aux chefs-d'œuvre antiques. Une tête en marbre sculptée par Phidias enfouie, pendant quelque cinquante ans, dans la cave d'un établissement public, qui possède un cabinet des antiques et un musée de sculpture, cela lui paraissait-il bien régulier? Voici quelques lignes de la note insérée par lui dans la *Revue archéologique* du 15 août 1846 : « En déblayant une cave de la » Bibliothèque Royale, on a trouvé, au milieu de débris de » peu de valeur, une tête colossale de femme ayant de hau- » teur 0ᵐ,26; de largeur 0ᵐ,17. Le nez est cassé, et la cassure » régulière, ainsi que le trou pratiqué au milieu pour rece- » voir un tenon, annoncent qu'on a eu, à une époque quel- » conque, l'intention de le restaurer. L'un des conservateurs » du cabinet des antiques, M. Ch. Lenormant, dont on con- » naît le goût et l'œil exercé, frappé du style grandiose de » cette tête en marbre pentélique, n'a pas hésité à y recon- » naître la plus grande analogie avec ce qui reste des sculp- » tures du tympan du Parthénon. — Il paraît qu'à cette » heure toute tradition est perdue sur l'époque où cette tête » a pu entrer au cabinet des antiques. Cependant il est pos- » sible que des recherches ultérieures fassent connaître par » quelle route ce précieux débris a passé pour arriver d'A- » thènes à Paris. Mais, en attendant, l'origine attique ne nous » semble pas douteuse. C'est une découverte qui fera beau- » coup d'honneur à la sagacité de M. Lenormant. » Le mois suivant, M. Letronne publiait encore, dans la même revue, une lettre adressée à M. Lenormant sur cette tête de Phidias et sur la collection de M. de Nointel dont elle faisait jadis partie. Je regrette de ne pas rencontrer dans ce mémoire la clarté, premier et habituel mérite des travaux de M. Le-

« M. de Nointel, ambassadeur de France à la
» Porte, voyageoit toujours dans le Levant avec
» deux dessinateurs et avec deux ouvriers munis

tronne : « On n'aperçoit qu'une seule occasion, dit-il, qui
» puisse historiquement expliquer le transport à Paris de ce
» fragment du Parthénon. C'est le retour de M. de Nointel,
» qui fut ambassadeur à Constantinople entre 1670 et 1679. »
A une difficulté qui surgissait de l'attribution de cette tête à
une figure représentée dans le dessin de Carrey avec sa tête
sur les épaules, M. Letronne répondit ainsi : « Sur le dessin
» de Carrey qui représente le fronton occidental, la figure à
» laquelle, d'après vos rapprochements, a dû appartenir la
» tête en question est intacte, du moins cette tête y est-elle
» en place. Mais il serait possible que ce fût une restauration
» de Carrey et que la tête fût alors tombée, gisant au pied
» de la figure, sur la saillie même du fronton. Dans cette
» chute de quelques pieds, la tête tombée sur le nez n'a
» perdu que cette partie saillante; car tout le reste, même
» les lèvres et le menton, est presque intact. Carrey ne de-
» vait avoir aucun doute sur la figure à laquelle la tête avait
» appartenu, il put sans erreur la remettre en place dans
» son dessin. Quant à la tête elle-même, il la descendit et
» elle fit partie de cette belle collection d'antiquités attiques
» que Nointel rapporta de son ambassade. Voilà donc par
» quelle voie la tête de Phidias a dû parvenir à Paris. » C'est-
à-dire que voilà des hypothèses entassées sur des hypothèses,
et les treize pages suivantes, qui devaient démontrer comment
cette tête *était entrée si secrètement à la Bibliothèque Royale*,
ne démontrent rien du tout et ne prouvent pas plus son existence dans la collection de M. de Nointel que son passage de
cette collection dans la Bibliothèque.

En cherchant à m'expliquer, à mon tour, comment ce beau
marbre a pu sortir de la Grèce pour entrer dans la Bibliothèque

» de tous les instruments nécessaires pour arracher
» les inscriptions et les bas-reliefs des endroits où
» ils avoient été encastrés. C'est ainsi que, conjoin-

de la rue de Richelieu, je trouve une voie qui me semble autorisée par quelques probabilités. Ce serait de reporter l'enlèvement de ce buste après le départ d'Athènes et en conformité des ordres laissés à ses agents par M. de Nointel, c'est-à-dire après que Carrey eut terminé ses dessins. On rappellerait cette phrase de Spon : *A la gauche de Jupiter sont cinq ou six figures dont quelques-unes ont perdu leurs têtes.* (T. II, p. 146.) Mais comme Spon vit à Constantinople la collection de marbres de l'ambassadeur de France, et ne parle pas de ce beau morceau de sculpture, on supposera que M. de Nointel le lui aura caché dans la prévision des difficultés qui pouvaient naître de l'enlèvement arbitraire, de la possession illégale et du transport non autorisé hors de la Turquie d'un fragment aussi précieux. M. de Nointel revient en France. Sa gêne pécuniaire explique le passage de cette tête antique dans quelque cabinet ignoré, à la suite des ventes à l'amiable et presque mystérieuses que l'ex-ambassadeur aux abois était obligé de faire, ventes dans lesquelles se fondirent et disparurent toutes ses collections. Devenue, depuis lors, un ornement de salon, en dehors du petit monde des archéologues, elle a pu rester totalement ignorée jusqu'au moment où les spoliations de 1793 l'auront fait entrer à la Bibliothèque nationale avec tant d'autres magnifiques propriétés des émigrés et des victimes de l'échafaud révolutionnaire. Cette explication sauve l'invraisemblance de la présence de ce beau marbre dans la collection de Thévenot, sans que Baudelot l'ait mentionné spécialement dans son legs fait à l'Académie, l'invraisemblance aussi de son exposition dans les salles de l'Académie, pendant 70 ans, sans que cette foule d'amateurs et d'archéologues de premier ordre, parmi lesquels il suffira

» tement avec M. Galland, il fit tirer de l'église τοῦ
» Σταυρωμένου d'Éphèse ces deux fameuses inscrip-
» tions en caractères ioniques qui ont été faites du-

de nommer le comte de Caylus et l'abbé Barthélemy, ne l'aient
ni remarquée, ni citée, ni publiée. Nous supposons donc que
cette tête, enlevée d'une collection d'émigrés, perd son nez *res-
tauré* dans le transport et ne peut plus, dans cet état, être
exposée. On la cache dans un magasin, n'ayant pas le loisir
de procéder alors à des restaurations, et de magasin en magasin, lors des déménagements fréquents de la Bibliothèque,
d'une partie du palais Mazarin dans l'autre, elle est déposée
dans une cave obscure. —Mais je m'arrête. Écrire ainsi l'odys-
sée de ce beau fragment antique, c'est le devoir de M. Lenormant, et j'espère qu'il s'en acquittera avant le moment où je
pourrai examiner à mon tour une origine si illustre, en même
temps qu'une provenance si obscure. En attendant, voici une
photographie excellente que M. B. Delessert a bien voulu faire,
d'après le plâtre, dans l'attitude même du dessin de Carrey,
afin de concourir à l'explication de mon savant confrère. Des
autorités graves s'élèvent, il est vrai, contre cette haute prétention. M. Raoul Rochette s'exprime ainsi dans le *Journal
des Savants* de l'année 1851, page 263 : « Il existe au cabinet
» des antiques de la Bibliothèque nationale une tête qui a été
» annoncée au monde savant comme provenant des sculptu-
» res du Parthénon. (*Revue archéologique*, 1846, p. 335.)
» Mais on n'a donné aucune raison tant soit peu sérieuse à
» l'appui de cette attribution, et l'on n'a pas mieux réussi à
» prouver qu'elle eût fait partie des marbres de Nointel.
» (Même revue, p. 460.) Ce n'est pas ici le lieu d'entrer dans
» plus d'explications au sujet de cette tête, à laquelle on a
» attaché beaucoup plus d'importance qu'elle n'en mérite et
» dont j'aurai lieu de m'occuper dans un travail particulier.
» M. Welcker, qui la cite (*Alte Denkmäler erklärt, Ier Theil*,

» rant la guerre du Péloponèse et qui contiennent
» le nom des guerriers qui étoient morts dans dif-
» férentes expéditions au service de la patrie. Ces
» inscriptions passèrent ensuite à M. Thevenot,
» garde de la Bibliothèque du roi, et après à
» M. Baudelot [1], qui les légua à l'Académie des

» p. 120), ne paraît pas convaincu, par ce qui en a été publié,
» qu'elle ait jamais appartenu au Parthénon : c'est ce dont
» je donnerai des preuves péremptoires. »

[1] M. Letronne était un esprit positif, et cependant il se met
en train de conjectures hasardées à propos de ces marbres.
M. de Caylus avait dit que M. de Nointel en avait donné
quelques-uns à M. Thévenot. D'Ansse de Villoison écrit qu'ils
passèrent à ce savant. Je serais disposé à croire que celui-ci
les acheta dans quelques ventes faites silencieusement. Ce
qui est certain, c'est qu'il n'existe aucune preuve du don
ou du legs fait à Thévenot par M. de Nointel, et cependant
voici comment s'exprime Letronne : « On ne s'étonnera pas
» que Nointel eût choisi Thévenot pour légataire de sa col-
» lection. Il connaissait l'instruction profonde et variée de
» ce savant communicatif, à quelles plus dignes mains pou-
» vait-il laisser son trésor? D'ailleurs au moment de la mort
» de M. de Nointel, le 31 mars 1685, il y avait déjà un an
» que Thévenot était garde de la Bibliothèque du roi, Nointel
» devait désirer et espérer que celui-ci, à son tour, léguerait
» la collection à cet établissement public. » Celui-ci n'en fit
rien. Il habitait, à Issy, une petite maison de campagne où
il avait fait transporter tous ses marbres. A sa mort, en 1692,
Baudelot de Dairval, prévoyant que sa famille ne ferait pas
grand cas de richesses de ce genre, courut à Issy « où pro-
» fitant de la mauvaise humeur que causaient aux héritiers
» ces maudites masses de pierres qui leur remplissaient toute

» inscriptions, où elles sont maintenant conservées.
» Montfaucon en a donné le commencement dans
» sa Paléographie grecque [1], et il dit que la pre-
» mière a été placée après la mort de Cimon, et en-
» viron 450 ans avant J.-C. Maffei [2] les a depuis

» une salle basse, il leur en proposa le marché, les acquit
» enfin et ne les perdit pas de vue. Sa joie lui prêta ce jour-
» là des forces d'athlète pour les charger presque seul sur
» la première voiture qu'on trouva et les conduire pas à pas
» jusqu'au faubourg Saint-Marceau, où il demeuroit. Il
» donna la même attention à son déménagement quand il
» vint loger au faubourg Saint-Germain. » (De Boze, *Mém.
de l'Acad. des inscriptions,* tome V, p. 411.) Baudelot mourut
à son tour et légua ses marbres à l'Académie. On les déposa
dans une salle du vieux Louvre près de celle où la compagnie tenait ses séances. (Voyez une note, page 324 du tome II
de l'*Utilité des Voyages,* édition de 1727.) Lors de la disso-
lution de l'Académie, le 3 août 1793, les inscriptions de
Nointel passèrent au musée des monuments français du
cloître des Petits-Augustins, et elles sont décrites dans plusieurs éditions du catalogue par Lenoir; ce n'est qu'en août
1803 qu'elles furent placées au Louvre, où elles sont encore
sous le n° 222. M. de Clarac, après les avoir décrites, ajoute :
« On les a nommés marbres de Nointel, parce que le mar-
» quis de Nointel, ambassadeur de France à Constantinople,
» les fit transporter d'Athènes à Paris vers la fin du xviie
» siècle. »

[1] Lib. II, cap. iv.

[2] *Galliae antiquitates,* page 88 et seq. Voy. *Mus. Ver.* de
Maffei, p. 407. *Corpus Inscr.* de Boeckh, tome I, n°⁵ 165,
169. Le *Musée de sculpture* de M. de Clarac. Inscriptions du
musée, planches x à xiii.

» publiées en entier dans sa lettre à Mazochi [1]. »

Outre les marbres antiques, M. de Nointel avait une nombreuse collection de médailles [2] et une quantité de costumes et d'ustensiles du pays que je puis passer sous silence, bien qu'il les eût acquis avec soin et de grandes dépenses; son but était puéril et nous intéresse peu [3]. Un recueil plus précieux était celui de ses dessins. Il le montra à Spon, qui en parle avec admiration : « Il a quatre cents » desseins de bas-reliefs, édifices et paysages qu'il » a fait faire dans tous ses voyages de Grèce et de » Turquie. Il y a peu de personnes au monde qui

---

[1] D'Ansse de Villoison. *Mémoires de l'Académie*, t. XLVII, p. 323.

[2] Spon disait: *Il a grand nombre de médailles, parmi lesquelles il y en a de bien singulières*, t. I, p. 263, de la 1re édition. Voyez aussi le journal de Galland, qui puisa dans ce goût de M. de Nointel et dans ses acquisitions, le premier fond de ses études numismatiques.

[3] « Ma intrapreso il sig. ambasciatore una ricerca curiosa, » e questa è provedersi per tutto dove passa d'una muta » d'abiti, tanto virili, quanto femminili, rustici, e urbani, » che riescono ben strani e curiosi, e questi ad oggetto, » giunto in Costantinopoli, di far lavorare maschere di cera, » che un P. dominicano travaglia con perfezione, e formando » bamboccj al naturale di paglia, coprirli con queste vesti, e » compirne una galeria all' uso della sala di Parigi, detta del » cerchio in cui appare la corte di Francia co' personaggi » principali, che la costituiscono. » (Cornelio Magni, t. II, p. 161). M. de Nointel parle de ce projet dans sa correspondance, et très-sérieusement, comme nous l'avons vu plus haut.

» eussent pu avoir ce crédit dans un pays si ennemi
» de la peinture; mais il avoit toujours deux janis-
» saires à côté de son peintre lorsqu'il tiroit quel-
» que chose [1]. » Tous ces dessins, au moins presque tous, étaient de la main de Jacques Carrey [2].

[1] Spon, t. I, p. 263; Wheler répète la même chose.

[2] Voici ce qui nous reste de ces précieux dessins :

CABINET DES ESTAMPES DE LA BIBLIOTHÈQUE IMPÉRIALE.

Un volume in-folio, relié en maroquin rouge, sous l'Empire, en 1811, marqué de l'ancien n° 616 et des marques
nouvelles F° 3ª réserve. On lit sur la feuille de garde une
notice écourtée sur Jacques Carrey. Elle est intitulée: *Notice
sur l'auteur de ces dessins précieux dont le nom étoit resté
ignoré jusqu'à présent* (année 1811). Grosley, qui publiait
alors ses *Troyens célèbres*, a dû fournir ces renseignements, au
moment même où Quatremère de Quincy faisait comprendre
tout le prix de ces dessins. Le savant académicien n'en connaissait pas l'auteur, il hésite s'il ne les attribuera pas à M. de
Nointel lui-même. En effet, il s'exprime ainsi en parlant du
fronton : « C'est ainsi que nous l'a représenté M. de Nointel,
» ou son dessinateur, en 1674. » Il nous apprend que cet album avait eu déjà ses vicissitudes dans la Bibliothèque du roi:
« Le recueil de ces dessins étoit resté très longtemps non pas
» perdu mais égaré, ou du moins oublié et inconnu dans le
» cabinet des estampes derrière un rayon de volumes qu'on
» visitoit fort peu. Un hasard le fit retrouver dans les der-
» nières années du XVIIIᵉ siècle. » C'est en 1797 qu'on fit
cette découverte, mais c'est après le travail de M. Quatremère qu'on en comprit la valeur, et c'est alors qu'on donna,
au recueil, cette belle reliure qui a détruit l'ancienne. Carrey
dessinait dans un album de 49 centimètres de longueur sur

Il n'entrait pas dans les habitudes du temps d'écrire soi-même la relation de ses voyages. Les gens

33 de hauteur. Ses vues prenaient tout une feuille, mais ses dessins de la frise occupaient la moitié de la hauteur et toute la longueur. Quant aux métopes, il en faisait entrer huit sur chaque feuillet, c'est-à-dire deux rangées de quatre métopes. On a conservé aux vues leurs dimensions, mais les sculptures ont été coupées par bandes collées sur papier et entourées de filets noirs. L'ordre des feuilles de l'album, c'est-à-dire l'ordre primitif, n'a pas été maintenu.

En tête du volume, après la feuille de garde sur laquelle est écrite la notice sur Jacques Carrey, se trouve une ancienne note explicative des dessins. Je vais la reproduire en copiant d'abord l'observation suivante écrite en marge : « Du cabinet » de M. Begon, intendant de la généralité de la Rochelle et » de la marine de Ponant à Rochefort, 1698. Voici la note : « Desseins au crayon rouge et terre de plomb, de figures et » bas-reliefs du temple de Minerve d'Athènes tirés par les » soins de M. de Nointel dans le temps que ce temple, renversé depuis par une bombe des Vénitiens, estoit encore » dans son entier. *Feuille n° 1.* Deux pièces en deux feuilles » représentant dix-neuf figures posées sur la corniche du » frontispice antérieur du temple, les unes debout et les » autres assises ou demi-couchées avec un char tiré par deux » chevaux. *Feuille n° 2.* Deux autres pièces en deux feuilles » représentant sept figures posées sur la corniche du fron- » tispice postérieur avec des testes de chevaux. Ce frontispice » avoit un plus grand nombre de figures, mais ce frontispice » a esté plus maltraité du temps que le premier et les autres » figures qui s'en sont ressenties ne subsistent plus. »

Je m'arrête ici, la suite de cette notice n'étant plus que la description des dessins reproduits exactement dans mon ouvrage sur le Parthénon. Je remarquerai seulement que la

du monde et les grands fonctionnaires se conten-
taient de dicter à leurs secrétaires, ou bien ils leur

feuille n° 8 est ainsi décrite : *Trois pièces du tombeau de
Socrate*. C'est-à-dire trois figures en bas-relief de l'horloge
hydraulique d'Andronicos qu'on appelle vulgairement la
tour des Vents, et qui était nommé le tombeau de Socrate
par les capucins d'Athènes et tous les voyageurs. Cette
observation semblerait indiquer que cette description des
dessins de Carrey a été faite sur ses notes manuscrites, aujour-
d'hui perdues. Après cette note descriptive viennent d'abord
les dessins des deux frontons, puis ceux des métopes, ensuite
ceux de la frise. Les figures de la tour des Vents occupent
les feuillets 22 et 23. La feuille 24 est intitulée par Carrey
lui-même: *Ruine d'un édifice antique d'Athènes*. J'en ai donné
un fac-simile dans mon ouvrage sur le Parthénon. Ce sont
les trois colonnes corinthiennes engagées dans les murs de
l'église grecque la Megali Panagia, qui faisaient partie de ce
grand ensemble que nous nommons Stoa d'Hadrien, en
attendant une meilleure explication. On voit sur la feuille 25
un bas-relief d'ornement, et sur la feuille 26 une frise inter-
rompue par trois croix grecques entaillées, elle est intitulée
Bas-reliefs représentés à Athènes AUTOUR D'UN PETIT TEMPLE
ROND CHEZ LES CAPUCINS; les mots, imprimés ici en capitales,
sont biffés au crayon et remplacés par ceux-ci : *A la principale église grecque*, c'est-à-dire à la petite église, nommée
le Catholicon, construction du moyen âge, bizarrement
composée de fragments de sculpture de toutes les époques,
disposés sans art, mais avec assez de goût, et de manière
à produire un effet agréable. Deux vues de la partie orientale d'Athènes ont été dessinées du sud par Carrey sur les
deux feuilles 27 et 28, il les a intitulées lui-même, l'une,
*Veue d'une partie de la ville d'Athènes, d'une porte et
d'un édifice bastis par l'empereur Hadrien, et d'une partie*

donnaient quelques aperçus, quelques vues sommaires que ceux-ci amplifiaient et rédigeaient. De

des environs de la ville; l'autre : *Veue d'une porte et d'un*
édifice antique d'Athènes bastis par l'empereur Hadrien avec
une partie de la ville d'Athènes. Ces vues ne m'ont pas paru
assez intéressantes pour être reproduites.

Ce recueil si important avait appartenu, comme on l'a vu,
à M. Begon. Louis XV acheta sa collection. Le Prince mentionne cette augmentation de la bibliothèque du roi de la
manière suivante : « En 1770, Sa Majesté fit aussi l'acquisi-
» tion du cabinet d'estampes de M. Begon, intendant de la
» marine du roy, à Dunkerque. Cette collection avait été
» formée par son aïeul mort en 1710. » (*Essai sur la bibl.*,
p. 235.) Michel Begon, né à Blois en 1638, était collectionneur par instinct, mais collectionneur distingué par le secours de bonnes études, de beaucoup de goût pour les arts et
d'un esprit élevé. Nommé trésorier de la marine, à Toulon,
en 1677, il a pu, par les devoirs de sa charge, se trouver en
rapport avec M. de Nointel et le recevoir à son retour de
Constantinople. Si les mêmes goûts les rapprochaient, des
carrières différentes les séparèrent. M. Begon fut nommé
intendant des Antilles françaises. Il revint en France, et se
trouvait en 1685 à Paris, lorsque M. de Nointel mourut. Il
put donc acheter les pièces les plus intéressantes de la collection de l'illustre et pauvre ambassadeur; les dessins de Carrey en particulier, qu'il avait peut-être vus dans les mains de
M. de Nointel à Toulon, et dont l'enthousiaste propriétaire
lui avait fait comprendre l'importance et le prix. Lorsque
M. Begon, à son tour, mourut en 1710, sa collection s'était
singulièrement augmentée et par ses acquisitions faites à
Paris et par les relations que sa position officielle lui permettait d'entretenir en tous pays. Depuis l'année 1685 il
était intendant des galères à Marseille, et correspondait di-

là beaucoup de vague et peu d'originalité. M. de
Nointel était suivi de ses secrétaires, qui, sous sa

rectement avec tous les consuls du Levant. Le journal de
l'ambassade de M. Girardin est rempli de ses lettres.

Vers 1716, Montfaucon, à la recherche des monuments
dont il pouvait enrichir le grand ouvrage qu'il préparait sous
le titre d'*Antiquité expliquée*, furetait partout, et obtint de
M. Begon fils l'autorisation de consulter la collection de son
père. Il trouva l'album de Carrey, et il y puisa les dessins
de deux métopes (n°s 19 et 21 des métopes du sud, n°s 79 et
81 de la suite complète. Voyez mon ouvrage sur le Parthénon). Le graveur leur conserva très-bien le caractère du
crayon de Carrey, et Montfaucon les publia dans son tome III,
pl. 1, n°s 3 et 4, en y ajoutant cette remarque : « Une autre
» image, qui nous a été communiquée, longtemps après les
» deux autres, est tirée des bas-reliefs du temple de Minerve
» d'Athènes que fit dessiner sur les lieux M. le marquis de
» Nointel. — Ces deux figures sont fort anciennes, faites, à
» ce qu'on croit, du temps de Périclès, qui fit bâtir le Par-
» thénon, ou le temple de Minerve d'où on les a tirées. »
Près d'un siècle se passa sans qu'on entendît parler de ce
recueil. Caylus le cherchait vainement en 1764. (Voyez plus
haut, p. 144, note I.) La collection de M. Begon était morte
alors, faute d'un propriétaire qui sût lui donner la vie ;
mais en 1770 entrée dans le cabinet des estampes du roi,
elle fut mise à la disposition de tous, et cependant personne
ne parle des dessins de Carrey. Il est vrai qu'ils étaient
perdus derrière quelques rayons. On les retrouva en 1797,
et en 1812 M. Quatremère consulta de nouveau cet album
et en reproduisit les dessins des frontons ; d'autres après
lui, et plus particulièrement M. Brönstedt, démontrè-
rent l'importance de ces dessins en s'appuyant sur eux,
comme sur un document authentique, dans les discussions

dictée, correspondaient avec le roi, avec le ministre
des affaires étrangères, avec la Porte et les agents

les plus graves, au sujet des questions les plus élevées de l'archéologie grecque. J'ai dit comment je me décidai à reproduire exactement tous ces dessins, pour qu'ils entrassent
désormais dans le domaine de l'érudition en échappant à
toute chance de destruction.

Dans ce même département de la bibliothèque impériale,
mais dans un volume de la topographie générale, intitulé
Syrie, j'ai trouvé un grand dessin, aux crayons rouge et noir,
qui représente une vue générale de Damas. Je ne pus mécon-
naître ni la ville orientale, ni la main de l'artiste. J. Carrey
a fait ce dessin pendant le voyage de **M.** de Nointel en terre
sainte, mais dans une expédition particulière, isolée, car
l'ambassadeur n'a pas poussé ses pas de ce côté. Dans sa
dépêche du 6 juin 1675 que j'ai citée plus haut, il annonce
un tableau des eaux de Damas fait par l'un de ses peintres,
c'est une autre vue du même lieu, mais qui ne s'est pas
retrouvée jusqu'à présent. J'ai parlé déjà de cette vue (voir
plus haut, p. 120, note I et p. 134), et j'ai eu occasion de la
citer dans mon Commentaire sur la Bible, en décrivant les
travaux dont la terre sainte a été le sujet. (Introd., p. xLv, et
note 1. Paris, folio, 1841.)

COLLECTION DE DESSINS DU MUSÉE DU LOUVRE.

Je me suis adressé au directeur du musée (M. de Cailleux,
en 1844) pour savoir si les dessins et tableaux de Jacques
Carrey, que M. de Nointel annonce devoir envoyer prochai-
nement au roi, ne font pas partie des collections du Louvre.
On a mis à ma disposition, avec une entière obligeance, tous
les registres, inventaires et catalogues. Dans aucune des listes
alphabétiques je n'ai trouvé le nom de **M.** de Nointel. La
collection des dessins est cataloguée par ordre de maîtres, j'ai

français placés dans les échelles du Levant. Il avait
en outre Cornelio Magni, qui notait scrupuleuse-
ment les dates, les étapes et les lieux visités. On ne
pouvait donc attendre de l'ambassadeur en voyage
que des mémoires détachés sur telle ou telle question diplomatique et commerciale, ou bien un tableau général de la situation politique des pays qu'il
parcourait. Ces mémoires, nous les possédons. Mais
en outre, l'ambassadeur de France voulait, et en
cela M. de Nointel se distinguait de ses prédécesseurs, traiter tout spécialement, dans un mémoire
complet, des antiquités d'Athènes, et particulièrement du Parthénon. C'eût été d'un grand intérêt;

vainement cherché le nom de Carrey. J'ai parcouru tous les
portefeuilles de dessins non classés (carton 21, n° 113), sans
nom de maitres (n° 10,566), d'architecture et sujets divers
(n° 10,608); je n'ai rien trouvé, qu'on puisse lui attribuer,
au milieu d'une foule de dessins qui se rapprochent de sa
manière. Je crus être plus heureux en lisant cette rubrique :
Élèves de Lebrun, et en effet l'un des portefeuilles contient
une suite de dessins, qui représentent, dans tous ses lugubres
détails, le supplice du pal à Constantinople. Ces dessins sont
bien de J. Carrey; mais j'aurais préféré trouver les métopes
du Parthénon qui nous manquent.

VILLE DE TROYES. Cinq grands tableaux peints à l'huile
représentent la légende de saint Pantaléon et font la décoration de l'église placée sous l'invocation de ce saint. Une
Adoration de bergers de moyenne dimension orne l'église de
Saint-Remi. Ce tableau est en très-mauvais état. J'ai parlé
plus haut, page 152 en note, du mérite ou plutôt de l'absence
de mérite de ces peintures.

car, quoiqu'il ne fût pas helléniste, qu'il adoptât
sans critique les dénominations les moins fondées
et des traditions erronées dont quelques-unes furent
rectifiées par Spon l'année suivante [1], cependant,
ayant beaucoup vu et bien vu, combien de renseignements, aujourd'hui impossibles à reconquérir, il
pouvait nous transmettre! J'ai vainement cherché ce
mémoire indiqué dans sa correspondance. Je suis disposé à croire qu'il n'a jamais été rédigé. Voici pourquoi. Des embarras, de fâcheuses préoccupations as-
saillirent M. de Nointel peu de temps après son retour
à Constantinople : ses peintres le quittèrent, et avec
eux durent s'éloigner le goût des arts et le loisir pour
les cultiver. Si le mémoire avait été écrit, l'ambassadeur n'eût pas manqué de l'envoyer à Paris et de
s'en prévaloir près du ministre pour expliquer, pour
excuser au moins ses dépenses. Dans ce cas, les
recherches assidues auxquelles je me suis livré dans
les archives des affaires étrangères me l'auraient fait
découvrir. Lors même qu'il ne l'eût pas adressé à
Paris, son secrétaire de la Croix [2] en aurait eu con-

[1] M. de Nointel adoptait l'erreur commune sur l'entrée primitive du Parthénon et la plaçait à l'ouest; J. Carrey, s'y
conformant, donna le n° 1 au dessin du fronton occidental,
et le n° 2 au dessin du fronton oriental. On sait que Spon
ne fut pas plus perspicace sur ce point.

[2] Il y eut en même temps plusieurs de la Croix, et entre
autres un orientaliste, qui passa par Constantinople se ren-

naissance, et il l'aurait inséré dans les nombreuses publications dont il s'intitule l'auteur et qui ont

dant en Perse. M. de Pomponne le recommande à M. de Nointel par une lettre datée du 14 avril 1676 :

« Monsieur, le sieur de la Croix, fils de M. de la Croix, » interprète du roy pour les langues orientales, après avoir » commancé ses voyages, pour apprendre les mêmes lan- » gues, par la Perse, arrivera bientost à Constantinople. » Comme il doit exercer la charge de son père à son retour, » et que celui-cy travaille utilement dans la Bibliothèque » royale à traduire divers autheurs turcs et arabes, je ne » doute pas que vous n'ayez plaisir de traiter favorablement » le fils pendant qu'il restera dans le lieu de vostre rési- » dence. » M. Colbert écrit le 5 mars 1677 à M. de Nointel dans le même sens.

De la Croix, fils du célèbre Petis de la Croix, n'avait rien de commun avec le secrétaire de M. de Nointel. Celui-ci, alors que l'ambassade était déjà disloquée, envoyait de Constantinople des mémoires qu'il copiait de sa propre main et avec grand soin. J'ai trouvé à la Bibliothèque impériale, sous le n° 10,528, lettre C, un volume de 285 pages in-4°, qui porte en titre : *Mémoires du sieur de Lacroix, cy-devant secrétaire de l'ambassade de Constantinople, contenant l'estat présent de l'église grecque et les revolutions du royaume de Thunis, depuis la conquête de l'empereur Charles-Quint jusques à présent, dédié au roy. De Constantinople, le 20 novembre 1679.*

On conserve à la bibliothèque de l'Arsenal un volume in-4° de 343 pages, relié en maroquin aux armes de Colbert (Mss hist., n° 681), qui porte ce titre : *Estat de la marine othomane par de la Croix*, et un autre volume (sous le n° 682), qui renferme le même travail, augmenté cette fois *des divers voyages, combats et rencontres des galères depuis l'an 1679,*

circulé sous son nom à la fin du XVIIe siècle, tant manuscrites qu'imprimées.

J'ai dû, pour faire comprendre par quel enchaî-

dédié au roy, par de la Croix, secrétaire d'ambassade à la Porte.

On a recueilli en outre à la Bibliothèque impériale deux volumes de mémoires. Le premier de 478 pages, format in-4°. La dédicace est signée de la Croix, *manu propria*, et datée du 5 juin 1678. Tout le volume est écrit de la main de l'auteur; le second volume est de 428 pages et daté de Constantinople le 20 avril 1679 (voyez 10,528 CC —.) Il est également de sa main. En voici le titre : *Mémoires de de la Croix, secrétaire de l'ambassade de Constantinople.*

Il est évident que le pauvre homme, frappé en même temps que son maître d'une disgrâce peu méritée, cherchait à reconquérir quelque faveur, en dédiant ces mémoires au roi et en faisant force copies pour MM. de Colbert, de Pomponne, etc. Ces copies sont répandues dans les bibliothèques publiques et particulières, et il faut que ces mémoires aient eu quelque succès, que ces copies manuscrites n'aient pas suffi, puisque l'imprimerie en augmenta le nombre. Voici sous quel titre ils parurent : *Mémoires du sieur de la Croix, cy-devant secrétaire de l'ambassade de Constantinople, contenant diverses relations très curieuses de l'empire othoman.* Paris, 12°, 2 volumes.

Cet ouvrage contient la relation de son voyage de Constantinople à Paris par l'Archipel, et la copie d'une partie des mémoires que M. de Nointel envoya au ministre, mais dont de la Croix, qui n'en avait été que le scribe, s'affichait l'auteur. Ils traitent aussi de Jérusalem et de la terre sainte, qui lui étaient inconnus. Il n'y est pas question du voyage d'Athènes. De la Croix, revenant de Versailles, rejoignit M. de Nointel à Scio sur son retour à Constantinople.

nement de circonstances nous étions redevables à M. de Nointel de plusieurs renseignements sur la ville d'Athènes et des notions les plus fidèles sur l'état primitif des sculptures de Phidias [1] au Parthénon, raconter sans interruption ses neuf années d'ambassade; mais il est temps de faire remarquer que pendant qu'il travaillait à Constantinople pour assurer aux Francs, à leur commerce, à leurs personnes, une sécurité et une liberté d'action plus grandes, un certain mouvement érudit s'était fait, une fièvre d'investigation s'était propagée et perçait de tous côtés. Elle était favorisée en Orient par la longue paix qui suivit la capitulation de Candie;

M. de Girardin, successeur de M. de Guillerargues à Constantinople, écrit dans son journal pendant la traversée, c'est-à-dire en novembre 1685 : « J'appris aussi à Paris du frère et » autres parens de M. de Nointel que ce La Croix l'avoit fort » mal servy et avec infidélité, qu'il estoit fort gueux et » misérable, et que le livre qu'il a fait imprimer touchant » l'empire ottoman et les affaires du Levant n'estoit composé » que des mémoires qu'il avoit dérobé à son maistre » (f° 112, vol. 1).

[1] Le nom de Phidias retentit plus que jamais et devint dès lors un mot dans la langue. La Fontaine, qui ne se targuait guère d'érudition et acceptait volontiers les formes de langage familières, écrit, en février 1686, à M. Simon habitant de la ville de Troyes :

> Votre Phidias et le mien,
> Et celui de toute la terre,
> Girardon.

Il y a dans cette transformation de Girardon en Phidias

car le mot de Frosine dans *l'Avare* [1] de Molière, *qu'elle se sentoit capable de marier le Grand Turc avec la république de Venise*, ce mot qui était de saison en 1667, n'eut plus le même sens ironique à partir de 1669 et jusqu'en 1683. Il semble alors, tout au contraire, qu'on ait cru généralement à un mariage indissoluble, car chacun trouve le loisir et se laisse aller au penchant d'étudier attentivement le pays, ses monuments et ses mœurs, les uns dans les livres, les autres sur les lieux mêmes [2]. L'activité intelli-

quelque chose d'analogue au crayon de Carrey interprétant la frise du Parthénon.

[1] *L'Avare*, acte II, scène VI.

[2] Je rejette dans cette note la mention du voyage de Bernard Randolph, parce qu'il me semble que ce voyageur a copié Spon et Wheler. Il était, sans aucun doute, à Athènes vers 1671, mais il ne se décida à écrire son voyage qu'après la publication de celui de Spon et Wheler, et ses souvenirs l'ont moins bien servi que les volumes de ces deux voyageurs. Voici le titre de sa brochure, qui n'a en tout que 27 pages : *The present state of the Morea called anciently Peloponnesus : — together with a description of the city of Athens. — Faithfully described by Bernard Randolph who resided in those parts from 1671 to 1679.* London 4°, printed for the author and are to be sold by Tho. Basset, — 1686.

On trouve page 21 : *A description of the city of Athens.* Il parle de la forêt d'oliviers qui l'y conduit en venant du Pirée et dans laquelle un inspecteur turc avait compté 50,000 pieds d'arbres. Il remarque que les maisons sont mieux bâties que partout ailleurs : « They also patcht up with the ruines of old » palaces and in most walls are abundance of old inscrip-

gente est partout : elle est en Europe, où des hommes, comme Meursius, mettent à contribution et en

» tions. » Il dit de l'Acropole : « The castle stands on a Rock,
» which is high and steep, having but one way up, an three
» gates to pass through into the body of it: the walls are much
» out of repair. » Il parle du temple de Minerve, et, après
avoir donné les dimensions générales, il continue ainsi : « The
» temple is very dark, having only some lights to the east-
» ward. The Greeks did consecrate and dedicated it to the
» blessed Virgin. Since that the Turks have perverted it with
» their worship. The Turks have white-wash'd the inside,
» nowithstanding it is all of pure marble. In and about
» Athens, are two hundred Greek churches (most of which
» have been temples), but not one quarter of them are now
» used. — The ruins are above six miles about of which the
» reader may have full satisfaction by reading the travels of
» sir George Wheeler who as given a large and true account,
» of this city. »

Il publia ensuite : *The present state of the Islands in the Archipelago* (or Arches) *sea of Constantinople, and gulph of Smyrna. — Faithfully describ'd by Ber. Randolph, — printed at the theater in Oxford,* 1687, 4°. C'est une intéressante description des faits alors les plus nouveaux. Il n'y a de gravures ni dans l'une ni dans l'autre de ces deux brochures, mais elles ont été reliées dans l'exemplaire du musée britannique avec l'Introduction à la géographie de William Pemble, Oxford, 4°, 1685, qui contient des sphères et des figures élémentaires de mathématiques et d'astronomie.

Pour ne rien omettre, au moins de ce qui est à ma connaissance, je parlerai, d'après Guillet, du passage à Athènes d'un noble Génois dans ce même temps : « Il y a trois ou
» quatre ans (vers 1671, Guillet écrivait en 1674) un député
» de Gênes vint à Athènes de la part de la république pour

œuvre tout l'appareil scientifique de l'antiquité, avec une telle application et une étendue de recherches si patientes, que ces compilations sur l'histoire d'Athènes et sur la Grèce ont défrayé d'érudition deux siècles entiers, et sont encore de nos jours, quand on en use avec précaution, d'un usage utile et commode [1]; nous la voyons dans les missions

» y établir un consul. Ce député étoit de la maison de Doria,
» fameuse, comme vous scavez, aussi faisoit-il bien sonner
» le nom de ce prince. Véritablement il avoit un beau train,
» et qui donna fort dans la veuë de la populace toutes les
» fois qu'il sortoit pour voir les antiquitez de la ville. »·
(*Athènes ancienne et moderne*, p. 227.)

Il faudrait placer quelques années plus tard la visite faite par lord Winchelsea. Cet ambassadeur anglais à Constantinople passa par Athènes vers 1675, mais ce voyage n'a laissé, dans aucun livre, de trace dont l'érudition puisse profiter. Selon M. de Nointel, et ainsi que nous l'avons vu plus haut, le noble lord n'aurait obtenu aucune des facilités qui ont rendu le voyage de notre ambassadeur aussi fructueux pour la science qu'il était agréable pour lui-même. Cependant, d'après Spon, il eut l'autorisation d'enlever des fragments antiques, faveur tout exceptionnelle: « Nous y trou
» vâmes (dans l'endroit où Guillet place le temple de Jupiter
» Olympien) une douzaine de grosses pierres de granite, qui
» ont servi à quelque frise, et que monsieur le comte de Win
» chelseay fit enlever il y a quelques mois, qu'il passa à
» Athènes, pour les envoyer par mer en Angleterre. Tome II,
» p. 187. »
[1] Il y a une édition des œuvres complètes de Meursius en 12 volumes in-folio avec des planches. *Florentiæ, apud Tartinium*, 1741-63. Je ne cite pas ses dissertations qui ont paru

diplomatiques; nous la retrouvons dans nos missions religieuses, et elle y produit les plus heureux résultats. Jusqu'alors les savants de l'Europe avaient vainement sollicité des informations sur l'état présent d'Athènes et de la Grèce, Martin Kraus avait éprouvé et confié au public l'inefficacité de ses efforts, quand tout à coup à de semblables questions un religieux répond, et on s'aperçoit facilement, aux noms qu'il donne aux lieux, à la destination qu'il attribue aux monuments, à l'origine qu'il fixe aux ruines, qu'un certain travail d'érudition locale s'est continué à Athènes. L'érudit lui-même, tout en combattant les plus grosses erreurs des habitants, en subit l'influence, et se trouve poussé par elle dans des conjectures souvent hasardées. S'agit-il de la tour d'Andronicus Cyrrhestes ou des Vents, il nous apprend qu'au dire de quelques-uns c'est le tombeau de Socrate. Quelques-uns, qui? Une opinion locale et du cru, fondée sur une transmission des traditions et des habitudes érudites [1].

isolément. Guillet convient qu'il en a tiré grand profit pour écrire son ouvrage sur Athènes, et Spon a été mis par lui sur la voie de ses plus judicieuses observations. Il aurait même dû le citer plus souvent.

[1] Voyez plus haut, page 15. Pour ne citer qu'un nom et ne pas refaire le livre de Démétrius Procope, *De eruditis Græcis*, je rappellerai que le grand théologien Mélèce était archevêque d'Athènes, et a ce titre ne pouvait pas, lui l'antiquaire ecclésiastique, ne pas faire à la grande archéologie de

Évidemment, depuis le temps écoulé entre Pausanias, l'illustre périégète, et Babin, l'estimable religieux du XVIIᵉ siècle, dont nous allons parler, il s'était écoulé tant d'années d'indifférence et d'oubli, que toutes les traditions étaient rompues, que des légendes erronées les avaient remplacées, et qu'il fallait procéder à nouveau, mais, cette fois, avec la critique et la méthode pour seuls guides.

La plus précise, la plus importante de ces informations, celle du Père Babin, était due en grande partie à l'impulsion zélée, enthousiaste, que M. de Nointel imprimait autour de lui. L'abbé Pécoil, attaché à sa maison [1] et stimulé par son exemple, ne laissa pas échapper l'occasion qui s'offrait d'obtenir une description d'Athènes [2]. Il avait rencontré

l'antiquité quelques concessions et une part dans ses profondes études.

[1] Le chevalier d'Arvieux le cite parmi les personnes présentes à l'audience qu'il eut de M. de Nointel. (Mémoires, t. IV, p. 351.) Et Galland parle dans son journal de *M. Pecouël bénéficier de Lion,* comme faisant partie de la maison de l'ambassadeur lors du voyage d'Andrinople, le 29 mars 1672.

[2] Je reproduirai ici cette relation après Spon et après M. Ross, en conservant quelques-unes de leurs annotations et les augmentant de mes remarques. La rareté de ce petit livre, le vil prix de 50 sous auquel il a été estimé à la vente récente des livres de M. Coste, vente importante faite au mois d'avril 1854, dans les meilleures conditions de publicité, et quoique le volume eût conservé son ancienne et jolie reliure,

à Constantinople le Père J. P. Babin, l'un des jésuites de la mission de Grèce, qui revenait de la

sont deux faits extrêmement curieux; car si l'un prouve comment des livres, presque modernes, se perdent et se consom-
ment pour ainsi dire par l'usage, l'autre démontre combien nos
bibliothécaires, plongés dans les études qui les illustrent, apportent de négligence dans l'étude plus modeste, plus utile aussi
des catalogues de vente, mine féconde autant qu'économique
de précieuses acquisitions. M. Ross a vainement cherché la
relation de Babin dans les bibliothèques publiques de Rome,
de Modène, de Venise, de Milan, de Gœttingue, de Berlin,
de Vienne. Je l'ai demandée de tous côtés et sans plus de
succès. M. le baron Jules de Saint-Génois, bibliothécaire de la
ville de Gand, m'écrit de cette ville : « Je suis allé à Bruxelles.
» J'ai fait des recherches dans la bibliothèque royale. La re-
» lation du Père Babin, publiée par Spon, ne se trouve dans
» aucun des trois fonds dont se compose cette riche collection :
» 1° le fonds van Hulthem; 2° le fonds de la ville, et 3° les
» accroissements. Revenu ici, j'ai consulté un assez bon nom-
» bre de catalogues d'anciennes ventes faites en Belgique de-
» puis cinquante à quatre-vingts ans, même résultat négatif.
» Nos bibliothèques publiques de Liége, Gand, Anvers,
» Mons, Bruges et Louvain ne la possèdent pas. » PAS UNE
SEULE des grandes bibliothèques de Paris n'a ce précieux
petit volume. J'ai fait de vaines recherches dans les bibliothèques de l'Arsenal, de l'Institut, Mazarine, de Sainte-
Geneviève, de la Sorbonne, des Arts et Métiers, de l'hôtel
de ville, du corps législatif et du sénat au Luxembourg.

A la Bibliothèque impériale de la rue de Richelieu, l'ouvrage
est porté au catalogue sous le nom de Spon, mais il ne se
trouve ni en place, ni dans la réserve, cela veut dire qu'il a
été volé, et cela depuis longtemps déjà. J'ai poursuivi encore
plus loin l'insaisissable relation d'Athènes, je l'ai demandée à

ville célèbre, après y avoir fait un long séjour. Il lui
demanda une relation exacte et détaillée de l'état

M. Étienne Quatremère, qui complète depuis quarante années une bibliothèque spéciale de voyages en Grèce et en
Orient, à M. Brunet de Presle, dont la riche collection de
livres est plus particulièrement consacrée aux auteurs modernes qui ont écrit sur la Grèce, à M. de l'Escalopier, qui a
formé la plus curieuse bibliothèque liturgique, et par extension la meilleure collection de livres de voyages en Grèce et
de pèlerinages en terre sainte; partout même réponse : *j'ai
tous les ouvrages de Spon et de Guillet, excepté la Relation
d'Athènes de 1674.*

Ce livre, document précieux sur la ville d'Athènes, est
donc introuvable en France [1]. Le voici reproduit exactement
avec l'addition de quelques notes :

« Relation de l'état present de la ville d'Athenes, ancienne
» capitale de la Grèce, bâtie depuis 3,400. ans. Avec un
» abbregé de son histoire et de ses antiquités. A Lyon, chez
» Loüis Pascal, ruë Merciere : vis à vis la petite porte S. An-
» toine, au Livre blanc. M.DC.LXXIV. Avec permission des
» Superieurs. »

PREFACE,

AU LECTEUR CURIEUX.

« Ceux qui parlent d'*Athenes* dans des relations de voya-
» ges ou dans des Geographies, le font avec si peu de conois-
» sance et avec tant de mépris, qu'on void bien qu'ils s'en
» raportent à des Autheurs qui mesurent son ancienne gran-

---

[1] Au dernier moment deux informations plus favorables me parviennent : M. Pa-
nizzi, l'habile directeur de la bibliothèque du Musée britannique, me répond de
Londres : « Nous avons la relation de Babin de 1674, je suis fier qu'on me
demande un livre français qu'on ne possède pas en France. » M. Montfalcon,
bibliothécaire de la ville de Lyon, m'écrit de son côté que la cité, qui donna le
jour à ce petit volume, a le bonheur de le posséder, seulement j'apprends en même
temps qu'il est catalogué sous le nom de Spon. C'est une injustice faite au Père
Babin qu'on s'empressera de réparer.

VUE DE LA VILLE D'ATHÈNES

PVBLIÉE PAR J. SPON, EN 1674, AVEC LA RELATION DV PÈRE BABIN

actuel de cette ville, et reçut la promesse de la
trouver rédigée à son passage à Smyrne, où le Père

» deur avec ce qui en reste, qui est assurément tres-peu en
» consideration de ce qu'elle a autrefois été: peut-être aussi
» qu'une partie de ceux qui disent l'avoir vûe dans leurs
» voyages, ne l'ont vûe que de loing, cachée de la colline, sur
» laquelle est placée la Citadelle; ou bien n'ont vû que le *Port*
» *Lyon*, où il ne reste que quelques maisons qu'ils prennent
» pour les mazures mêmes d'*Athenes*, qu'ils s'imaginent
» avoir été située au bord de la mer.

» *Du Pinet* ne luy veut pas faire l'honneur de l'appeller
» autrement qu'un Chateau avec un méchant village, qui
» n'est pas assuré des loups et des renards. *Laurembergius*,
» dans sa description de la Grece, s'exprime par une maniere
» de parler oratoire trop vehemente: *Fuit quondam Græcia,*
» *fuerunt Athenæ: nunc neque in Græciâ Athenæ, neque in ipsa*
» *Græciâ, Græcia est.* Il y a eu, dit-il, une Grece. Il y a eu
» une Athenes, maintenant il n'y a plus d'Athenes dans la
» Grece, ni de Grece dans la Grece même.

» *Ortelius*, dans ses synonymes Geographiques, avec une
» temerité digne d'un Geographe, qui croit de voir et de me-
» surer toute la terre sans sortir de son cabinet, dit qu'il ne
» reste à Athenes que quelques chetives maisons ou plûtòt
» quelques hutes, *nunc casulæ tantùm supersunt quædam.*

» C'est ce qui m'a invité de donner au jour la relation de
» cette ville, qu'une personne de merite qui y a fait quel-
» que sejour, à envoyé à Monsieur *l'abbé Pecoil, Chanoine*
» *de l'Eglise Collégiale de S. Iust de Lyon*, savant et curieux,
» particulierement dans ces sortes de sujets, qui a eu la bonté
» de me la communiquer. Vous verrés que c'est encore une
» ville assés grande et assés belle, malgré son âge fort cadu-
» que, et malgré toutes les guerres, dont elle a été si souvent
» ruinée.

Babin allait s'établir. Quand l'abbé Pécoil rentra en France, il écrivit de Chios au savant jésuite pour lui

» C'est une preuve bien évidente de l'inconstance des cho-
» ses de ce monde, de voir de grands états réduits à de sim-
» ples bourgs, et des hameaux qui deviennent des Villes puis-
» santes : mais c'est aussi une marque de la providence
» souveraine, qui nous protege et nous conserve, de voir une
» ville si ancienne qui subsiste encore après tant de révolu-
» tions facheuses, qui ne menaçoient pas moins que de la
» détruire. Athenes a sans doute autrefois eu dans son en-
» ceinte plus de cent mille habitans, et maintenant elle est
» reduite à huit ou neuf mille, comme je l'ay seu de quelques
» personnes qui y ont été, et qui m'en ont parlé avec connois-
» sance. *Simon Cabasilas*, dans une lettre écrite au siecle
» passé, les fait monter jusqu'à douze mille; à quoy il ajoute
» que la Citadelle est habitée de Iuifs et le reste de Chrêtiens,
» et qu'elle a sept milles d'Italie de circuit, qui font environ
» deux lieuës de France, de 200. stades qu'elle avoit ancien-
» nement, qui faisoient 25. milles d'Italie. Ovide se plaignoit
» déja de son tems qu'il ne restoit que le nom d'Athenes,
» et un autre poëte incertain dit agréablement :

Quisquis Cecropias hospes miraris Athenas,
Quæ veteris famæ vix tibi signa dabunt;
Hasne Dij, dices, cœlo petiere relicto!
Regia partitis hæc fuit una Diis!

» Ie croy qu'on ne me saura pas mauvais gré, d'avoir
» ajouté un dessein de la ville et des inscriptions Grecques
» qui y sont, dont Mousieur *Vaillant* Antiquaire du Roy
» m'a liberalement fait part : et qui n'ont pas été imprimées
» dans d'autres livres. Il est vray que j'en copie quelques-
» unes de *Gruterus;* mais comme il ne les a pas expliquées
» et qu'elles enrichissent mon sujet, il y auroit trop de scru-
» pule, de ne pas s'en vouloir servir. I'aurois bien voulu

rappeler sa promesse, mais celui-ci n'avait pas encore terminé son travail, et ne put l'envoyer que

» n'estre pas obligé d'y mêler du Grec, pour ne pas emba-
» rasser plusieurs personnes, qui sont si amoureuses du
» François, qu'elles méprisent toutes les autres langues: mais
» il m'étoit indispensable de mettre les inscriptions dans la
» langue qu'elles sont couchées : et j'ay tâché d'en soulager
» la lecture par une explication litérale et par quelques petits
» commentaires.

   » Au fonds je suis excusable, c'est mon feu, c'est ma
» passion que les inscriptions antiques : mais agreable pas-
» sion, puis qu'elle me donne l'occasion d'entretenir tant
» d'honnétes gens, qui en font plus d'estime, que ceux du
» commun ; et plus agreable encore, si les personnes curieuses
» m'en veulent enrichir de quelques autres, de quelqu'en-
» droit du monde que ce soit qui ayent été omises par *Gru-*
» *terus ;* et en ce cas elles pourront adresser leurs lettres à
» leur très humble serviteur,

» I. SPON, *Docteur*
» *Médecin aggregé, à Lyon.* »

A Monsieur,

Monsieur l'abbé Pecoil [1], Chanoine de l'Eglise Collegiale de
saint Iust, etc.

   « MONSIEVR,

   » Mes occupations ne m'ont pas permis jusqu'à present
de vous faire la description de l'illustre et ancienne ville
d'Athenes, que vous me demandates étant à *Constantinople,*

---

[1] Cette lettre, ou ce mémoire, est daté de Smyrne et du 8 octobre 1672. Ce n'est
pas la dernière communication que lui fit le révérend Père Babin. Spon a publié
des remarques sur le flux et le reflux de l'Euripe, qui ont été confirmées par la
science. (Voir le *Voyage de l'expédition de la Morée,* partie géologique.) Elles
étaient également adressées à M. l'abbé Pécoil.

quelques mois plus tard. Il l'adressa alors à Lyon,
où l'abbé Pécoil était chanoine de l'église collégiale

et à *Smyrne*, et que vous me fites encore demander aprés
vôtre depart de *Chio*, par un de vos amis. l'employerai le
peu de tems que j'ay maintenant, à satisfaire à ma promesse; et j'espere que la lecture de cette relation ne vous
sera pas desagréable, et que vôtre piété et vôtre curiosité y
trouveront quelque satisfaction : lorsque je lui feray considérer les anciennes Eglises de cette ville, le puys de l'Apôtre
des Gentils, et la maison de *S. Denis* Apôtre de France : et
lorsque je vous entretiendray des temples des faux Dieux,
de la lanterne ou étude de *Demosthene*, de l'Academie de
Platon, du Lycée *d'Aristote*, des palais *de Thesée*, de *Themistocles* et de l'Empereur *Hadrian;* des Colomnes, des arcs
de triomphe, et des autres superbes restes de l'antiquité, qui
subsistent encores aprés tant de diverses guerres, dont ce païs
a été affligé en divers tems.

» Si vous recevés quelque contentement lorsque vous en-
tendés dire des choses qui ne sont plus, ou lorsqu'on vous
parle de l'état de l'Amerique ou du Canada, qui sont des
païs sauvages : je croy que vôtre satisfaction sera plus grande
d'entendre parler de ce qui subsiste encore, et d'apprendre
des nouvelles d'une ville qui a été et qui pourroit en quelque
façon estre appelée *l'œil* et le *soleil* de la Grèce, qui se pi-
quoit autrefois d'estre le païs le plus eclairé du monde, et
qui ne donnoit point d'autres noms à toutes les autres Nations, que celuy de sauvages et de barbares.

» Vous pourrés trouver dans plusieurs livres la description
de Rome, de Constantinople, de Ierusalem, et des autres
villes les plus considérables du monde, telles qu'elles sont
presentement; mais je ne say pas quel livre décrit *Athenes* [1]

---

[1] En effet aucune description d'Athènes n'avait encore paru, lorsque le Père
Babin écrivait sa relation.

de Saint-Just. Il commence par lui dire : « Vous
» pourrez trouver, dans plusieurs livres, la descrip-

tèlle que je l'ay vûe, et l'on ne pourroit trouver cette ville,
si on la cherchoit comme elle est representée dans *Pausanias*,
et quelques autres anciens Autheurs, mais vous la verrés icy
au même état qu'elle est aujourd'huy, qui est tel que parmi
ses ruines elle ne laisse pas pourtant d'inspirer un certain
respect pour elle tant aux personnes pieuses, qui en voyent
les Eglises, qu'aux Savans qui la reconnoissent pour la mere
des sciences, et aux personnes guerrieres et genereuses, qui
la considerent comme le champ de Mars, et le theatre où les
plus grands conquerans de l'antiquité ont signalé leur valeur, et ont fait paroître avec éclat leur force, leur courage
et leur industrie : et ces ruines sont enfin assés précieuses
pour marquer sa première noblesse, et pour faire voir qu'elle
a été autrefois l'objet de l'admiration de l'Vnivers.

» Pour moy je vous avoüe que d'aussi loin que je la découvris de dessus la mer avec des lunettes de longue vûe, et
que je vis quantité de grandes colomnes de marbre, qui paroissent de loin, et rendent témoignage de son ancienne
magnificence, je me sentis touché de quelque respect pour
elle.

» Sa *Situation* me parut fort belle et fort avantageuse sur
une colline au milieu d'une vaste campagne longue de 5. ou
6. lieues, remplie en partie de vignes et de bled, et en partie
d'Oliviers, qui la firent autrefois consacrer à *Minerve*, dont
elle porte le nom, plûtôt qu'à Neptune, d'où vient qu'on la
batit à plus d'une lieüe loin de la mer, ses fondateurs ai-
mans mieux avoir des peuples qui cultivassent la terre, et
eussent soin des Oliviers, que d'avoir des Mariniers, des Pêcheurs, des Marchands ou des Pirates.

» Cette grande plaine est comme le milieu et le centre
d'un vaste Amphitheatre, que font le *mont Hymette*, le *mont*

» tion de Rome, de Constantinople, de Jérusalem et
» des autres villes les plus considérables du monde,

Cithœron, la colline du Cheval[1], le *mont Pentelius* et quantité
d'autres montagnes couvertes de quelques arbres, et de toutes sortes de simples[2], qui remplissent l'air d'une odeur
fort agreable : d'où vient que le miel du *mont Hymette* passe
encore pour le plus excellent qui soit au monde.

» On ne voit plus sur ce mont la statue de Iupiter, non
plus que sur le mont *Parnethe*, et sur la petite montagne
d'Anchesmus[3] : comme les autels de Minerve et de Neptune
ne paroissent plus sur là *colline du Cheval,* non plus que ceux
de *Pyrithoüs*, de *Thesée*, d'*Edipe*, et d'*Adraste*. Toutes ces
montagnes n'empéchent pas que *l'air d'Athenes* ne soit excellent[4] ; les Medecins ne peuvent s'y enrichir, les maladies
y étans tres rares. La peste qui ravage souvent les villes voisines, comme Thebes et Negrepont, semble n'oser par respect s'approcher de cette illustre ville, qui en est rarement
infectée.

» Le *Port* d'Athenes est fort beau et surpasse en largeur et
en longueur celuy de *Marseille* : mais il a ce desavantage
qu'il n'est defendu par aucune forteresse pour la sûreté des
vaisseaux, qui y sont exposés aux courses des Pirates, et en
ce qu'il est éloigné de la ville de plus d'une grande lieüe ; les
Italiens comptent cinq milles. On voit encore au bord de
l'eau les fondemens d'un quay, et d'une ancienne Citadelle[5],

---

[1] Il est difficile de saisir l'intention du Père Babin dans les deux paragraphes où
il parle de la colline du Cheval ; de quelle colline s'agit-il !

[2] C'est un mérite vanté également par Zygomalas.

[3] Le Père Babin trouva, dans la ville d'Athènes, une tradition qui désignait cette
colline sous le nom d'Anchesmus, Spon (Voy. II, 93) et Wheler (page 345) l'admirent comme lui, et il fallut attendre M. Forschhammer et l'année 1832 pour
associer ce nom à celui de Lykabettes.

[4] C'est ce que dit Cicéron au livre *De fato* : *Athenis tenue cœlum, ex quo acu-
tiores etiam putantur Attici;* et Aristote dit la même chose, *L'air de l'Attique
est tres bon et tres pur, et particulierement celuy de la ville.* (Note de Spon.)

[5] Sous les mots de fondemens d'un quai et d'une citadelle, il entend les restes
et les ruines de murailles sur le bord et à la partie la plus saillante de l'étroit pro-

» telles qu'elles sont présentement, mais je ne sais
» pas quel livre décrit Athènes telle que je l'ay vue,

et les restes des piliers ou probablement étoit la chaine, qui
sont maintenant à fleur d'eau comme deux écueils à l'entrée
du Port, qu'on appelle le *Port Lyon,* à cause d'un grand Lyon
de marbre blanc qui est à l'extrémité du côté de la ville [1],
proche d'une seule maison inhabitée que l'on a bâtie, pour y
mettre les marchandises avant d'en charger les vaisseaux :
C'est là où le Doüanier en fait peser une partie pour en tirer
son droit. Quoy que ce Lyon soit assis sur son derriere, il
porte sa tête aussi haut que sauroit faire un des plus beaux
chevaux.

» *Pausanias* nous apprend que *Themistocles* fit faire ce
Port, qui est appellé *Pyrée* par *Plutarque,* lequel dit que le
Roy *Cecrops* fit bâtir une longue ruë entourée de murailles, desquelles les fondemens paroissent encore [2]. L'endroit où étoit
cette ruë est maintenant un grand chemin, aux côtés duquel
on voit une campagne, où l'on seme du bled durant une
bonne demy lieüe en suite on marche entre des vignes et
sous des oliviers durant une autre demy lieüe ; aprés quoy
dans le reste du chemin, qui est le plus proche de la ville,
l'on rencontre encore une campagne semblable à la premiere, l'espace d'un autre demie lieüe.

» L'on peut entrer dans la ville sans passer par aucune

montoire Cetioneia (Thucyd., VIII, 90), au nord de l'entrée du Pirée, entre le
port principal et le port nommé le Sourd, Κωφὸς λιμήν. (Xénoph., Hell. II, 4, 31.)
(Note de M. Ross.)

[1] Ce lion est à Venise, c'est celui qui porte des inscriptions sur les deux épaules.
On fera attention à la position que lui assigne le Père Babin, au fond du port
regardant l'entrée. C'est ainsi que le décrivent aussi les missionnaires, Spon et
Wheler, et que le représente le plan du port relevé en 1685 par l'ingénieur qui
accompagnait M. d'Otières. Voyez le volume in-folio, supplément françois,
n° 19, de la Bibliothèque impériale. J'en parle plus loin, et je le reproduis.

[2] Ces longs murs étaient déjà en bien mauvais état lorsque Spon les décrivit.
Les Vénitiens, comme nous le verrons plus loin, en ruinèrent une partie pour
construire leurs redoutes, et la nouvelle route du Pirée à Athènes, établie depuis
1835, les a plus bouleversés encore.

» et l'on ne pourroit trouver cette ville, si on la
» cherchoit comme elle est représentée dans Pausa-

porte, quoyque j'en ay remarqué deux ou trois qui ne se
ferment jamais, n'y ayant point de murailles de Ville [1]. La
plus part des ruës ressemblent à celles d'un village.

» Au lieu de ces superbes edifices, de ces trophées glorieux, et de ces riches Temples qui faisoient autrefois l'ornement de cette ville, l'on ne voit que des rües étroites sans
pavé, que des maisons sans aucune magnificence, faites des
ruines anciennes, ayans pour tout ornement quelques pieces
de colomnes de marbre mises dans les murailles sans ordre,
et à la façon des autres pierres; ou quelques degrez de marbre marquez de croix, qui ont servy autrefois sur les portes
ou fenêtres des Eglises ruinées. Les maisons sont presque
toutes de pierre, au lieu qu'à *Constantinople* la plus part
sont de bois. On en voit même quelques unes assés belles
pour le pays, où il n'est pas maintenant permis d'estre magnifiques en bâtimens.

» Pour ce qui est des fontaines, j'en vis une fort belle avec
diverses figures sur le marbre, je crois que c'est celle dont parle
Pausanias, qui dit qu'il n'y en a qu'une, à laquelle on en a
donc ajouté six ou sept autres qui ne sont pas si abondantes
en eau que celle-cy, ny accompagnées de colomnes et figures
de marbre, quoy qu'elles ayent pourtant quelques grandes
pièces de marbre marquées et embellies de quelque croix,
qui montrent qu'elles ont été tirées des ruines de quelques
Eglises anciennes.

» Ie ne vis point proche de cette fontaine la statue de

---

[1] Meursius, dans le livre intitulé *Athenæ Atticæ*, fait mention de plusieurs
Portes qu'elle avoit autrefois, dont voici les noms traduits du Grec : *Porta Ægei.
Acharnica. Diomeia. Eria. Thracia. Thriasia*, quæ et *Dipylus* et *Ceramica.
Sacra. Equestris. Itonia, Melitensis. Pyræu. Scæa.* — *Dicæarchus* dans la
description de la Grece, dit la même chose que l'Auteur, savoir que ses rües sont
mal commodes à cause de leur antiquité, κακῶς ἐῤῥυμοτομουμίνη διὰ τὴν ἀρχαιότητα.
(Note de Spon.)

» nias et quelques autres anciens auteurs; mais vous
» la verrez icy au même état qu'elle est aujour-

Bacchus, ni le Temple de *Xerces*[1], ou celuy de *Proserpine*, qui y étoit encore du temps de *Pausanias*, qui dit que cette fontaine que *Pisistrate* fit embellir de diverses figures, s'appelloit *Enneacrunon*[2], à cause qu'elle avoit neuf tuyaux. *Thucydide* la nomme aussi de même, et ajoute qu'elle s'appelloit avant ce tems-là *Calliroë*, lors qu'il y avoit quelques fontaines dans la ville. Maintenant elle n'a que trois ou quatre tuyaux.

» Au dessus de cette fontaine, il y a une grande salle pleine de dorures soutenue par des colomnes de marbre, où l'on dit qu'il vient des Esprits, ainsi que l'a voulu faire croire un *Drogman* qui y avoit couché. Monsieur le Consul de France qui demeure dans ce beau logis appartenant à un riche Turc, assure que souvent il y entend du bruit la nuit, et que le matin il trouve les hardes toutes sans dessus dessous.

» Avant que parler des autres antiquités qui restent dans *Athenes*, je veux dire quelque chose des principales *Eglises*, que les Chrétiens de la Religion Grecque y conservent, aprés que les Turcs leur en ont pris plusieurs des plus belles pour les changer en Mosquées. La plus grande que j'y ay vûe c'est celle qu'on appelle le *Catholicon* ; c'est la Metropolitaine où l'Archevêque Grec a son thrône[3]. Je vis dans cette Eglise deux grandes cigoignes de bois doré, et je m'étonnay de ce que les Grecs les tenoient là, puisqu'ils ont tant en horreur, les statûes et images en bosse, dont nous nous servons dans nos Eglises, lesquelles ils appellent des Idoles.

[1] Lisez Cérès.

[2] L'auteur prend pour l'Enneacrunos une fontaine turque quelconque, construite au nord de l'Acropole, car il dit un peu plus loin que la demeure du consul français se trouvait auprès de cette fontaine. Or ce consul, nommé Giraud, habitait, suivant Spon (II, 168, 221), près de l'église de Saint-Démétrius. (Ross.)

[3] C'est encore l'église métropolitaine et une des plus intéressantes églises byzantines qui se soit conservée. Elle est isolée sur une petite place.

» d'huy, qui est tel que parmi ses ruines elle ne
» laisse pas pourtant d'inspirer un certain respect.

» L'Archevêque à son logis sur les anciens fondemens de
la *maison de S. Denys Areopagite*, joignant les ruines d'une
petite Eglise fort ancienne, dont les mazures et murailles paroissent encore toutes embellies de diverses peintures, et proche de laquelle est un *puits*, où l'on assure que *S. Paul*
demeura caché 24. heures, dans une persecution que ses
ennemis exciterent contre luy, aprés la conversion de ce
Senateur de l'Areopage.

» Les Francs qui n'ont à *Athenes* que la Chapelle des
peres *Capucins*, comme auparavant ils n'avoient que celle
des peres *Iesuites*, disent que des massons ayans trouvé sous
terre parmy les ruïnes de cette ancienne Eglise Grecque, une
statue de marbre, qui représentoit la sainte Vierge tenant son
Fils entre les bras [1], l'Archevêque defunt aussitôt qu'il la vist
la mit en piéces, de peur que les Latins n'eussent cet Argu-
ment contre les Grecs, et ne leur objectassent que *S. Denys*
honoroit les images en bosse, puisqu'on en avoit trouvé une
dans les ruines de sa maison qui joint cette Eglise.

» De cette maison de *S. Denys* on voit à quelque 150. pas
de là *un ancien Temple* d'Idoles tout de marbre, qui depuis le
regne de *Thesée* Roy d'Athenes qui le fit bâtir [2], est demeuré
en son entier. Les Chrêtiens le changerent en une Eglise qu'ils

---

[1] Peut-être un groupe de Demeter et Iakchos, ou tout autre monument de ce
genre. On pourrait même penser, dans cette partie de la ville non loin des Epo-
nymes, à l'ouvrage célèbre de Kephisodotos, Cyrène portant Plutos dans ses bras,
suivant Pausanias, I, 8, 3; IX, 16, 1. (Ross.)

[2] Le temple de Thésée avait déjà son nom dans les traditions locales. Il est
vrai que ni l'anonyme de 1460 ni les correspondants de Crusius ne le lui donnent, et que Cyriaque d'Ancône le nomme le temple d'Arès. (Épigr., p. 43, n° 96.)
Babin a suivi l'opinion commune qui se trouve également consignée dans
toutes les relations des missionnaires de cette époque. On sait que M. Ross, adop-
tant l'opinion de Cyriaque d'Ancône, a publié une dissertation, écrite en grec et
imprimée à Athènes en 1838, pour combattre l'opinion qu'avait acceptée l'érudition. Il annonce une traduction allemande de ce premier travail avec des additions
qui maintiennent sa conviction et doivent corroborer ses arguments.

» — Pour moy je vous avoue que d'aussi loin que
» je la découvris de dessus la mer, avec des lunettes

dedierent à *S. George* : mais l'on m'a assuré que les Turcs,
qui ne veulent pas s'en servir, parcequ'elle est hors de la
ville et éloignée des maisons, empêchent même les Chrêtiens
de faire leurs devotions dans une Eglise si magnifique, dont les
portes qui sont de fer, ne s'ouvrent jamais si ce n'est peut-
estre le jour de *S. George* avec une clef d'argent que les Grecs
peuvent donner aux Turcs pour obtenir cette permission.

» On marche autour de ce Temple dans une galerie entre
une muraille de marbre blanc, et de grandes colomnes de
même matiére, qui supportent sur cette galerie des voutes
plates larges d'environ dix pieds, où l'on voit d'excellentes
architecture, de grandes pieces de marbre que l'on prendroit
facilement pour de longues poutres. Entre les chapiteaux et
la corniche qui regne tout autour il y a une belle frise de
basse taille, où sont representés les exploits de *Thesée* et par-
ticuliérement le combat des *Centaures* et des *Lapithes* [1], et

[1] Quoy que Pausanias dise que le Temple bâti par les Atheniens à l'honneur de
Thesée, representoit la bataille des *Centaures* et des *Lapithes*; qui lui fut dedié
lorsque *Cimon* fils de *Milliades* eut vangé sa mort sur les Medes et eut raporté
ses os à Athenes, je ne saurois me persuader que ce Temple qui subsiste encore
soit le même. Il ne reste rien sur la face de la terre de si ancien, si nous en ex-
ceptons les pyramides d'Egypte, outre que *Plutarche* dit que ce Temple étoit au
milieu de la ville proche des écholes, ce qui ne conviendroit pas à celuy cy; mais
comme les Autheurs font mention de quatre temples de *Thesée* faits en differens
tems, celuy-cy en peut estre un. (Note de Spon.) Telle était l'opinion de Spon
en 1674, à une époque où la médecine avait plus de place dans sa pensée
que l'antiquité; mais lorsque ses études et son voyage l'eurent entièrement
porté vers l'archéologie, il revint sur cette opinion et se rétracta ainsi dans
le récit de son voyage, tome II, page 189 : Je me retracte de ce que j'ay autrefois
dit qu'il n'y avoit pas d'apparence, que ce temple fût celuy-là même qui avoit
été bâti après la bataille de Marathon à l'honneur de ce héros. Le raisonnement
le doit céder à la vûe, quoyque la vûe ne serve de rien sans luy. Il est bâti de
marbre de Pentéli, et est de même fabrique que celuy de Minerve. J'oserois même
assurer qu'ils n'ont eu l'un et l'autre qu'un même architecte. La bataille des
Centaures et des Lapithes, dont Pausanias fait mention, est représentée sur la
frise de la façade et du derrière, au dedans du portique qui l'environne, et aux
côtés il semble que le sculpteur ait laissé imparfait les petits quarrez, où doivent être les principales actions de Thésée comme le même Auteur le remarque.
On en void un, où il précipite dans la mer le voleur Sciron.

» de longue vue, et que je vis quantité de grandes
» colomnes de marbre, qui paroissent de loin et

celuy des Atheniens avec les Amazones. La longueur du Temple contient de chaque côté 12. colomnes, et la largeur en
comprend cinq. La voûte que les Chrétiens avoient faite, et
que l'on aperçoit par un trou de la serrure, n'a rien qui approche de la magnificence de ce Temple.

» A cinquante pas de là il y a sur un grand chemin un *Lion* [1]
de marbre blanc comme neige, couché à terre sur ses pieds;
il est plus gros et plus long qu'un cheval : on diroit qu'il a
servi à quelque fontaine à voir sa gueule ouverte et un grand
trou qui traverse sa tête, par où un homme pourroit passer
la sienne. [*Pollux* nous parle d'un semblable Lion de bronze
qui étoit à *Athenes* proche d'une fontaine, auquel on donnoit le nom de Κρηνοφύλαξ, ou *garde-fontaine*.]

» Il y a une autre Eglise dans *Athenes* qui est assés belle,
c'est au grand Monastere des Religieuses de l'ordre de *S. Ba-*
sile : elle a deux aîles aux côtés de la nef; les piliers et les
murs sont embellis de diverses peintures et d'images des Saints.
Le devant du Sanctuaire est orné de quantité de dorures, et
de petits tableaux; mais si l'Eglise de ces *Calogries* est si belle
il faut avoüer qu'il n'y a point d'Hôpital plus mal bâti que
leur Monastère, que l'on peut appeller le Palais de la misere.

» Mais ce qui me semble plus déplorable, c'est l'ignorance
de ces pauvres femmes, qui est si grande, que l'on peut bien
se persuader qu'aucune d'elles n'est formellement heretique
ni schismatique, quoy qu'*Athenes*, aussi bien que le mont
Athos et Constantinople, soit le Thrône et comme la forteresse du schisme Grec.

[1] Guillet savait l'existence de ce lion par les relations des missionnaires
(*Athènes ancienne et mod.*, p. 254), mais il se trompe sur sa position, qui est
exactement marquée dans le plan des Capucins (voyez plus haut, page 78). Spon
le vit et le décrit (Voy. II, 190). Morosini le transporta à Venise, et il en parle
dans ses dépêches, qu'on trouvera plus loin.

» rendent témoignage de son ancienne magnificence,
» je me sentis touché de quelque respect pour elle.»

» Il y a plusieurs autres Monasteres de Religieuses dans
Athenes, et outre cela dans plusieurs familles il y a une fille
qui renonce au mariage, et qui demeurant parmy ses parens
prend un habit et un voile noir à la façon des Religieuses,
entre lesquelles je ne voy pas beaucoup de difference, puisque ni les unes ni les autres ne gardent point de clôture, et
que tout le monde entre dans ces Monasteres sous pretexte
d'acheter des étoffes ou des ceintures qu'elles font plûtôt pour
gaigner leur vie, que pour fuir l'oisiveté.

» C'est assés parlé de ces Religieuses et des Eglises; car je
ne prétens pas parler de toutes celles d'Athenes, il me suffit de
dire ce que plusieurs m'ont assuré, qu'il reste encore aux
Chrétiens environ trois cent Eglises, tant dans Athenes qu'à
une lieüe à la ronde, ce qui me sembleroit incroyable, si je
ne m'étois étonné moy même en voyant un si grand nombre
de petites Eglises, dont quelques unes sont de marbre. Ie
crois que la pluralité des Eglises des Grecs, vient de ce qu'ils
n'ont pas coutume de dire deux Messes le même jour dans
une même Eglise, et afin que la pluspart des Prêtres pussent
dire leurs messes, ils batissoient ainsi diverses Chapelles
éloignées les unes des autres [1].

» Aprés avoir parlé des Eglises des Chrêtiens il faut dire
quelque chose des *Mosquées* des Turcs. Ie n'en say pas le
nombre; mais il n'en paroit que huit ou neuf qui ayent des
minarets, ou petites tours, d'où un homme ou quelquefois
trois ou quatre ensemble crient et chantent en musique à
leur façon, quatre ou cinq fois le jour à divers tems reglés,

---

[1] Beaucoup de villes ont eu la prétention de posséder autant d'églises que l'année a de jours. La seule ville d'Athènes a pu réaliser cette ambition. Encore
aujourd'hui on les compterait facilement en étendant sa recherche aux environs
de la ville. Ce sont d'ailleurs plutôt des chapelles que des églises.

Tout d'abord on est frappé du caractère nouveau
de cette admiration, qui est autre chose que de

pour appeller les Turcs à la Mosquée. Ces cris servent aussi
d'horloges vivans en ces pays, où il n'y en a point d'autres,
si ce n'est chez quelques particuliers.

» Ie ne suis entré que dans une des *Mosquées d'Athenes*,
laquelle a été premierement un Temple bâty par les Gentils à
l'honneur de la Deesse *Pallas*, avant la venue du fils de Dieu,
et en suite dedié par les Chrêtiens à la *Sagesse eternelle*, aprés
la prédication des Apôtres.

» Ce Temple qui paroit de fort loin, et qui est l'edifice
d'Athènes le plus élevé au milieu de la *Citadelle*, est un chef
d'œuvre des plus excellens Architectes de l'antiquité. Il est
long d'environ de cent vingt pieds et large de cinquante [1].
On y void trois rangs de voutes soutenues de fort hautes colomnes de marbre, savoir la nef et les deux aîles [2], en quoy
il surpasse sainte *Sophie* batie à Constantinople par l'Empereur Iustinian, quoy que d'ailleurs ce soit un miracle du
monde : mais j'ay pris garde que ses murailles par dedans
sont seulement encroûtées et couvertes de grandes pieces de
marbre, qui sont tombées en quelques endroits dans les galeries d'en haut, où l'on void des briques et des pierres, qui
étoient couvertes de marbre.

» Mais quoy que ce temple *d'Athenes* soit si magnifique pour
sa matière, il est encore plus admirable pour sa façon et pour
l'artifice qu'on y remarque ; *materiam superabat opus*. Entre
toutes les voûtes qui sont de marbre, il y en a une qui est la
plus remarquable, à cause qu'elle est toute ornée d'autant

---

[1] Cette mesure, qui n'est qu'approximative, se rapproche cependant de l'exactitude parce que la cella et l'opisthodome étaient alors réunis par une grande porte
pratiquée violemment dans le mur de séparation.

[2] Il me serait impossible de discuter ici cette description, dont les mots doivent être pesés, parce qu'ils ont leur importance dans la question si délicate de
la couverture primitive du Parthénon.

l'étonnement, on se sent transporté en pleine érudition moderne; l'œuvre mise sous nos yeux n'est

de belles figures gravées sur le marbre qu'elle en peut contenir [1].

» Le vestibule [2] est long de la largeur du Temple, et large environ de quatorze pieds, au dessous duquel il y a une longue voûte plate, qui semble estre un riche plancher, ou un magnifique lambris; car on y void de longues pièces de marbre, qui semblent de longues et grosses poutres, qui soutiennent d'autres grandes pieces de même matiére, ornées de diverses figures, et personnages de marbre avec un artifice merveilleux [3].

» Le Frontispice du Temple qui est fort elevé au dessus de ce vestibule, est tel que j'ay de la peine à croire, qu'il y en ait un si magnifique et si bien travaillé dans toute la France. Les figures et statues du Château de Richelieu [4], qui est le miracle de la France et le chef d'œuvre des ouvriers de ce tems, n'ont rien d'approchant à ces belles et grandes figures d'hommes, de femmes et de chevaux, qui paroissent environ au nombre de trente, à ce Frontispice, et autant à l'autre côté

---

[1] Plus d'un passage de cette description demande à être longuement étudié et offre encore une énigme.

[2] Ce vestibule est le pronaos occidental. Il faut avoir toujours présent à l'esprit que depuis la transformation du Parthénon en église chrétienne, l'entrée du temple étant à l'ouest, aucun voyageur, jusqu'à la fin du XVIIIe siècle, n'eut l'idée de se demander s'il en avait été ainsi dans la disposition primitive.

[3] Ces figures et ces personnages de marbre ne sont autre chose que la frise au haut du mur occidental de l'opisthodome.

[4] Cette comparaison de l'œuvre de Phidias, avec la décoration du château de Richelieu, choque, tant elle est inattendue. Elle provoque ensuite le sourire. Elle n'est pourtant pas aussi déplacée qu'elle le paraît au premier abord. Le Père Babin avait vu ce miracle des arts en France, construction toute nouvelle et dans tout l'éclat de sa fraîcheur. Il avait pû admirer sur ses façades une collection remarquable de statues antiques que ne déparaient pas quelques statues modernes, telles que les deux prisonniers de Michel-Ange. Il comparait donc les plus belles statues, qu'on eût jusqu'alors appliquées à la décoration monumentale, avec les statues du Parthénon, et il ajoutait comme correctif : « Les figures et statues du » château de Richelieu, n'ont rien d'approchant à ces belles et grandes figures. »

plus une de ces descriptions faites au hasard, où
l'auteur, dans sa naïveté, fournit, sans s'en douter,

du Temple, derriere le lieu où étoit le grand Autel du temps
des Chrétiens.

» Le long du Temple il y a une allée ou galerie de chaque
côté, où l'on passe entre les murailles du Temple, et dix sept
fort hautes et fort grosses colomnes canelées, qui ne sont pas
d'une seule piece; mais de diverses grosses pieces de beau
marbre blanc, mises les unes sur les autres. Entre ces beaux
piliers, il y a le long de cette galerie une petite muraille [1],
qui laisse entre chaque colomne, un lieu qui seroit assés long
et assés large pour y faire un Autel et une Chapelle, comme
l'on en void aux côtés, et proche des murailles des grandes
Eglises.

» Ces colomnes servent à soutenir en haut avec des arcs-
boutans les murailles du Temple, et empêchent par dehors
qu'elles ne se démentent par la pesanteur des voûtes. Les
murailles de ce Temple sont embellies en haut par dehors
d'une belle ceinture de pierres de marbre travaillées en per-
fection [2], sur lesquelles sont représentés quantité de triom-
phes, de sorte qu'on y void en demy relief une infinité
d'hommes, de femmes, d'enfans, de chevaux et de chariots
representés sur ces pierres qui sont si élevées, que les yeux
ont peine à en découvrir toutes les beautés et à remarquer
toute l'industrie des Architectes et des Sculpteurs, qui les ont
faites. Vne de ces grandes pierres, qui composoit cette ceinture s'est detachée de son lieu, et étant tombée a été portée
dans la Mosquée derrière la porte, où l'on void avec admiration quantité de personnages qui y sont representés avec
un artifice nompareil [3].

---

[1] Il y a là une disposition que je ne comprends pas et qu'il faut étudier.
[2] C'est la frise.
[3] Ce respect des Turcs pour des figures sculptées est à noter. Au reste il s'é-

des renseignements à l'archéologue ; nous rencontrons ici l'homme instruit, admirateur vrai et en-

» Toutes les beautés de ce Temple que je viens de décrire, sont des ouvrages des anciens Grecs Payens. Les *Atheniens* ayant embrassé le Christianisme changerent ce Temple de Minerve en une Eglise du vray Dieu, et y ajoutérent un Thróne Episcopal[1] et une chaire de Predicateur qui y restent encore, des Autels qui ont été renversés par les Turcs, qui n'offrent point de sacrifices dans leurs Mosquées. L'endroit du grand *Autel* est encores plus blanc que le reste de la muraille : les degrés pour y monter sont entiers et magnifiques.

» On void à la voute qui est au dessus de ces degrés une image entiere de la Vierge, à laquelle quelque Turc tira un coup de mousquet, qui en gâta un peu le visage, qu'on a aprés recouvert de chaux. Les Turcs mêmes avoüent que le bras de celuy qui tira ce coup se secha aussitôt après son peché : comme ils tiennent par tradition qu'un autre Turc mourut sur le champ pour avoir voulu ouvrir une des deux grandes armoires fermées avec de grandes plaques ou pieces de marbre, qui sont au dessus des degrés dans les murailles, pensant y trouver quelque thresor. D'où vient qu'aucun autre Turc, ni même aucun Grec n'oseroit entreprendre d'ouvrir les armoires de cette Eglise, ni celles qui sont semblables à celles-cy dans l'Eglise de sainte Sophie à Constantinople. Il se peut faire qu'il y ait quelques saintes Reliques, ou quelques livres propres pour l'Eglise, cachés dans ces murailles[2].

tendit à toutes les parties du Parthénon, puisqu'ils conservèrent même dans l'intérieur les dispositions introduites par les chrétiens, et jusqu'à leur maître-autel, que Spon trouva encore intact.

[1] On a retrouvé, en 1836, ce siége antique, sculpté en marbre, dont tous les voyageurs ont parlé après Babin.

[2] Ces légendes sont dans l'esprit grec et circulaient depuis longtemps. M. le baron de Saint-Blancard passant à Corfou, en 1537, fit ses dévotions à *Notre-Dame-de-Casope*. Il trouva l'église dévastée, les peintures souillées : *fors l'y-*

thousiaste, qui comprend un peu les beautés de l'art,
et qui cherche, non sans bonheur, dans les don-

» On void aussi au lieu où étoit le grand Autel, dû côté de
l'Evangile une pierre de marbre transparente dans la muraille, laquelle étant troüée suffisamment pour mettre un
pois, reçoit la lumière et le trou paroit rouge comme une riche
escarboucle. Quoy que quelques uns attribuent cela à un miracle de S. Paul, je crois pour moy, que c'est la nature de cette
pierre, qui étant opposée aux rayons du Soleil, et probablement peu épaisse paroit ainsi transparente : j'en ay vû une
entièrement semblable dans *Sainte Sophie* à Constantinople,
aux galeries d'enhaut.

» Dans le vestibule de ce Temple, il y a une fort grande
pierre de marbre, ronde et creuse, et bien qu'on m'asseurât
que chaque Chrétien entrant autrefois dans cette Eglise, laissoit là quelque present, je crois qu'elle servoit plûtôt pour
baptiser avec l'immersion à la façon des Grecs, ou peut-être
pour faire de l'eau benite, quoy que les Grecs n'en gardent
point aux portes des Eglises, et que plusieurs en acheptent
maintenant quelque fiole pour porter à leurs maisons, aussi
tôt qu'elle est faite [1].

» Aprés avoir parlé du Port *d'Athenes*, des bâtimens, des
fontaines, des Eglises, et des Mosquées de cette ville, nous
considérerons ses autres antiquités, sans sortir si tôt de la
Citadelle, qui n'est pas maintenant en état de soûtenir un
long siege, quoyque son assiete soit fort avantageuse.

» On y void un ancien *Palais* fort magnifique tout de mar-

maige *Nostre-Dame* qui estoit au costé dextre de la voulte de l'aultel auquel ung
Turc voulut arracher ung petite ymage d'argent que selon les coustumes du pays
les pellerins y apportent et font affixer audict ymaige, subitement devint aveugle
qui fut cause que nul des autres Turcs osa toucher né oultrager ledict ymage.
(Voyage raconté par Jean de Véga. Voyez plus haut, page 47, et ce même voyage
décrit poétiquement, à la fin de ce volume.)

[1] Pour tous ces détails, je renvoie aux *Voyages* de Spon et Wheler, ainsi qu'aux
diverses observations répandues dans ce volume.

nées d'un Pausanias ou de tout autre écrivain de l'antiquité, les indications qu'il aurait vainement

bre, que quelques-uns disent avoir été *l'Arsenal* [1], avec une tour quarrée extrêmement haute, et fort belle. Sur la porte de la Citadelle au dedans paroit encore une *Aigle* Romaine gravée sur le marbre [2].

» De dessus les murailles de la citadelle du côté qui regarde la mer, on void sur le panchant de la colline où elle est située, les restes de *l'Areopage* [3], qui consistent en quelques murailles et fenêtres, qui ont encore quelque belle apparence.

» Quand on sort de la citadelle, on void assés proche de là à main gauche sur une colline, un *arc de triomphe* érigé à l'honneur de l'Empereur Hadrian [4].

» A la maison qu'ont acheté depuis peu les Peres Capucins, il y a une antiquité bien remarquable, et qui depuis le temps de Demosthene est demeurée en son entier, on l'appelle ordinairement la *lanterne de Demosthene* [5], et les plus habiles Atheniens m'ont dit que c'étoit le lieu, où ce grand Orateur se retira, s'étant fait raser la barbe, et les cheveux, pour se contraindre soy-même par ce moyen à garder la solitude, afin d'acquerir par la meditation et dans le silence, les plus belles connoissances et les plus belles lu-

[1] C'est-à-dire l'arsenal de Lycurgue qui, selon Plutarque, aurait entassé des provisions d'armes et de munitions de guerre dans l'Acropole. On voit dans la topographie, écrite par l'anonyme de 1460, que ce fut la manie des beaux esprits d Athènes, au moyen âge, de donner des noms célèbres à tous les édifices de la ville. Plusieurs de ces noms ont été recueillis par Babin et les autres voyageurs. L'arsenal de Lycurgue, substitué aux Propylées, est de ce nombre.

[2] Babin a oublié, à Smyrne, le temple de la Victoire Aptère qu'il avait certainement vu à Athènes.

[3] Comme il n'y a pas d'édifice pareil sur la colline de l'Aréopage, il faut croire que Babin désigne ainsi le théâtre d'Hérode Atticus.

[4] Le monument de Philopappus sur la colline du Musée.

[5] Cette description du monument choragique de Lysicratès et les conjectures qu'il suggère au Père Babin ne font point honneur à sa sagacité, mais elles expliquent comment une aussi sotte désignation, recueillie et acceptée déjà par l'anonyme de 1460, a pu se maintenir si longtemps.

demandées aux traditions locales, pour déterminer
l'origine et la destination de chaque ruine. Sans

mieres de la Philosophie, comme aussi les traits les plus sub-
tils de l'Eloquence.

» Cette lanterne ou ce fanal est une petite tour, toute de
marbre blanc, maintenant un peu noircy par dessus, tant par
la pluye que par les incendies, qui ont consumé les maisons
voisines, et les sales et chambres où ce grand Orateur étoit
retiré : car je ne puis me persuader qu'il fût toujours enfermé
comme dans un cachot dans cette petite tour, qui n'est que
de la hauteur d'un homme, et qui ne peut contenir que trois
personnes.

» Ma pensée est qu'elle luy servoit de Temple, où il adoroit
ses idoles, à l'honneur desquelles il allumoit des lampes qui
ont aidé à noircir ce marbre, et à cause desquelles probablement on appelle ce lieu lanterne ou fanal. Il est vray aussi
que sa figure luy peut avoir procuré ce nom; car cette petite
tour est faite comme un fanal ¹, avec six colomnes canelées
hautes de huit pieds, qui soûtiennent un cercle épais et gros
d'un pied, et haut de deux et demy, autour duquel sont des
bas reliefs d'une riche sculpture, qui représentent des Dieux
marins. Entre ces colomnes il y a de grandes pieces de marbre fort larges et de même hauteur que les colomnes. Ce
cercle est couvert d'une seule pierre en coquille, qui a un
chapiteau de fueillages, fort bien faits de la hauteur de deux
pieds.

» Vers le milieu de la ville il y a un ancien Temple de
marbre, tout entier en Octogone : à chaque côté des Angles

¹ Les colomnes canelées, à ce que dit *Vitruve*, ne sont en usage que depuis le
siècle de Néron, ainsi cette tour n'est pas si ancienne que *Demosthène*. Celles
qui sont dans la grande Mosquée, qui étoit un temple de Minerve peuvent y avoir
été ajoutées par *Hadrian*, qui à ce que remarquent les Auteurs avoit rebâty
presque tous les Temples *d'Athenes*; car les colomnes qui sont entre les murailles
de ce Temple, sont toutes unies. (Note de Spon.)

doute il eût fallu secouer de sottes indications d'une main plus vigoureuse encore et plus sûre ; mais

par déhors il y a une figure humaine fort bien faite en bas relief, couchée et de six pieds de long, avec des fleurs ou semblables choses à la main. Chàque figure est differente, et toutes representent les huit vents, ausquels [1] probablement étoit consacré ce beau Temple, qui sans ces huit angles ressembleroit à un pigeonnier.

» Ce Temple que quelques uns disent estre le tombeau de Socrate, est en quelque façon comme ces anciens Temples des Ægyptiens Idolatres, qui étoient beaux à l'exterieur, mais l'on ne vöioit dedans que des rats, des crocodiles et toutes sortes de serpens : ainsi il peut estre le hieroglyphe des hypocrites, puis qu'il fut consacré aux vents, et qu'il est beau à l'exterieur, au lieu que dedans si l'on excepte les murailles et la voute de marbre en façon de dome, l'on ne void en bas qu'un cloaque et une infinité d'ordures.

» Proche du marché, que l'on appelle du nom Turquesque *Bazar*, il y a une rue fort belle et fort large, et assés près de là on trouve une des plus belles antiquités de cette ville. C'est une des plus magnifiques portes que j'aye vûes : il y en a trois l'une après l'autre, comme l'on en void à l'entrée des Citadelles. La solidité y est jointe à la magnificence, puisque cette triple porte est bàtie de grosses pierres de marbre bien poly.

» Ioignant cette superbe porte, il y a une autre reste fort

---

[1] Aprés ce que dit *Vitruve*, (lib. I, cap. 8) on ne peut pas en douter. Voicy le sens de ses paroles. Ceux qui ont recherché plus exactement la nature des vents ont estimé qu'il y en avoit huit : comme *Andronicus Cyrrhestes* la voulu témoigner, en bâtissant à *Athenes* une tour à huit angles de marbre, et dans chacun des côtés de l'octogone, les représentations des vents, chacun vis à vis de l'endroit d'où il a accoutumé de soufler. Au dessus de cette tour, il y fit une petite pyramide de marbre, soutenant un Triton de bronze qui tenoit une baguette à la main, et étoit fait avec cette adresse, qu'il tournoit selon le vent, et tenoit toûjours la baguette du côté de celui qui soufloit. (Note de Spon.) Cette judicieuse attribution fait honneur à Spon. Guillet le partage avec lui.

c'est déjà un début remarquable, et, dans cette profonde obscurité, une lumière inattendue. Le

remarquable de cette illustre Ville. C'est une assés longue muraille de beau marbre blanc avec huit ou neuf colomnes de même matière, hautes de 24. pieds, assés éloignées les unes des autres, et qui joignent la muraille de même façon et avec aussi bonne grace que l'on en void en France aux Autels des plus magnifiques Eglises. Je fus surpris en voyant la beauté de cette muraille, qui est de la longueur d'une ruë, et voyant qu'elle enferme maintenant un cartier de la ville, dans laquelle on entre de ce côté par cette triple porte, au delà de laquelle on est dans la campagne, je crus d'abord que c'étoit une porte de l'ancienne ville *d'Athènes*, et un reste de ses anciennes et superbes murailles, dont on ne decouvre point de marques ailleurs, cette ville étant presentement comme un grand village, et les murailles même de la Citadelle, n'approchant pas de la beauté de celle-cy.

» Mais aprés avoir consideré que ces colomnes n'ont point de rapport avec les murs d'une ville, je me persuade que c'est plutôt la porte et la face du Palais de *Themistocles*, ou peut-estre un reste de ce superbe Temple de *Jupiter Olympien*, que l'Empereur *Hadrian* y fit bâtir [1].

»Ce même Empereur fit faire pour soy un *Palais* fort magnifique, dont on void encore des restes dans un champ entre la ville et une petite rivière. On dit qu'il y avoit autrefois six vingt colomnes de marbre, il en reste encore environ seize, extremement hautes, et si grosses que deux hommes ne sauraient en embrasser une, et sur chacune desquelles, on void des restes d'une petite galerie voûtée. Entre

---

[1] Le Père Babin consacre ces trois paragraphes à la description du gymnase d'Hadrien, vaste et imposant édifice romain, dont les beaux restes se voient encore près du bazar, mais qui semble avoir eu alors une bien plus grande étendue. Le nom de palais de Thémistocle lui a été donné par les Athéniens du moyen âge, et l'anonyme de 1460 l'avait déjà recueilli.

Père Babin procède méthodiquement. S'il eût fait ce travail à Athènes, il eût sans doute adopté la forme

quatre de ces colomnes il y a une petite Chapelle des Grecs toute entière, mais qui n'est j'amais fermée et dont ils ne se servent point [1].

» Fort proche de ces colomnes composées de grosses pierres rondes les unes sur les autres, il y a un grand *portail de marbre*, sur le frontispice duquel on lit des mots Grecs en gros charactéres qui signifient, CE N'EST PLVS ICY LA VILLE DE THESÉE, C'EST CELLE DES HADRIANS. C'est le même Empereur qui bâtit *Andrinople,* appellée autrefois *Hadrianopolis.*

» On dit qu'une rangée de ces Colomnes allait de là jusqu'à la Citadelle, proche des murailles de laquelle on en void encore deux sur la colline, qui sont un peu moindres que les autres. On en void 2. autres de même grosseur que ces deux dernieres, sur le panchant d'une autre colline, et l'on asseure qu'il y avoit encore une autre galerie ou rangée de colomnes, depuis le Palais jusqu'à cette colline [2], sur la pointe de laquelle il y avoit autrefois un Temple de Pallas, en la place duquel il y a maintenant une Chapelle des Grecs [3].

» Assés proche de ce Palais et au delà de la petite rivière, il y a sur une eminence une fort belle Eglise toute bâtie de fort beau marbre; mais abandonnée et toute ouverte, les voûtes de laquelle sont embellies de peintures, où je remarquay même quelque reste d'une image en bosse, contre la coutume des Grecs [4].

[1] L'Olympiéion ou temple de Jupiter Olympien s'élève près de l'Ilissus, au sud de la ville d'Athènes.

[2] Le Père jésuite accepte, avec une facilité par trop candide, les légendes populaires qui, en Grèce, rêvent des colonnades sans fin, comme dans nos campagnes èlles annoncent des communications souterraines indéfinies. Les *deux colonnes proche des murailles* de l'Acropole sont des monuments choragiques isolés, et les *deux autres* appartenaient à l'aqueduc d'Hadrian.

[3] La chapelle de Saint-Georges sur le Lycabette.

[4] Les chrétiens avaient changé, en église, ce petit temple ionique qui s'élevait

de l'itinéraire, comme Pausanias et l'anonyme de 1460; mais, écrivant de souvenir, à tête reposée et

»En descendant un peu on trouve environ à 60. ou 80. pas delà, sur la rivière un fort beau *Pont*, qui a par dessous deux longues voûtes bâties de grosses pierres de taille toutes égalles en largeur et en longueur. Il y a une muraille qui sépare ces deux voûtes, qui sont comme deux grands et larges canaux, par où coule l'eau sur ce pont.

»Il est aisé de juger par la beauté, et par la largeur et longueur de ce pont, que l'*Ilissus* étoit autrefois plus abondant en eau qu'il n'est presentement, car maintenant l'une de ces voûtes et l'un de ces canaux est plus que suffisant même en hyver pour toutes les eaux de cette petite rivière.

»Dessus ce pont paroissent les ruines d'une Eglise et d'une maison, d'où l'on peut conjecturer que c'étoit un monastère avec son Eglise bâty ainsi sur l'eau, et surtout puis qu'il ne paroit aucune marque de chemin pour les chariots, ni même pour les chevaux, et que l'on entre sur ce pont du côté de la ville, seulement par le Portail de cette Eglise, dont quelques murailles restent entières [1].

» De l'autre côté de la riviere l'on void dans une ouverture qui se fait entre deux collines, le reste de l'*Amphitheatre*, et de la muraille qui le fermoit du côté qui regarde le pont. Les trois autres côtés étans fermés par la colline [2].

» Comme l'on monte plus haut en suivant le lit de la riviere, l'on rencontre à demy lieüe de la ville, quantité de jardins plus beaux que ceux qui sont proche de la ville un

sur la rive gauche de l'Ilissus du côté du Stade. Il fut détruit en 1771. J'en ai parlé plus haut, page 126.

[1] L'anonyme de 1460 avait omis de parler de ce pont, il citait seulement cette porte voûtée que le Père Babin transforme en dépendance de monastère. Il y a plus d'une obscurité sur ce point de la topographie athénienne, mais ce n'est pas le lieu pour s'en occuper.

[2] L'assiette du Stade est bien marquée; mais on devait s'attendre à plus de détails.

froidement, il fit un mémoire dans lequel il traite
d'abord des ports d'Athènes, des constructions pri-

peu plus bas que le Palais d'Hadrian, et qui tiennent beaucoup plus d'étendue, d'où vient que *Pausanias* fait mention
d'un lieu proche d'Athenes appellé les Iardins. Chacun à une
maison pour loger ceux qui en ont soin et plusieurs ont de
hautes Tours carrées pour loger leurs maîtres pendant une
partie de l'année.

» L'on n'y voit ni cabinets, ni allées : tous les arbres sont
sans ordre et en confusion; mais on a de l'adresse pour les
arroser durant l'été, l'eau des puits ou des ruisseaux ne leur
manquant jamais.

» Je ne vis point dans ces jardins le Temple de Venus qui
y étoit du tems de *Pausanias*, ni la statue de cette Déesse, que
cet Autheur, au livre premier de la description de la Grèce,
dit estre un ouvrage qui ravissoit en admiration ceux qui la
voyoient [1].

» On y voit pourtant encore des restes fort considérables
d'une ancienne tour [2], bâtie de marbre rude, grossier et mal
poly : elle est à peu près comme sont les colombiers en
France. La voûte en est tombée, chaque pierre est de même
grosseur, elles avancent et sortent toutes en dehors en façon
de pointe de diamant.

» On m'a assuré que cette Tour était autrefois *l'Ecôle et
l'Académie* de Platon [3], et cela s'accorde bien avec ce que j'ay
lû dans quelques Autheurs, que ce fameux Philosophe se retira
hors *d'Athenes* à la campagne, et assés proche d'une montagne : cette Tour est à demy lieüe de la ville, et n'est éloignée
du mont Hymette qu'environ un quart de lieüe.

[1] Il faut chercher ces jardins dans les environs d'Ampelokepi, au sud-est d'A-
thènes.

[2] Il n'y a plus trace de ce monument.

[3] L'anonyme de 1460 marque aussi de ce côté des écoles de célèbres philosophes.

vées de cette ville, de ses fontaines, de ses églises, de ses mosquées (le Parthénon compris), de ses

» Aprés avoir rapporté ce qui reste des antiquités *d'Athenes*, et representé cette ville telle qu'elle est aujourd'huy, il ne sera pas mal à propos d'écrire quelque chose *des Atheniens*. Si ces peuples joüissoient de la liberté qu'ils avoient autrefois, ils seroient encore tels que les depeint saint Luc, au chap. 17. des Actes des Apôtres. *Athenienses autem omnes ad nihil aliud vacabant, nisi aut dicere aut audire aliquid novi. Les Atheniens*, dit-il, *et les étrangers qui demeuroient à Athenes, ne passoient tout leur tems, qu'à dire et à entendre quelque chose de nouveau.*

» Ils montrent encore cette inclination de dire ou d'entendre quelque nouveauté; et ne tiennent pas seulement cette curiosité par héritage de leurs ancêtres; mais encore une grande estime d'eux mêmes, nonobstant leur servitude, leur misère et leur pauvreté sous la domination Turquesque.

» Que si *Solon* disoit autrefois à un de ses amis, en regardant de dessus une montagne cette grande ville, et ce grand nombre de magnifiques Palais de marbre, qu'il considerast, que ce n'étoit qu'un grand, mais riche hôpital remply d'autant de misérables, que cette ville contenoit d'habitans : j'aurois bien plus sujet de parler de la sorte, et dire que cette ville rebâtie des ruines de ces anciens Palais, n'est plus qu'un grand et pauvre hôpital, qui contient autant de misérables que l'on y void de Chrétiens.

» Il faut pourtant avoüer qu'il y a encore des marchands Grecs riches de plus de cinquante mille écus. Et pour c qui est de la science, j'y ay vû un Religieux Grec qui savoit un peu de Latin. Il y en a d'autres sans parler de l'Archevêque, qui savent le Grec literal.

» L'Eloquence ni la Philosophie n'en sont pas entierement bannies, et j'ay parlé au Signor *Dimitry Beninzeles*, qui

antiquités, puis en dernier lieu de la population.
Cette lettre, la première description d'Athènes,

ayant appris l'une et l'autre dans l'état de Venise, en faisoit
des leçons dans sa patrie à deux ou trois Auditeurs seulement ; tout le monde s'occupant maintenant à amasser un peu
d'argent, qui tombe enfin presque tout dans les mains des
Turcs.

» Si je voulois prouver qu'il s'y trouve aussi des personnes
considérables pour leur vertu et pour leur courage, je ne
manquerois pas d'exemples ; et j'en trouverois deux fort
beaux et fort recents, l'un dans la personne d'une fille Grecque, qui étant attaquée par des Turcs dans sa maison, aima
mieux reçevoir plus de soixante coups de couteaux, que de
perdre la fleur de sa Virginité. Monsieur *Castenier* Marseil-
lois Consul de France, et Monsieur *Giraud* Consul pour les
Anglois natif de Lyon, eurent la charité de faire penser ses
playes, et de l'envoyer dans une Isle, comme dans une azyle,
aprés luy avoir fait de bonnes aumónes, sans que les Grecs
fissent rien en sa faveur.

» L'autre Exemple fut dans la personne d'un jeune enfant,
lequel aima mieux perdre la vie, que de faire banqueroute
à la Religion Chétienne, pour laquelle il eut le courage de
souffrir dans sa propre maison une courageuse mort, qui le
mit au rang des Martyrs de la Grece.

» Ce sont deux histoires qui meriteroient d'étre racontées
au long avec toutes leurs circonstances et particularités ; mais
ce peu que j'en écris suffit pour faire voir, que dans *Athenes*
il se rencontre encore des personnes courageuses et remarquables par leur vertu [1].

» On voit encore de tems en tems des *prodiges* et des Móns-
tres dans cette ville, aussi bien qu'auparavant. L'an 1665.

---

[1] Tous ces détails sur la population athénienne sentent un peu le Latin parlant
du Grec, mais on ne peut refuser à Babin une certaine finesse dans ses jugements.

doit donc être lue avec attention, avec précaution aussi, car les erreurs s'accroissent de l'indécision

au mois d'Octobre, une femme Turque enfanta à la Citadelle *d'Athenes,* un épouvantable monstre qu'elle avoit conceu depuis neuf mois. Quand il vint au monde, il sauta aussitôt en terre et commença à marcher, à crier et à marmoter certains mots qui approchoient de l'abbayement d'un chien. Il avoit les oreilles de lievre et droites, son museau ressembloit à celuy d'un Lion, ses yeux etinceloient, deux grosses dents luy sortoient de la bouche, ses pieds paroissoient comme ceux d'un enfant, et ses mains étoient comme celles d'un grifon : à peine pouvoit-on discerner son sexe.

» Le *Vaivode* et le *Cadis,* c'est à dire le Gouverneur et le juge de la Ville, allerent le voir trois jours aprés sa naissance, et porterent sentence de mort contre luy, ordonnant qu'on feroit une grande fosse, et qu'aprés y avoir été jetté on la rempliroit de pierres. Ce qui fut executé le 8. d'Octobre.

» Monsieur *Fouchon* Chirurgien François demeurant pour lors à *Athenes,* pria ces Messieurs de luy laisser embaumer ce corps monstreux, afin de l'envoyer en France, ce qu'ils luy refusérent disant que c'étoit un diable, et qu'il n'en faloit pas conserver la mémoire, ni même s'approcher de la fosse où il étoit, de laquelle tous les Turcs fuyoient comme d'un écueil dangereux [1].

» Voila, *Monsieur,* ce que j'ay à vous écrire *d'Athenes,* pour vous la representer telle qu'elle est de nos jours : en quoy vous voyés qu'elle est bien differente de ce qu'elle étoit autrefois; puisqu'on n'y voit plus tous ces Temples, tous ces mausolées, et toutes ces statues dont parlent les Historiens. On ne sçait pas même en quel endroit étoient les Temples de

---

[1] Spon raconte de nouveau ce commérage, seulement il rapporte *que quelques-uns attribuent à l'imagination frappée de ces lions* (les différents lions sculptés en marbre) *le monstre dont une femme turque accoucha à Athènes.* Il n'ajoute aucun détail de nature à donner plus de consistance à ce conte.

des termes de Babin, qui jettent dans l'esprit du lecteur plus d'obscurité qu'il n'y en avait probablement dans le sien.

L'abbé Pécoil, à son retour d'Orient, s'établit à Lyon. L'homme le plus instruit de cette ville, de tous temps riche en hommes distingués, était alors Jacques Spon, fils de Charles Spon, l'ami de Guy Patin. Médecin, comme son père, il avait su faire dans les occupations que lui donnait une clientèle

Iunon et de Ceres, ni les magnifiques sepulchres de Menandre, d'Euripide, de Pericles et de Phormion; ni les statues de Cecrops, de Pandion, de Philippe de Macedoine, d'Alexandre le grand son fils, de Brutus, et de Cassius, et de plusieurs autres grands personnages : ni le College que fit bâtir Ptolomée où étoit sa statue, ni les Autels de la misericorde, de la pudeur, de la renommée et de la joye. Il ne reste pas même aucune marque de ce fameux Autel d'où Saint Paul tira le sujet de la premiere predication qu'il fit dans cette ville, qui étoit consacré *au Dieu inconnu.*

» Il est tems de finir. l'espere que vous aurés la bonté d'excuser la longueur de cette lettre, puis que je ne l'ay fait que pour m'acquiter de ma promesse et vous donner satisfaction, vous priant en échange si vous avés quelque piece nouvelle touchant les Hollandois, et les victoires de nôtre Illustre Monarque, de m'en faire part, et vous obligerés sensiblement celuy qui est avec sincerité de cœur,

» MONSIEVR,

» Vôtre tres-humble et tres-obeïssant Serviteur
Jaques Paul Babin
D. L. C. D. I.
(De la Confrérie de Jésus.)

à *Smyrne ce* 8. *Octobre* 1672.

14.

nombreuse, une large part, trop large peut-être, à ses études de prédilection. La philologie, l'épigraphie [1] et l'archéologie, dans une pente décidée vers les monuments de l'art, occupaient tous ses loisirs. Une lettre datée d'Athènes, une description des monuments de cette ville étaient donc bien faites pour exciter sa curiosité, pour être appréciées par lui. L'abbé Pécoil lui communiqua celle qu'il venait de recevoir du Père Babin. Le docteur Spon fut frappé du caractère de vérité et de judicieuse critique, par suite de l'intérêt tout nouveau offert par cette description. Il l'annota et la publia à Lyon en 1674 [2] sous le titre de *Relation de l'état présent de la ville d'Athènes,*

[1] Il dit lui-même dans la préface de la relation du Père Babin : « C'est mon feu, c'est ma passion que les inscriptions » antiques. »

[2] Spon s'exprime ainsi dans son voyage : « J'ai donné au jour » une relation de l'état présent d'Athènes écrite par le R. P. Babin, à quoy j'avois ajouté quelques remarques sur ses antiquités. » (T. II, p. 100.) Il publia plus tard, dans cet ouvrage, une lettre du même jésuite sur le flux de l'Euripe, et il annonçait d'autres travaux de ce savant zélé. (T. II, p. 328.) Sans le prévoir et contrairement à ses loyales intentions, il a accaparé tout le mérite qui revenait à Babin. Dans aucune bibliographie le révérend Père n'est cité ; dans la meilleure, celle de M. Quérard, il n'a pas d'article, et il faut chercher sa relation d'Athènes sous le nom de Spon. Il en est de même dans les catalogues de la Bibliothèque impériale et de la bibliothèque de la ville de Lyon, ainsi que dans le catalogue de la bibliothèque de M. Coste, un Lyonnais, et dans le *Manuel du libraire* de M. Brunet, qui l'a inscrit sous le n° 22,854.

format in-12. Il y ajouta une vue d'Athènes et plusieurs inscriptions que Vaillant lui avait communi-
quées. Je reproduis la vue. Pour la première fois,
on donnait au public une vue d'Athènes, je ne dirai
pas dessinée d'après nature, mais arrangée par quelque artiste d'après un croquis fait rapidement sur
les lieux. La grande mosquée, Parthénon fantasti-
que, les Propylées, bastions des châteaux forts de
nos contrées, les colonnes choragiques, le théâtre
d'Hérode Atticus, intitulé l'Aréopage, le portique
d'Hadrien et le temple de Jupiter Olympien, bap-
tisé du titre de palais d'Hadrien, tous ces monuments, la ville elle-même et les mouvements du
terrain ne sont ni l'exactitude rigoureuse, ni la ressemblance frappante, mais c'est un à peu près de
vérité qui a son utilité. Dans la pénurie où nous
sommes, des renseignements aussi imparfaits fournissent parfois des lumières dans l'étude de la topographie d'Athènes, et nous pouvons dire que
Spon a été bien inspiré en publiant cette vue. Il fit
plus, il prit goût à ces antiquités. On doit considérer cette relation et peut-être les renseignements
fournis par l'abbé Pécoil sur la facilité des voyages
dans l'Archipel, en temps de paix et sous la protection de notre ambassadeur, M. de Nointel, comme
le vrai point de départ des études archéologiques
du docteur de Lyon, et comme la cause première
de son désir de voyager en Grèce. Les notes ajou-

tées à la relation du Père jésuite se ressentent de l'inexpérience de l'éditeur, bien qu'elles annoncent déjà, par le redressement de plusieurs traditions locales, comme celle du tombeau de Socrate, par exemple, dûment corrigée en horloge d'Andronikos, une critique qui devait se montrer plus tard remarquablement sagace pour le temps.

Sans connaître cette relation [1], sans sortir de son cabinet, un homme d'esprit voulut à cette même époque écrire un voyage à Athènes. Ce n'était point une tête romanesque. Pour que pareille idée la traversât, il fallait que les éléments sérieux d'une description de cette ville célèbre fussent enfin parvenus au monde érudit, et en effet, en même temps que le Père Babin adressait sa relation à Lyon, les capucins faisaient parvenir de semblables documents à Paris, ils y envoyaient une copie de leur plan général d'Athènes, et, ce qui valait mieux, quelque frère

---

[1] On lit à la fin de la relation de Babin la permission d'imprimer donnée à Pascal, *à Lyon le* 11. *Aoust* 1674, et on trouve, après la préface d'*Athènes ancienne et nouvelle*, 1ᵒ le privilége donné à S. Germain le 13ᵉ jour de décembre 1674 et cette note : *Achevé d'imprimer pour la première fois le* 15 *janvier* 1675. Il résulte de ces dates que l'ouvrage de Guillet de Saint-Georges était terminé et sous presse lorsque la relation de Babin et les notes de Spon paraissaient à Lyon. Ces deux ouvrages ne se doivent donc rien l'un à l'autre, si ce n'est ce qu'ils ont de commun, dans leur origine première, au couvent des capucins et à la maison des Jésuites d'Athènes.

instruit qui, en rentrant en France, se trouvait être en état de répondre aux questions. Tout cela, j'ignore par quelles voies, fut mis à la disposition de Guillet de Saint-Georges [1], et il entreprit, avec

[1] Je tiendrai toujours à honneur d'avoir rendu à l'érudition en général et à la topographie d'Athènes en particulier, un ouvrage utile. En dégageant d'*Athènes ancienne et moderne* ce qui n'appartient pas aux missionnaires, j'offre à l'étude une relation originale, écrite sur les lieux et qui se rapporte au premier plan de cette ville dessiné d'après nature. J'ai fait avec beaucoup d'attention ce nettoyage. Dans le texte j'ai pris tout ce qui m'a paru extrait des mémoires fournis par les capucins. Pour le plan j'ai reproduit trait pour trait sa gravure, et je me réserve d'indiquer plus loin en quoi il diffère du plan original des capucins qu'on a vu précédemment (p. 78).

« Je partis sur la fin de février, en 1669 (p. 3 de la première édition). Nous rendimes le bord à Portolione (23 avril) qu'il n'estoit pas encore une heure après midy (p. 120). Tout ce qu'on voit au Pyrée, c'est un fort beau lyon de marbre, qui donne le nom à ce fameux port. Le lyon presente la gueule ouverte du côté de la mer. Il est representé comme rugissant et prest à s'élancer sur les vaisseaux qui y moüillent (p. 125). Après avoir esté quelque temps à nous promener, nous montames sur des chevaux qu'on nous avait fait venir d'Athenes. Dès que nous eumes fait quelques pas au Nord-est, le magnifique Temple de Minerve, qui est dans le Château et qui paroît beaucoup au-dessus des murs, fut le premier objet qui nous frappa la veuë (p. 128).

» Les ruines des murs que nous costoyions s'appelloient autrefois les Longues Murailles, et il y avoit deux murs de ce nom là (p. 129). A moitié chemin d'Athenes, on trouve un grand puits environné d'oliviers, qui rendent le lieu fort agreable (p. 130).

ces ressources, s'aidant en outre des auteurs classiques, d'écrire une description d'Athènes d'après

» Nous voicy donc maintenant arrivez à Athenes, qui avoit
esté l'objet de nôtre Voyage (p. 131). La ville est peuplée
de quinze à seize mille personnes, dont les Turcs font bien
mille ou douze cens (p. 152).

» Le matin du Mardy, 23 Avril, le premier de nos soins fut de
nous asseurer contre les insultes du pays. — Nous nous mîmes
en chemin pour aller saluer le Disdar dans le Chasteau, où
la curiosité nous attiroit encore plus que le devoir. Quand
des Voyageurs et mesme les Grecs de la ville veulent venir au
Chasteau, il faut l'aveu du Disdar. La montagne (où est situé
le château) est fort escarpée du costé de la Ville, et comme
nous commencions à prendre le tour qu'il faut faire pour
gagner l'avenuë du Chasteau, nous vismes sur la hauteur du
Roc une Calogere ou Fille Religieuse de Saint-Basile, qui
ouvroit la porte d'une Eglise pratiquée dans l'enfoncement de
la masse du Rocher. L'église est appellée *Panagia,* parce qu'elle
est dediée à la Vierge, et comme nous voulûmes donner les
premices de nostre curiosité à cette pieuse station, nous y
montasmes tous et la trouvasmes fort proprement entrete-
nuë par les soins de la Calogere qui la gouverne (p. 177).
Le roc escarpé qui est auprès s'appeloit *Macræ Petræ.* — De
Panagia nous prismes le chemin qui conduit au Chasteau.
Rien n'est plus celebre que ce chemin. Ce sont les ruines du
Lycée, la fameuse école où Aristote expliquoit sa philosophie.
L'esplanade en est agréable, mais on n'y voit aucune marque
de la *Palæstre.* — Sur ce terrain, on voit encore les ruines
d'un Aqueduc, et nos voyageurs, par leurs dissertations topo-
graphiques, demeslerent l'endroit où estoit autrefois la fon-
taine Panopis, dont les eaux ont esté diverties (p. 181).

» A soixante pas de là et sur un lieu élevé, comme Herodote
le marque, on voit les débris de l'Areopage (p. 184). A la

son état présent. Les textes anciens, procédé nouveau, étaient rapprochés de descriptions faites sur

gauche de l'Areopage nous laissâmes une colline dont la hauteur est égale à la hauteur du chasteau. Elle s'appelle aujourd'huy l'Arc de Trajan, à cause qu'on y voit le debris d'un Arc de triomphe que Trajan y fit élever. Mais les anciens l'appelloient *Museon*, à cause du poëte Musée qui y venoit réciter ses ouvrages (p. 185).

» Le Disdar, qui remarquoit que nous avions toûjours les yeux tournez vers le temple de Minerve, commanda qu'on nous le fist ouvrir (p. 190). Nous n'avons rien de l'Ordre Dorique qui approche de ce chef-d'œuvre. Cependant sa magnificence éclatte particulierement par dehors. Il n'est pas jusqu'aux matelots qui ne prennent vistement des lunettes de longue veuë d'aussi loin qu'ils le peuvent découvrir. Rien n'égale la beauté de son frontispice, ny celle des portiques qui sont sur les aisles, et des figures qui enrichissent cette partie exterieure. Nous lûmes sur ce frontispice, avec une joie meslée de respect, l'inscription fameuse dont on parle tant : Ἀγνώστῳ Θεῷ, *Au Dieu inconnu*. Elle n'est pas gravée sur la porte d'une petite chapelle, comme quelques-uns l'ont publié. Ces gens là ne se souvenoient plus qu'il n'y a ny chapelle, ny autel dans une mosquée (p. 191).

» Parmy les figures du dehors, on admire particulierement un lyon de marbre (p. 192).

» L'architecture du dedans n'est pas si pompeuse que celle du dehors, mais elle est aussi reguliere. Ce n'est que depuis quelques années qu'on la peut voir distinctement et qu'on en a osté beaucoup de fatras qui l'embarassoient. Elle estoit pleine d'offrandes mahometanes. Il n'y a pas quinze ans que le Temple de Minerve estoit une des plus celebres mosquées du monde (p. 193).

» Je fus d'abord estonné de la trouver aussi sombre qu'elle

les lieux et de plans dessinés d'après nature pour
leur servir de commentaire. Si Guillet de Saint-

est, pour un bastiment d'une situation si élevée ; mais il a
esté de la prudence de l'excellent architecte Ictinus d'y faire
peu d'ouvertures, et de luy donner beaucoup de solidité pour
resister à la force du vent, qui ne laisse pas, pour peu qu'il
trouve de passage, d'y faire assez de bruit (p. 194). Il est
vray qu'à peine y estions nous entrez qu'une lueur extraordinaire nous estonna. Elle venoit de deux pierres polies et
éclatantes, placées assez près l'une de l'autre dans le gros
mur, au fond de la mosquée (p. 195). Devant ces pierres
lumineuses on voit une chaise de marbre blanc, autrefois la
place de l'Archevesque, aujourd'huy celle de l'Iman quand il
explique l'Alcoran, et aux deux costez de la chaise, dans le
gros mur, il y a deux embrasemens ou reduicts couverts de
deux tables de marbre où les Chrestiens enfermoient les
ornements de l'Autel. Au sortir du Temple nous vimes,
à cinquante pas de là, ce puys celebre dont on a toujours parlé comme d'une des merveilles de la nature ; et
aujourd'huy les Atheniens le content pour une des plus
curieuses raretez de leur pays. Son eau est salée et a la couleur de celle de la mer : toutes les fois que le vent du midy
souffle, elle est agitée et fait un grand bruit dans le fond du
puys (p. 198). Tout est plein de ruïnes du costé que logent
les Janissaires, si vous en exceptez l'arsenal basty par Lycurgue, fils de Lycophron, qui paroist encore avec une magnificence et une élevation surprenante, particulierement une
grande tour qui fait partie de cet edifice. Elle est un des
premiers objets qui font discerner le chasteau aux navires
qui entrent dans le golfe d'Engia (p. 202). Comme nous
sortions du chasteau, nous connûmes qu'il estoit midy, parce
que les Turcs se preparoient à la priere *Eouylaï* qu'ils ne
font qu'à cette heure là. Un homme qu'ils appellent Mue-

Georges, en publiant son travail, l'avait intitulé
Description d'Athènes ancienne et moderne, d'après

zin, à cause de sa fonction, monté sur le haut de la mosquée, se mit à appeller les Mahometans à l'oraison (p. 204).

» Après le repas nous sortimes à dessein de voir le dehors
de la ville qui est à l'est du Lycée et de l'Areopage. Nous
passames à côté de la maison de Giraud et ensuite devant
celle où se retiroient les Perés Jesuites avant la persecution
qu'ils ont soufferte à Athènes (p. 206). De là tournant à
main droite, comme pour aller à Panagia, on trouve le
temple de Jupiter, qui est d'une structure admirable. Mais
comme il y en avoit autrefois cinq ou six à Athenes consa-
crez à ce dieu, sans parler de l'Olympien, nous ne pûmes
demesler lequel c'estoit. Celui-cy sert d'eglise grecque, il est
à l'extremité de la rue (p. 209). Nous rentrames dans la
ville par la porte qui est auprès de l'hospice des Capucins, et
nous y pouvions rentrer par où bon nous sembloit; il n'y a
plus que quelques pans de murailles, chacun à peu près
d'une toise ou deux, attachés aux portes de la ville, qui à
leur égard sont pitoyables et bien éloignées de l'ancienne
magnificence, excepté une seule dont je vous parleray tantost. A l'entrée de la ville, on trouve à main droite un monastère de Calogeres, dont l'église est gouvernée par un
Caloger. De l'autre costé de la ruë est l'hospice des Capucins. Il estoit alors fermé (p. 211). Nous fumes voir proche
delà un petit edifice que les Atheniens appellent *to Phanari
tou Diogenis*, c'est-à-dire la lanterne de Diogène, c'est le
reservoir des eaux d'une fontaine. Les Anciens le nommoient
Analogœon, parce qu'il est basty en pulpitre. Mais parce
qu'il y a au dessus une couppe faite en lanterne, le vulgaire
dit aujourd'hui que c'est la lanterne de Diogene (p. 212).
De là reprenant à main gauche, nous passames devant la
maison du consul de France : elle est au coin d'un carrefour ;

*les auteurs anciens et les mémoires des Pères ca-
pucins,* si surtout il avait nettement séparé ce qu'il

et la salle de la maison fait une saillie dans la ruë où elle est soutenuë par des colomnes. — Au-dessus de la maison du Consul, tirant vers le bazar, nous vimes la seconde Mosquée de la ville. C'estoit autrefois le temple de Venus Uranie, basty par Égée et reparé par Adrien. Il estoit fameux par une statue de Venus de la façon de Phydias. Le temple de Vulcain, appellé aujourd'huy le Catholicon, qui est l'Eglise Archiepiscopale d'Athenes, n'est pas loin de là. Après cette mosquée nous allâmes voir la maison des Vents que le vulgaire appelle *Anemoi.* C'est la tour d'Andronicus Cyrrhestes. Cette tour est bastie de marbre, en octogone, comme Vitruve l'a décrite. Cyrrhestes fit graver sur chacune de ses faces la figure du vent qui souffloit de ce costé là. Le travail des bas-reliefs en est admirable. On n'y voit plus le Triton d'airain eslevé sur la couverture de l'edifice, mais on y voit encore ce que Varron y a remarqué, et ce que Vitruve n'a pas dit, huit quadrans solaires, un à chaque face de l'Octogone. Des huit, il n'y en a aujourd'huy que sept dans la ruë, l'autre est enfermé dans la maison d'un Turc, qui tient à cette face. Mais il n'y a plus d'aiguilles pour marquer les heures (p. 213). La maison du Vecchiados Panajotti Cavalieri est vis-à-vis de la maison des Vents, et le lieu celebre dont je vous ai parlé, est un peu plus haut, tirant vers le Ceramique. C'est le portique appellé *Poecile* ou *Porticus varia* (p. 215).

» Le matin du 24. avril nous allasmes entendre la messe du Pere Simon, de Compiegne, à l'hospice des Capucins, qui sont presentement en possession de la mission d'Athènes. Le Pere Simon a pris pour son hospice un edifice de marbre blanc, qui est petit, mais d'une structure delicate. Le vulgaire l'appelle indifféremment de deux noms: *To Phanari tou Demosthenis* et *To Palati tou Demosthenis,* tantost la lanterne de

puisait dans les livres, de ce qu'il empruntait aux relations de témoins, il était à l'abri de toute cri-

Demosthenes, tantost son palais. Le travail du *Phanari* et ses basses tailles sont admirables. Le Pere Simon l'achepta d'un Grec, qui le vendit cent cinquante écus, mais un moment après il fit une chicane au Père et ne lui voulut pas livrer le *Phanari*, disant qu'il venoit d'apprendre que par les coustumes d'Athenes un estranger ne pouvoit pas posseder une antiquité de la ville. Le Pere Simon en appella devant le cadi, qui luy en attribua la joüissance, à condition pourtant de ne point endommager le *Phanari*, et ordre de le montrer aux curieux qui le voudroient voir. Ce qui témoigne l'estat qu'on fait encore des antiquitez à Athenes (p. 223).

» Nous laissames le bazar à main gauche et traversames la ruë du Ceramique sans nous attacher à y faire des remarques. Comme nous fumes vers les dernieres maisons de la ville, du costé du temple de Thesée, qui est le chemin de l'Academie, nostre janissaire nous proposa d'entrer chez un Grec de sa connoissance (p. 231). Notre janissaire nous estant venu rejoindre, il nous mena vers la porte de Dipilon, qui est la seule qui nous reste de l'ancienne ville. Ce sont trois portes de suitte, grandes, bien basties, curieusement travaillées et qui meritent d'estre mises au nombre des plus riches antiquitez d'Athenes (p. 249). A la main droite du Dipylon nous vîmes une tres-ancienne et tres-belle muraille de marbre et un portique ruiné. C'estoit autrefois le Gymnasion de Ptolemée, roy d'Égypte (p. 250). A costé de ces ruines on voit quelques restes d'une ancienne muraille de brique, qui est celle dont Vitruve a parlé. Elle regarde, comme il a dit, le mont Hymettus, qui est proche du mont de Saint Georges. A la main gauche du chemin de l'Academie et tout proche le Dipylon, on voit l'ancien temple de Thesée, remarquable par les festes que les anciens y solemnisoient

tique, il aurait servi utilement l'archéologie en lui donnant un ouvrage auquel elle pouvait se

en l'honneur de ce heros (p. 251). Les princes chrestiens en firent une Eglise. Aujourd'huy sa voûte commence beaucoup à deperir et ne peut estre rétablie que par un malheur, qui seroit de le voir reduit en Mosquée. C'est parce qu'il est hors de la ville que quelques-uns de nos voyageurs ne veulent pas croire que ce soit encore celuy dont l'antiquité a tant parlé, fondez sur Plutarque, qui a marqué sa situation au milieu d'Athenes. Ils ne songent pas que ce qui n'est pas vray aujourd'huy l'estoit du temps de Plutarque, toute la face de la ville ayant changé depuis ce temps là. Il faut qu'ils n'ayent pas pris garde aux grandes demolitions qui regardent ce temple du costé de la campagne, et qu'ils ne sachent pas que par là il estoit enclavé dans trois quartiers fort peuplez, à scavoir le Hyera Siki, l'Academie et le Colonos Hippios : et il ne pouvoit pas mieux estre au milieu d'Athenes que d'estre justement entre la ville qui subsiste aujourd'huy et celle qu'ils appelloient Asty, comme qui diroit la Cité. Outre ces convictions, ses murailles et sa structure persuadent son antiquité (p. 252). Maintenant on voit auprès de ce temple un grand et beau lyon de marbre couché à terre, et representé comme s'il dormoit, à la difference de celuy de la marine et de celuy du chasteau, qui semblent estre en furie. — Nous passasmes en suitte le long des jardinages qui sont sur les ruines du faûxbourg de l'Academie ou du Ceramique, car on luy donnoit ces deux noms (p. 254). Quand nous fusmes arrivez à ceste fameuse echole, quelle fut nostre douleur et de quelle desolation fusmes nous témoins? Ce ne sont plus que tas de grosses pierres et que débris de marbre que l'herbe cache et que les terres surmontent. Par cy par là des bouquets de figuiers, des touffes d'oliviers, des jardinages, et des cabanes où les jardiniers logent (p. 259). Le nom

fier, et il conquérait une célébrité durable. Mais il était trop de son temps pour agir aussi sim—

d'Academie n'est presque plus connu dans Athenes, on l'appelle l'escole de Platon. Il n'est pas possible d'y foüiller six pieds de terre qu'on n'y trouve quelque précieuse antiquité. Il y a trois ou quatre ans qu'un jardinier y bêchant la terre trouva une Pallas de marbre blanc qu'il vendit deux écus à Giraud (p. 260). La butte où estoit autrefois la maison du celebre Misantrope se voit à cent pas des ruïnes de l'Academie. Le lieu est encore aujourd'hui tout plein de figuiers. —Et reprenant le chemin du logis, nous vimes sur la main gauche, au pied du mont de Saint Georges, des ruines qu'on appelle aujourd'huy l'Escole de Zeon. Mais ce n'est que le tombeau de ce philosophe. Souvenez-vous de ce que j'en ay dit parlant du Poecile (p. 261).

» Le jeudy matin 25 avril, nous sortimes pour aller voir les ruines du *Stadion Panathenaïcon* et celles du palais d'Adrien. Proche de la porte de la ville par où l'on va à Raphti, nous admirasmes le *Triclinion* qui est un précieux ouvrage de l'antiquité, dont personne n'a encore parlé. C'est une grande pierre qu'on a trouvée depuis quelques années en foüillant des terres. Elle est enrichie d'un bas-relief admirable, qui represente une salle et un banquet des Anciens, d'où lui vient le mot de Triclinion. Un Grec l'a fait placer à la muraille de sa maison pour embellir la face. Au dehors de la porte de Raphti nous laissames le Palais d'Adrien à main gauche et à costé le lieu qu'ils appellent *Ta Mnimouria*, c'est le Cemetiere des Turcs. — En allant au pont de la riviere d'Ilissus nous remarquasmes l'endroit où avoit esté le tribunal appellé *Ardettos*. — C'estoit là qu'il y avoit un autel consacré aux Muses surnommées Ilissiades, et l'on y montroit aussi l'endroit où Codrus, Roy d'Athenes, avoit esté tué. Proche le pont nous vismes les ruines d'une chapelle qu'ils appellent

plement. Entraîné par la mode, qui mettait des noms supposés aux livres et donnait une tournure

Agios Phrancos. — Le pont est soûtenu de trois arches, et au-dessous est le canal où passoit l'Illissus quand il estoit riviere, car aujourd'huy le canal est sec; l'Illissus a esté diverty et partagé en une infinité de rigoles qui s'épanchent de costé et d'autre (p. 262). — Au delà du pont est le Quartier qu'on appelloit indifferemment *Agra* et *Agræ.* Il y a une petite hauteur là auprès, où sont les ruines du temple de Diane, surnommée *Agrotera* ou la chasseresse. — De la Colline où sont ces débris nous vismes les restes du *Stadion Panathenaïcon;* elles sont encore si magnifiques qu'elles nous frappent d'estonnement. — Sa figure est une portion d'ovalle, et il semble que la nature se soit joüée pour former à plaisir une Colline qui règne aussi en portion d'ovale, comme pour borner le terrain de cette carriere. Les rangs des degrez, qui subsistent encore, sont de marbre blanc. Au pied de la colline du temple de Diane, il y a un temple de Ceres qui est entier et de marbre blanc. C'est un ouvrage aussi mignard et aussi propre qu'il y en ait au monde. Il sert d'Eglise Grecque, et l'on y voit la peinture d'un crucifix qui merite d'estre admirée. Hercules y fut autrefois initié aux petits mysteres de Ceres; car les grands mysteres estoient celebrez dans un autre temple consacré à cette deesse et appellée *Eleusinion.* Je vous en parleray tantost. Nous entrasmes dans celuy d'Agræ (p. 263). De là tournant à main droite nous fûmes admirer les superbes colomnes et le magnifique portail qui restent du palais d'Adrien. Le Vulguaire l'appélle *Didascalion.* — Auprès de ces colomnes, on voit le *Ta Mnimouria* ou le Cemetiere des Turcs, et à costé il y a un temple de Junon. Ce n'est que le debris d'un plus grand, basty par Adrien, et dedié en commun à Junon et à Jupiter, surnommé *Panhellenien.* Il sert encore d'Eglise Grecque (p. 266).

romanesque à toute chose, il imagine que son frère, le sieur de la Guilletière, né en Auvergne,

Nous finismes nostre promenade de bonne heure pour en faire après disner une plus grande, et nous la commençâmes par la grand' ruë du Ceramique ou du Bàzar, qui est aujourd'huy la plus belle de la Ville. — Nostre Janissaire nous fit entrer dans le Pantheon, qui est situé sur une des aisles de cette ruë. Je le trouvay beaucoup plus superbe que la Rotonde de Rome, qui est l'ancien Pantheon basty par Agrippa. Celuy d'Athenes n'a esté édifié qu'environ six vingts ans après par l'empereur Adrien. Les Turcs en ont fait une mosquée, après avoir esté une église consacrée à la Vierge sous le nom de Panagia. Nous y admirames des Chevaux de la façon de Praxitele, qui y sont encore; Adrien les y fit placer. Ils sont de Praxitele, c'est tout vous dire. Ils commencent fort à se sentir de l'injure du temps (p. 268). La Boucherie publique separe le Bazar d'une autre grande Place que les Anciens appelloient simplement *Agora* (p. 270). Vis à vis de la mesme place, on voit le Catholicon, c'est ainsi que les Chrestiens appellent l'Eglise Archiepiscopale. Elle n'est guère plus grande que celle des Innocens à Paris. — Sur la mesme ligne du Catholicon et vis à vis la Place du Cadi, on voit le Philaki, c'est ainsi qu'ils nomment la prison publique. Le Temple de Venus Uranie, changé aujourd'huy en mosquée, est derriere le Philaki (p. 271). Nous passasmes par un endroit où avoit esté l'ancienne porte qu'ils appelloient Pylæ Hyppades, comme qui diroit la Porte aux chevaux, à cause que dans ce Colonos Hippios on trouvoit quantité de chevaux de loüage. Nous laissasmes à main droite les superbes ruines d'un Aqueduc commencé autrefois par Adrien et achevé par son successeur Antoninus Pius. Il servoit à la conduite des eaux du Didascalion ou palais d'Adrien (p. 275). Nous trouvasmes au pied de la montagne Pentelicus, le réservoir des eaux que

est entré dans la carrière des armes; que, poussé en Hongrie par les hasards de la guerre, fait prisonnier

l'Aqueduc dont j'ay parlé, portoit au palais d'Adrien. On y voit une fontaine dont l'eau est tres-délicieuse et d'une fraischeur extraordinaire. Ils la nomment *Brysis* ou *Vrysis*, car ils prononcent l'un et l'autre, et ils appellent le Pentelicus : *To Vouni tou Agiou Georgiou*. Nous montasmes assez lentement la montagne, parce que nostre medecin nous amusoit à nous monstrer les simples excellens et les plantes remarquables qu'elle produit (p. 276). Sur le haut de la Montagne, on voit une Chapelle appellée *Agios Georgios*, gouvernée par un Caloger. Elle est à la place d'une statuë de Pallas, dont Pausanias a parlé (p. 277).

Le matin du vendredy, 26 avril, nostre Janissaire nous mena dans le principal Monastere des Calogeres, et sans son credit nous n'eussions pas eu le privilege d'entrer dans leur Eglise. Cette Eglise est un des plus beaux Bastimens qui soient à Athenes, et les Calogeres en ont un soin particulier (p. 283). La maison de l'ancien Archevesque est vis à vis de ce monastere (p. 284). Nous vinmes gagner le temple de Jupiter; de là suivant toujours le pied du Chasteau, nous passasmes derriere la maison où les Peres Jesuites se retiroient autrefois, et vismes à nostre main droite les debris d'un bastiment qu'on appelle aujourd'hui *To Palati tou Themistoclis*, c'est-à-dire le palais de Themistocle. Chez les anciens le nom et l'usage de cet édifice n'avoient rien qui authorisast le nom moderne. Ils le nommoient palais des Cinq Cens. — On trouve un peu plus avant le temple de Neptune, qui est d'une structure admirable (p. 291). C'est aujourd'huy une église grecque. — Auprès du temple de Neptune il y a une fontaine du mesme nom. L'eau en a esté destournée pour l'usage du Chasteau. De là nous entrasmes dans la ruë du Ceramique (p. 292). C'est là auprès qu'on voit les ruines d'une petite chapelle, appellée

par les Turcs, il est vendu à un corsaire tunisien ;
qu'au sortir de cet esclavage il voyage en Grèce,

Agios Dionysios, où l'on dit la messe, le jour de la feste de ce
Saint. Pour relever cette chapelle, il ne faudroit pas seulement de l'argent, mais encore une puissante recommandation
à la Porte (p. 293). La chapelle touche au palais de l'archevesque, que l'on pretend avoir esté le palais de saint Denis.
On y montre un puys que les Chrestiens ont en grande
veneration, parce qu'ils tiennent qu'il servit de prison à saint
Paul, et que l'authorité de saint Denis l'en retira (p. 294).
L'ancienne porte du Pyrée estoit à deux portées de mousquet de celle d'aujourd'huy. De là nous tournâmes face vers
le Chasteau et suivimes un sentier sur la main droite, qui
nous mena vers les ruines du temple de Jupiter Olympien
(p. 298). La muraille du Chasteau qui est derriere le terrain
où estoit ce Temple, est proprement celle qu'ils appelloient
Cimonion ou le Mur Austral. On voyoit autrefois dans ce mur
la teste de Méduse et le bouclier de Jupiter qu'on appelloit
Ægys (p. 302). Dans le roc qui est au-dessous, on voit encore
la caverne où estoit le trepied consacré à Apollon et à Diane.
Un peu plus loin on voit aussi d'autres cavernes où les bergers se viennent refugier avec leurs troupeaux. Là auprès on
voit quelques ruines de l'Odeon, ce magnifique theatre de
musique, où tant de celebres musiciens ont disputé le prix
(p. 303). Aux environs nous trouvasmes dans la prairie un
petit ruisseau que nous suivimes avec plaisir. Nous remon-
tames contre son cours, car nous nous doutions bien où il
nous conduisoit. Il nous mena sur les bords de la fameuse
fontaine *Enneacrunos*, appellée dans les premiers temps
Callirhoé. Elle est bien décheuë de son ancienne magnificence. Au lieu des neuf tuyaux que Pisistrate y fit faire, elle
n'a pas même d'autre bassin que le gazon de la prairie
(p. 304). Nous decouvrimes derriere des arbres et parmy des

écrit sa relation, l'envoie en France et continue son exploration du Levant.

herbes les debris que nous cherchions, les restes du premier Theatre qui ait esté au monde. Le trait de l'enceinte du theatre s'y reconnoist encore, et l'on juge de la magnificence de tout le corps par les demolitions qui en restent (p. 305). Après avoir examiné les ruines du Theatre, nous allâmes faire un leger repas sur le bord de la fontaine Enneacrunos (p. 327). Nous continuâmes nostre promenade en visitant le quartier de Diomea, qui est là proche. On y voyoit autrefois un tribunal composé de soixante juges et un temple de Jupiter surnommé Dioméen. L'ancienne porte de Diomea estoit au pied de la colline de Cynosarges, où nous montâmes ensuite et où nous vîmes encore quelques ruines (p. 329). Le quartier d'Alopece en estoit tout proche. On y trouve aujourd'huy un grand canal qui est sec, où les eaux de l'Ilissus se déchargeoient autrefois pour la communication de la ville et de la marine (p. 331).

Explication des Chiffres qui designent les lieux remarquables du Plan de l'ancienne et de la nouvelle Athenes.

1. Tritonia, Montagne du Chasteau.
2. Cecropia, Acropolis, Castro, le Chasteau.
3. La Muraille appellée Pelasgicon.
4. La Muraille appellée Cimonion.
5. Le Temple de Minerve, Sainte Sophie, Mosquée.
**. Tour de l'Arcenal de Lycurgue.
6. Propylæa, Avant-portail, et les ruines de ses Vestibules.
7. Ruines des portiques du Propylæa, et de l'Aqueduc du Lycée.
8. La Grotte d'Apollon, Panagia.
9. Temple de Jupiter, Eglise Grecque.
10. Palais du Sardar.
11. Serail du Sardar.
12. Plusieurs Eglises Grecques.
13. Palati tou Demosthenis, Phanari, Hospice des Capucins.
14. Monastere de Calogeres, gouverné par un Caloger
15. Maison du Vecchiados Capitanakis.
16. Analogæon, Phanari tou Diogenis, Lanterne de Diogene.
17. Ancien Hospice des Capucins.
18. Triclinion.
19. Monastere de Calogeres, gouverné par l'Archevesque.
20. Agora, Colonos Misthios, Place publique.
21. Ruines du Gymnasion Ptolemaïcon.
22. Ruë du Ceramique, ou du Bazar.
23. Maison de Janis Beninzellos.

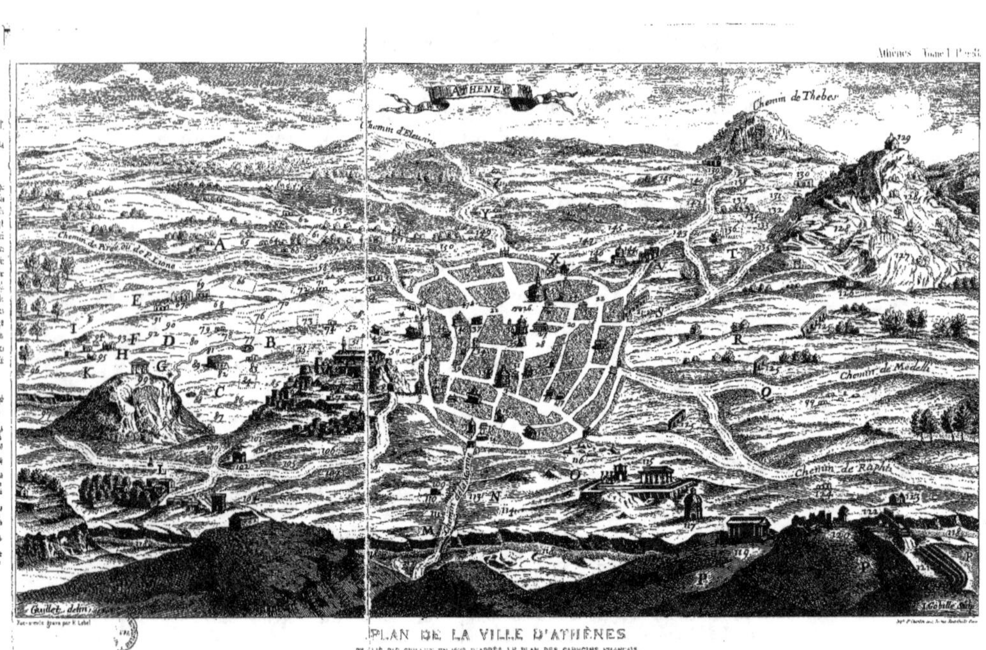

PLAN DE LA VILLE D'ATHÈNES

PUBLIÉ PAR GUILLET, EN 1672, D'APRÈS LE PLAN DES CAPUCINS FRANÇAIS.

L'esclavage chez les corsaires barbaresques était alors le thème favori, et il l'est resté longtemps, des

24. Maison de Dimitrios Beninzellos.
25. Le Pantheon, Mosquée.
 *. Maison de Calchondile.
26. Agora, Ceramique, Bazar.
27. Palais du Cadi.
28. Place publique où demeure le Cadi.
29. Maison de Janis Baptista Traperi.
30. Principal Monastere des Calogeres, gouverné par l'ancien Archevesque.
31. Maison de l'ancien Archevesque.
32 Temple de Venus Uranie, Mosquée.
33. Fontaine publique. Brysis.
34. Tour d'Andronicus Cyrrhestes. Anemoi. Maison des Vents.
35 Philaki. La Prison publique.
36. Temple de Vulcain. Le Catholicon. Eglise Archiepiscopale.
37. Pœcilé, le Portique des Stoïciens.
38. Maison de Panaïotti Cavalieri.
39. Maison du Consul d'Ang'eterre.
40. Maison où estoit la Mission des PP. Jesuites.
41. Hospice des Calogers de Medelli
42. Curia Quingentorum. Palati tou Themistoclis.
43. Temple de Neptune. Eglise Grecque.
44. Maison de Stamatis Paleologue.
45. Fontaine de Neptune, Brysis.
46. Temple d'Apollon Patroos. Eglise Grecque.
47. Fontaine publique. Brysis.
48. Portique du Roy.
 *. Portique de Jupiter Eleutherien.
49. Agios Dionysios, et Palais de l'Archevesque.
50. Barathron, Orygma.
51. Parabystus, Tribunal.
52. Tholus.
53. Metroon.
54. Bucoleon.
55. Le Prytanée.
56. Portique d'Attalus.
57. Portique Thracon.   Alphiton Stoa.
58. Temple du Heros Calchodus.

59. Edifice remply de Statuës, d'Amphiction, etc.
60. Maison de Polition, et Temple de Bacchus.
61. Agora, place de Mercure.
62 Portique de Mercure.
63. Jardin du Philosophe Melanthius.
64. Temple de Cerés.
65. Pompéon.
66. Tombeau de Deucalion.
67. Temple de Jupiter Olympien.
68. Temple de Saturne et de Rhée.
69. Boccage d'Olympia, Morychia, et Maison de Charmidas
70. Illithia. Temple de Lucine.
71. Temple de Serapis.
72. Agora. Place des Trepieds sacrez.
73. Tribunaux Helyæa, Strategion, et Thesmothesion.
74. Temple de Mars.
75. Odeon, Theatre de Musique, place publique, et Tribunal.
76. Trigonon, Tribunal.
77. Fontaine Enneacrunos.
78. Eleusinion. Temple des grands Mysteres.
79. Temple de Proserpine.
80. Egyron, et Prairie du Lenæon.
81. Portique d'Eumenicus.
82. Theatre de Bacchus.
83. Temple de Bacchus.
84. Lymnomachia.
85. Caverne du Trepié sacré.
86. Kourotrophos. Temple de Cerés et de Tellus.
87. Temple de Themis, et Tombeau d'Hypolite.
88. Temple d'Esculape, et Fontaine d'Halirrothius.
 **. Temple de Jupiter Dioméen, et Tribunal des soixante.
89. Temple d'Euclæa.
90. Delphinion. Temp'e d'Apollon, et Tribunal.
91. Palais d'Egée.
92. Autre Temple de Venus Uranie.
93. Tombeaux d'Isocrate et d'Anchimolus.

romans et des pièces de théâtre : il n'est donc pas
étonnant que Guillet l'ait adopté comme base de sa

94. Ecole des Philosophes Cyniques, et plusieurs Autels.
95. Temple d'Hercule, et Tribunal.
96. Bosquet d'Oliviers.
97. Canal où se dechargeoit la Riviere d'Illissus.
98. Coline du Museon.
99. Arc de Trajan.
100. La Fontaine Panopis.
101. Temple de l'Heroïne Perdix.
102. Temple des Eumenides.
103. L'Areopage.
104. Tombeau d'OEdipe.
105. Temple du Heros Lycus, et
Tombeau du Roy Nisus.
106. Le Lycée. Ecole des Peripateti-
ciens.
107. La Palæstre.
108. Le Tribunal du Polemarque.
109. Pnyx, Agora.
110. Tribunal, Periscœnisma, et Ly-
thos.
111. Temple des Muses, et Quadran
Solaire.
112. Palladion. Tribunal des Ephe-
tes.
113. Maison de Cimon et d'Elpinice.
114. Amazonion. Temple des Amazones.
115. Didascalion. Palati tou Adria-
non.
116. Ta Mnimouria. Cemetiere des
Turcs.
117. Temple de Junon, et de Jupiter
Panellenien.
118. Ancien lict du Fleuve Illissus.
119. Temple de Cerés, Temple des
petits Mysteres.
120. Temple de Diane Agrotera.
121. Le Stadion Panathenaicon.
122. L'ancien pont de l'Illissus.
123. Agios Phraucos.

124. Ardettos, Tribunal.
125. Aqueduc d'Adrien.
126. Fontaine et Reservoir de l'A-
queduc. Brysis.
127. Le Mont Pentelicus.
128. Torrent Cycloborus, et Car-
rieres de marbre.
129. Agios Georgios.
130. Ecole de Zenon selon le vulgaire.
Tombeau de Zenon.
131. Temple de Neptune Hippios.
132. Temple de Venus.
133. Temple de Minerve.
134. Temple de Promethée.
135. Temple des Eumenides.
136. Monumens de Gloire de Thesée,
d'OEdipe, de Pyrithous, et d'A-
draste.
137. Tombeau de Platon.
138. Temple de Bacchus le Libera-
teur.
139. L'Academie.
140. Autels de Promethée, de l'A-
mour, des Muses, de Minerve,
et d'Hercule.
141. Colline où estoit la Tour du
Misantrope Timon.
142. Tombeaux d'Harmodius, d'Aris-
togiton, de Pericles.
143. Tetracephalos.
144. Temple de Thesée. Agios Georgios.
145. Horcomosion.
146. Lyon de marbre.
147. Theatre de Regilla.
148. OEnos, Agora, Place où l'on ven-
doit le vin.
149. Anacéon. Temple de Castor et
de Pollux.
150. Boccage d'Aglaure.
151. Limoupedion, Champ consacré
à la Famine.

Portes et quartiers de l'ancienne Ville.

A. Porte du Pyrée.
B. Asty, la Cité.
C. Lymnæ.
D. Cœpi.

E. Porte d'Egée.
F. Porte Diomea.
G. Diomea.
H. Eriæ. Porte des Sepulchres.

fiction tout orientale. Mais, prévoyant une objection, il y répondait par avance : « Ne vous imaginez » pas que mon frère m'ait envoyé les détails de » toutes les remarques anciennes que vous trouverez » ici. Il luy manquoit, en ce pays-là, les livres que » j'ay consultés à Paris, et j'avoue de bonne foy que » mon plus grand secours m'est venu des volumes » de Meursius. » C'était vérité [1] : à des renseignements fournis par des témoins, à un plan fait sur les lieux [2] et envoyé d'Athènes même, Guillet, doué

I. Cynosarge.	T. Colonos Hippios.
K. Alopece.	V. Dipilon, Porte du Ceramique.
L. Porte Diocharis.	X. Petite Porte du Ceramique.
M. Porte Ithonia.	Y. Hyera, porte sacrée.
N. Amazonion.	Z. Hyera Siki, et Hyera Odos.
O. Chrysa.	aa Heptachalcon.
P. Agra, ou Agræ.	bb Oeon.
Q. Porte Melitide.	cc Colonos.
qq. Cœla.	dd Melite.
R. Porte d'Acharnæ.	ee Colytos.
S. Hyppades, Porte aux Chevaux.	ff Macra Stoa.

On a passé par mégarde dans la Planche l'ordre des Chiffres de quatre endroits remarquables, qu'on a remplis de petites Estoilles, particulierement la grosse Tour du Chasteau, qui est l'Arsenal que Lycurgue fit faire de marbre. La suitte des Chiffres indique la position des autres.

[1] Il disait dans sa réponse à Spon : « La Guilletière estant » dans le Levant envoya les mémoires de ce qu'il avoit vu » dans Athènes et dans Lacédémone à son frère Guillet, qui » fit un tissu et un corps de ces mémoires et les donna au » public. » (P. 113.) Mettez les capucins d'Athènes au lieu et place du nom de la Guilletière (Guillet s'entêtait dans son roman), et vous aurez la vérité.

[2] Ce plan est celui-là même que les capucins de la mission d'Athènes avaient dessiné et qu'ils communiquaient en cachette aux voyageurs. Ils en envoyèrent une copie à Guillet. Je l'ai reproduit plus haut (p. 78) dans son état

pour son temps d'une intelligence remarquable des choses de l'antiquité, avait ajouté des recherches érudites, exposées dans un style agréable. Il était ainsi parvenu à donner, à ce petit volume, un ensemble qui trompa tout le monde. La Guilletière était censé avoir visité Athènes en février 1669; c'était la date de quelque mémoire parti de ce pays : seule-

primitif, et on le voit ici avec l'addition des signes et numéros de l'auteur d'*Athènes ancienne et moderne*. On comparera ces deux plans et on se convaincra qu'ils présentent trop peu de différence pour que le moindre doute puisse exister encore sur l'honnêteté de Guillet, malgré sa petite supercherie, et sur la confiance que mérite son ouvrage, malgré tout ce qu'il a fait pour inspirer la défiance. Il est un point qui demanderait une explication, mais les ressources me manquent pour la donner. A défaut de solution, je signalerai au moins la difficulté. Dans le plan des capucins (voy. p. 78), tel qu'il se trouve dans le recueil de l'ingénieur Plantier ou de M. d'Otières, recueil formé en 1685 et 1686, toute la partie de l'ancienne Athènes qui était occupée par la nouvelle Agora, le Céramique intérieur et le Céramique extérieur, est conforme à l'exactitude ou au moins à une exactitude approximative, tandis que cette partie a été changée sur le plan communiqué à Guillet, au point d'induire en erreur l'ingénieux archéologue, qui s'est vu forcé de porter, contre toute vraisemblance, au nord-est de la ville, du côté du mont Anchesmus ou Lycabette, l'Académie (nº 139 de son plan), le temple de Thésée (nº 144) et son lion de marbre (nº 146). Il faut croire que les capucins n'avaient pas encore terminé leur plan, de ce côté de la ville d'Athènes, lorsqu'ils en envoyèrent la copie à Guillet, et qu'ils le complétèrent pendant les années suivantes et avant l'arrivée de l'expédition maritime de M. d'Otières.

ment, comme les renseignements sur le Parthénon étaient insuffisants, Guillet se tint sur la réserve : « J'espère vous en faire voir quelque jour le plan, » parmi les crayons que je conserve, et vous y dé- » couvrirez tout d'un coup tant de beautés, que » vous approuverez la résolution que j'ai prise de » ne pas perdre de longs discours à le décrire. » Dans ces sortes de supercheries, on est trahi au moins autant par ses aveux que par son silence. Ne rien dire du Parthénon, dans une description des antiquités d'Athènes, parce qu'on se réserve d'en parler ailleurs, c'est déjà assez singulier; ce qui le paraissait davantage, c'était de ne pas même mentionner le charmant temple de la Victoire Aptère qui frappait tout d'abord la vue du voyageur à son entrée dans l'acropole. Un pareil silence dé- masquait mieux l'imposture que l'inscription au dieu inconnu [1], mentionnée déjà par les voyageurs, longtemps avant Guillet.

[1] Spon, et tous ceux que le docteur de Lyon ameuta contre Guillet, firent grand bruit de cette inscription. Nous avons vu cependant l'anonyme de 1460 dire en propres termes que le Parthénon est placé sous l'invocation du Dieu inconnu. Cette tradition remontait directement aux souvenirs laissés par saint Paul à Athènes, soit que les premiers chrétiens d'Athènes, désireux de rattacher le passage du grand apôtre à leur plus belle église, aient placé sous ses portiques quel- ques-unes des inscriptions de Phalère, où nous savons posi- tivement que des autels étaient élevés à ce dieu incertain

Ces erreurs, ces maladresses étaient inséparables
de la rédaction d'un voyage exécuté sans sortir de
son cabinet; mais elles étaient compensées par l'intérêt puisé dans les relations vraies venues de Grèce
dont Guillet faisait usage honnêtement [1], c'est-à-dire

(Pausanias, t. I, 4, Pollux, VIII, 10), soit qu'on ait gravé
l'inscription sur quelque pierre de la nouvelle entrée de
l'église qu'on disposait dans l'intérieur du Parthénon en en
changeant l'orientation. En tout cas cette tradition se main-
tient et persévère jusqu'à la fin du XVIIe siècle. J'en ai encore trouvé des traces dans la correspondance de M. Girardin, ambassadeur à Constantinople, en 1686.

[1] Cette probité littéraire semble difficile à établir, et cependant quelques détails sur les travaux de Guillet prouve-
ront la vérité de mon assertion. Le malaisé, c'est de trouver
ces détails. Si Guillet n'avait été qu'un savant distingué, il
serait fort naturel qu'on ne sût rien des particularités de sa
vie, pareil sort étant le partage des plus illustres ; mais ses
discussions avec Spon ont fait du bruit, il occupa, en outre,
à l'Académie de peinture , pendant les vingt-trois dernières
années de sa vie, une position qui le plaçait en évidence, et
ses études biographiques sur tous les membres de la compagnie durent exiger de sa part des recherches dans les papiers
de famille ou près des parents de tous les académiciens, recherches et questions qui le mirent en rapport avec nombre
d'écrivains et d'artistes. Malgré tout, nous ne savons rien, à
Paris, de la vie de Guillet.

J'espérais qu'on serait mieux instruit en Auvergne sur
l'existence, quelque peu glorieuse, d'un enfant de cette province. J'ai donc écrit au bibliothécaire de Clermont-Ferrand,
l'érudit le plus capable de me répondre, parce qu'il possède
à la fois l'instruction et l'obligeance, deux qualités qui

en conservant les assertions des témoins dans leur intégrité et en n'affirmant jamais plus qu'ils n'affir-

s'excluent d'ordinaire, ne sachant pas à quel point elles se font valoir. M. Desbouis me répond : « Guillet de Saint-
» Georges est un des hommes de ma biographie auver-
» gnate sur lesquels les histoires locales sont muettes. Je
» vous dirai que, réduit à consulter des livres imprimés, j'ai
» peur d'en savoir sur son compte un peu moins qu'on
» n'en sait à Paris. »

Voyons donc ce que nous en savons à Paris. En tête du premier volume de l'édition du dictionnaire de Richelet, publiée à Lyon en 1728, on a imprimé un *Abrégé de la vie des auteurs citez dans ce Dictionnaire*. L'article de Guillet, écrit par un contemporain, peut être considéré comme un document, et en effet il a été copié par Moreri et ses abré-viateurs, par Eyriès, dans la Biographie universelle de Mi-chaud, et par tous ceux qui copient cet ouvrage. Le voici :
« Guillet, dit de Saint-George (George), naquit à Thiers en
» Auvergne, vers 1625. Il fut le premier Historiographe de
» l'Académie Royale de Peinture et de Sculpture, à Paris.
» Il y fut reçu en cette qualité le 31 janvier 1682, et mourut
» le 6 août 1705. (Je tiens cela de M. Reynés, Concierge de
» la même Académie.) Il est Auteur au moins en partie de
» quelques Ouvrages dont je parlerai dans l'article suivant.
» Le Livre qui lui a fait le plus d'honneur est en trois volu-
» mes in-douze, et fut imprimé, pour la première fois, à
» Paris, en 1678, sous ce titre : *Les Arts de l'Homme d'Épée.*
» Guillet, dans le remerciement qu'il fit à l'Académic, le jour
» de sa réception, s'engagea en quelque façon à en donner
» un jour l'histoire; mais il n'a point tenu parole, quoiqu'il
» ait vécu depuis, plus de vingt-trois ans. »

Comme on le voit, sans le concierge de l'Académie, nous risquions fort de ne pas savoir grand'chose sur le compte

maient. Son respect pour ses guides, les capucins
d'Athènes, est tel, qu'on sent, à travers l'arrange-

de Guillet; avec son secours même nous sommes en
assez grande hésitation quant à la date de sa naissance, qui
paraît bien reculée, si on la place en 1625. Admettons-la
cependant, et convenons que nous ignorons absolument,
depuis sa naissance à Thiers, en Auvergne, quelle fut son
existence jusqu'au moment où elle nous est révélée par l'ouvrage intitulé : *Les Arts de l'Homme d'Épée* ou le dictionnaire du gentilhomme, trois volumes in-12, qui parurent
à Paris en 1670 (et non pas 1678).

Un ouvrage de ce genre n'a pu être conçu, composé d'é-
léments si divers et écrit qu'à Paris. Il faut admettre que
Guillet habitait cette ville depuis longtemps et y faisait certaine figure. Les informations du grand monde forment le
fond de son travail. Elles ne pouvaient lui venir que d'un
commerce habituel et familier avec les gens de la bonne
compagnie. Il est probable que ces circonstances enfantèrent
l'ouvrage plutôt que l'idée de l'écrire ne fit naître ces circonstances. Nous verrons en effet que Guillet, avec assez
d'imagination pour composer des romans, avec assez d'esprit pour les rendre amusants, avait un bon sens qui le portait à l'exactitude et à n'écrire que sur des sujets dont il se
sentait maître, soit par des rencontres heureuses, soit par
les documents nouveaux qui s'offraient à lui. Le Dictionnaire
du gentilhomme est déjà un spécimen de sa manière de
travailler. On l'y voit remontant aux meilleures sources
d'informations, s'adressant aux gens compétents et qui font
autorité dans la matière, se faisant même un peu noble pour
mieux traiter des occupations dont il forme l'attribut du
gentilhomme; peut-être même que la pensée fixée sur ce
sujet lui persuada qu'il l'anoblissait; ce qu'il y a de certain,
c'est qu'il changea, candidement ou effrontément, son nom

ment parisien, respirer l'air de leur couvent, leurs
pieux intérêts, leurs mesquines rivalités, et qu'il

un peu commun de Georges Guillet en celui de Guillet de
Saint-Georges, forme plus aristocratique. Passons-lui cette
faiblesse de jeunesse, comme on semble, de son temps,
l'avoir excusée en l'acceptant. Dans ce même livre des *Arts de
l'Homme d'Épée*, où il fait entrer assez arbitrairement la
marine, il indique ses ressources pour traiter cette partie de
son ouvrage : *A l'égard des termes de marine, je me suis
souvenu, autant qu'il m'a été possible, des remarques que j'ai
faites autrefois dans nos ports du Levant et du Ponant.* Avait-
il été employé dans l'administration de la marine royale?
On pourrait supposer qu'une position de ce genre, à Toulon
ou à Marseille, l'a mis en rapport avec nos missions du Levant; et en effet, vers 1672 ou 73, les capucins missionnaires, qui rentraient en France après avoir fait un long
séjour à Athènes et voyagé dans différentes parties de la
Grèce, mettent à sa disposition des notes, des mémoires,
un plan ou vue cavalière de la ville célèbre, et enfin, ce
qui valait mieux, des souvenirs encore présents que Guillet
savait, à merveille, réveiller et saisir. Fort de ces documents,
il se mit à l'œuvre et parvint à produire une description d'A-
thènes qui eut le mérite d'offrir plus d'exactitude qu'aucune
autre, et le mérite plus grand de se faire lire avec plaisir par
un public nombreux, assez étranger d'ordinaire à ces études
classiques. La description d'Athènes est de 1675, celle de
Lacédémone de 1676, les années 1677 à 1681 furent occu-
pées par sa discussion avec Spon et par la mise au jour de
l'histoire des grands vizirs Mahomet Coprogli et son fils,
ainsi que de celle du sultan Mahomet II. Ces consciencieux ouvrages, témoignages de la grande variété de ses connaissances et d'une facilité très-agréable de style, ses relations
personnelles avec les membres de plusieurs académies,

est facile de distinguer tout ce qu'il leur emprunte, tout ce qui vient de lui. Que veut-on de plus? Qu'il

comme François Charpentier, directeur perpétuel de l'Académie française, et Charles le Brun, tout puissant dans l'Académie de peinture et sculpture, disposèrent Colbert, alors protecteur de cette dernière compagnie, à lui donner Guillet pour historiographe.

L'Académie l'agréa, et voici ce qu'on lit dans les procès-verbaux de ses séances, conservés aujourd'hui au secrétariat de l'École des beaux-arts. Séance du samedi 31 janvier, xvıᶜ quatre-vingt-deux. — *A la même assemblée, M. André George Guillet, dit de Saint-George, nommé par Monseigneur le protecteur (Colbert) pour Historiographe de l'Académie, y a pris séance en sa qualité. — Au premier jour d'assemblée, les lettres de provision de M. de Saint-George lui seront délivrées.* On remarquera la forme régulière de son nom, ce qui n'empêche pas Guillet de signer avec ses collègues, sur les registres de l'Académie,

et de n'en pas démordre.

Des procès-verbaux sont naturellement très-laconiques; le *Mercure galant*, une des gazettes littéraires du temps, qui s'occupait souvent de l'Académie de peinture, parle plus longuement de la réception du nouvel historiographe: « Ma
» dernière lettre vous a instruite de l'établissement et du
» progrès de l'Académie Royale de Peinture et de Sculpture,
» et ce détail vous a fait connoistre les diverses fonctions de
» ceux dont ce corps est composé. Il y manquait un Histo-
» riographe qui prist soin de ramasser ce qui se dit d'utile

dise franchement : « Je n'ai pas été à Athènes, on
m'a envoyé les descriptions et le plan dont je me

» et de curieux dans leurs Conférences, et M. Guillet de
» Saint-Georges vient d'estre choisy pour cet employ. M. Le
» Brun , Chancelier et principal Recteur de l'Académie,
» s'appliquant toujours à la maintenir dans le haut degré où
» ses merveilleux talens l'ont élevée, le présenta à M. Col-
» bert, qui, estant informé de son mérite, approuva le
» choix qu'il en avoit fait. L'agrément d'un si éclairé minis-
» tre est un éloge si grand qu'il m'est presqu'inutile de vous
» dire que M. Guillet s'est acquis beaucoup de réputation par
» plusieurs ouvrages qu'il a donnés au public, et entre autres
» par son *Athènes ancienne et nouvelle*, le *Dictionnaire des
» Arts de l'Homme d'Épée* et l'*Histoire du Sultan Mahomet II.*
» Il fut receu en pleine Assemblée de l'Académie en qualité
» de son Historiographe, le samedy, 31 de l'autre mois, et
» fit connoistre par un éloquent Discours que c'estoit avec
» justice que les suffrages de tous ces illustres luy avoient
» esté donnez. — Il finit en disant, que si le détail des
» conférences et des observations de l'Académie avoit mérité
» d'estre donné au Public, il ne falloit pas douter que l'His-
» toire de son origine et le dénombrement de ses excellents
» Ouvrages ne fussent receus avec autant de satisfaction que
» d'utilité; Qu'il se faisoit une espérance agréable de voir
» cette histoire tenir un jour une place parmy ses autres
» Écrits; qu'il la regardoit avec des réserves plus délicates,
» puisqu'outre la noblesse de son sujet, ce sujet lui estoit
» prescrit par une puissance que tout le monde devoit ré-
» verer; Que quoy qu'il se sentoit étonné quand il songeoit
» que sa plume estoit destinée à cet employ, il recevoit cet
» honneur avec une très-respectueuse soumission ; et que s'il
» ne pouvoit s'en rendre digne par le secours de l'éloquence,
» il auroit recours à la force de la vérité et soutiendrait l'o-

sers? » Mais c'est vouloir lui interdire une petite
supercherie littéraire, tellement usitée alors et si

« pinion qu'on avoit de luy par la dignité de sa matière. »
(Le *Mercure galant* de février 1682, page 23.)

C'était en effet sa ferme résolution de consacrer entièrement ses facultés et son temps à ces difficiles et laborieuses
fonctions. On lit dans les procès-verbaux de l'Académie,
séance du trente may 1682 : « A été résolu que dans la pre-
» mière assemblée, Monsieur de St-George y fera lecture de
» ce qu'il a faict sur les conférences pour y servir de sujet
» d'entretien. *Du sixième juin :* Mons. de St-George, Histo-
» riographe de l'Académie, a faict lecture à la compagnie de
» quelques abrégés qu'il a faicts sur trois conférences, l'une
» sur le tableau de Rebecca, de Mons. Poussin, faicte par
» Mons. Champagne le jeune, l'autre, sur le tableau de
» St-Étienne, faicte par Mons. Loir, et la troisième sur le
» tableau de Raphael, représentant la Vierge et l'enfant
» Jésus, faicte par Mons. Nocret, ce qu'il a faict pour sçavoir
» de la compagnie si elle trouveroit agréable qu'il continuast
» de la mesme manière à reduire par abrégé toutes les au-
» tres conférences de l'Académie. La Compagnie ayant exa-
» miné son ouvrage a approuvé ce qu'il a faict et l'a prié de
» continuer. »

Ainsi donc, à peine installé, il se fait l'organe de l'Académie, et pendant vingt-trois ans suffit à ses conférences, en
même temps qu'il réunit les éléments de la biographie de tous
ses membres, et rédige avec soin un grand nombre de notices du plus grand intérêt. Et cependant, dès 1728, on lui
reprochait *sa paresse* et *son manque de parole,* ainsi qu'on
vient de le lire dans la citation extraite du dictionnaire de
Richelet. Comment un reproche aussi injuste a-t-il pu peser
pendant près d'un siècle et demi sur la mémoire d'un homme
aussi consciencieux? Comment justice lui est-elle faite de nos

transparente aujourd'hui, qu'il serait oiseux de prendre part à l'irritation et aux rivalités des contempo-

jours seulement? Je vais le dire. En 1844, alors que je réu-
nissais les éléments de mon ouvrage sur le Parthénon, je dus
chercher dans les procès-verbaux de l'Académie de peinture
et de sculpture des renseignements sur Guillet, et les allusions
qui pouvaient être faites à ses travaux. Des dates précises,
des indications sommaires me suffisaient ; mais trois années
plus tard, quand je m'occupai d'une histoire de l'art français, j'allai plus avant dans ces investigations, et je fus
étonné de la nouveauté, en même temps que de l'abondance,
des documents de diverses natures, conservés à l'École des
beaux-arts. Je résolus alors de clore mes travaux par une
histoire de l'Académie de peinture et de sculpture, dans
laquelle entraient naturellement les excellentes notices de
Guillet. J'annonçai ce projet dans la préface de mon ouvrage sur la *Renaissance des arts à la cour de France*, mais
je fus prévenu dans cette entreprise par M. L. Dussieux, qui
dejà connaissait ces documents. Je ne m'en plains pas. Lui
et ses collaborateurs sont à la hauteur de leur tâche, et ils
allégeront d'autant la mienne. Le premier volume, le seul
qu'ils aient publié jusqu'à ce jour, est intitulé *Mémoires
inédits sur la vie et les ouvrages des membres de l'Académie
royale de peinture et de sculpture*. J'aurais voulu qu'on ajou-
tât : *rédigés en grande partie par G. Guillet*, et qu'on plaçât
en tête une notice biographique digne de celui qui avait été
l'âme et le véritable créateur de cette collection de mémoires.
J'extrairai de l'avertissement des éditeurs, mis au commencement du premier volume, le passage suivant : « En présence
» des curieux renseignements que renferment les notices bio-
» graphiques contenues dans ces deux volumes, on se de-
» mandera comment de tels trésors ont pu rester si longtemps
» ignorés et perdus pour les historiens de l'art. — Il y a là

rains. Mieux vaut se demander si le livre peut être
utile; et si on sait le lire, on répondra affirmative-

» quelque chose de singulier et pourtant de bien facile à
» expliquer à ceux qui ont quelque idée des difficultés qui
» s'attachent, en France, à une publication relative aux arts
» et aux artistes. En 1682, un écrivain, connu alors par
» quelques ouvrages profondément oubliés de notre temps ,
» Guillet de Saint-George, est choisi par l'Académie de pein-
» ture et de sculpture pour être son historiographe. Il prend
» ce titre au sérieux et se met immédiatement en devoir de
» recueillir tous les faits relatifs à l'histoire et aux travaux
» de l'Académie et de ses membres. Il lit régulièrement, dans
» les séances du premier samedi de chaque mois, le résultat
» de ses recherches, et prend soin de recopier ses mémoires
» dans un cahier évidemment destiné à l'impression. Mais
» c'est peine perdue; celui qui a trouvé des libraires pour les
» *Arts de l'Homme d'Épée* et l'*Histoire du règne de Mahomet II*,
» n'en trouvera pas pour ses notices sur les artistes français.
» A Guillet succèdent Dubois de Saint-Gelais, Hulst, Caylus,
» Lépicié, Gougenot, Valory, etc., qui, guidés par le même
» zèle, s'efforcent de recueillir tous les renseignements rela-
» tifs aux membres de l'Académie et pensent à les publier.
» Seulement chacun veut refaire le travail de son prédéces-
» seur. Les mémoires de Guillet ont vieilli par la forme et
» par le style, on les reprend pour les rajeunir; mais cette
» refonte ne sert à rien, et, sauf quelques notices éditées par
» Lépicié, les travaux des successeurs de Guillet ne voient
» pas plus le jour que les siens. »
   Guillet remplissait donc consciencieusement, depuis vingt-
trois ans, ses devoirs d'historiographe, ou plutôt de secrétaire
perpétuel de l'Académie, en apportant, le premier samedi de
chaque mois, soit un article biographique sur l'un des membres décédés, soit, pour les conférences, un discours sur

ment. Qui en douterait en rencontrant de tels passages : « Nous fûmes voir un petit édifice que les Athé-

quelque sujet de son choix, et qui servait, pendant la séance, de *sujet d'entretien*. Le 7 juillet 1703, il traita devant ses collègues du tableau de Parrosel, représentant le siége de Dunkerque. Il avait alors plus de soixante-dix-huit ans. Depuis ce jour, des infirmités le retinrent chez lui, et s'il continua à composer les discours qui servaient de thème aux conférences, le secrétaire Guérin était chargé de les lire *en son absence*. Le 2 mai 1705, on lut encore à ses confrères une dissertation, rédigée par lui, sur une statue de Van-Clève, mais, deux mois plus tard, on trouve dans le procès-verbal de la séance du 22 aoust 1706 ce passage : *M. Georges Guillet, dit de St Georges, natif de Thiers, en Auvergne, qui estoit historiographe de l'Académie, est décédé le six de ce mois, et comme la charge d'Historiographe vaque par sa mort, la Compagnie a résolu unanimement de l'unir à la charge de secrétaire en la personne de Guérin, sans tirer à conséquence pour l'avenir.*

Ainsi se termina la carrière dignement remplie d'un homme qui s'acquit, sa vie durant, une renommée éphémère, contestée autant qu'elle était contestable, pour la partie la moins sincère de ses travaux, et qui obtiendra à l'avenir une réputation durable et méritée pour la partie consciencieuse de ses ouvrages sur Athènes, sur la Grèce et sur l'Académie de peinture et de sculpture.

Je ne quitterai pas l'Académie et Guillet sans faire remarquer qu'à la fin de sa biographie de J.-B. Champagne, il dit : *M. Carrey a donné son portrait pour sa réception dans l'Académie.* Or, ce peintre de portrait signe ainsi :

16.

» niens appellent *To Phanari tou Diogenis,* c'est-à-dire
» la lanterne de Diogène. C'est le réservoir des eaux
» d'une fontaine. Les Anciens le nommoient *Analo-*
» *gœon,* parce qu'il est basty en pulpitre. Mais, parce
» qu'il y a au-dessus une couppe faite en lanterne,
» le vulgaire dit aujourd'huy que c'est la lanterne
» de Diogène, faisant allusion à un trait plaisant
» et satyrique de ce Philosophe [1]. » Ce monument
a disparu; il n'existait déjà plus trois années après

les procès-verbaux de l'Académie dans lesquels sa nomina-
tion est rapportée comme il suit : *Séance du* 30 *mai* 1682. —
« A l'esgard du Sʳ Carré qui doit apporter pour son ouvrage
» de réception le portrait de feu Monsieur de Marsy, at-
» tendu que ledit portrait n'a pu estre achevé du vivant du
» dist sieur de Marsy, luy a esté permis d'en copier un autre
» qui se trouvera plus ressemblant. *Séance du* 27 *juin* 1682.
» Le Sʳ Jacques Carré, peintre en portraict, qui a cy-devant
» présenté à la Compagnie le portraict de Mons. de Cham-
» pagne, y a ce jour d'huy apporté le portraict de Mons. de
» Marsy, qui sont les deux portraicts qui lui avoient esté or-
» donnés de faire pour sa réception. Les deux tableaux
» estant agréez, a esté receu Académicien pour avoir séance
» et jouir des priviléges, et après avoir satisfaict au présent
» pécuniaire, a presté serment à l'ordinaire. » Cet académicien mourut à Paris le 23 octobre 1694. Ainsi donc, quoique
s'appelant Jacques, quoique son nom soit écrit Carrey par
Guillet; il est évident que ce peintre de portrait, membre
de l'Académie, et le peintre de M. de Nointel n'ont de commun que des rapports de nom, de surnom, de carrière et de
contemporanéité. C'en était plus qu'il ne fallait pour motiver
une confusion et m'autoriser à présenter ces détails.

[1] Page 212.

cette publication, lorsque Spon visita Athènes [1]. A côté de monuments décrits dans cet ouvrage et dont il ne reste pas trace sur les lieux, il y a les monuments et les localités défigurés par les traditions, et dont l'archéologue, par des rapprochements ingénieux, a découvert la destination première et le vrai nom. Guillet, sous ce rapport, a été plus d'une fois très-heureux dans l'usage habile qu'il a fait des ressources de l'érudition [2].

Ainsi donc cet ouvrage était curieux, et Guillet n'avait pas tort de se réjouir de son succès [3]. Il ajouta bientôt un nouveau fleuron à sa couronne, quelque peu usurpée, en publiant le volume inti-

---

[1] Spon avait à Athènes le livre de Guillet, et il s'en servit comme d'un guide. Recherchant avec soin tous les monuments que celui-ci décrit, il s'exprime ainsi : « Nous » ne pumes rien apprendre du Phanari tou Diogenis, et le » bonhomme Capitanaki, à qui nous en parlâmes, en lui » disant l'endroit où nous avions lu qu'il devoit estre, nous » dit qu'à la vérité il y avoit eu quelque fabrique ancienne » qui est détruite à présent, mais qu'il ne sçavoit pas com- » ment on la nommoit, ni ce que ce pouvoit avoir esté. » C'est bien là, cependant, l'indication importante d'un monument disparu, car on ne peut supposer une confusion avec le monument choragique de Lysicrate, dit la Lanterne de Démosthène. Guillet le décrit quelques pages plus loin.

[2] Les éloges que j'ai donnés à Spon à propos de l'attribution de la tour des Vents (p. 203) reviennent au même titre à Guillet, car il n'avait pas connaissance des notes ajoutées par le docteur lyonnais à la relation du P. Babin.

[3] Je dirai quelques mots des éditions et des traductions de

tulé : *Lacédémone ancienne et nouvelle* [1]. Ici encore mêmes sources d'informations, même habileté [2], mêmes erreurs. Nous aurions eu d'autres productions du même genre, le fond en étant intarissable [3],

cet ouvrage. La première parut sous ce titre : *Athènes ancienne et nouvelle et l'estat présent de l'empire des Turcs, contenant la vie du sultan Mahomet IV, le ministère de Coprogli Achmet Pacha, Grand Vizir, ce qui s'est passé dans le camp des Turcs au siége de Candie et plusieurs autres particularités des affaires de la Porte, avec le plan de la ville d'Athènes*, par le sieur de la Guilletière. Paris, **M. DCLXXV**, in-12° de 446 pages. La seconde édition parut trois mois après; on a ajouté au titre, qui est un peu modifié, après le nom de l'auteur : *Seconde édition, augmentée en plusieurs endroits sur les Mémoires de l'Autheur.* Deux autres éditions suivirent celle-ci, et il parut une traduction anglaise : *M. de la Guilletière : Account of a late Voyage to Athens with an account of ancient and new Athens. London*, 8°, 1676.

[1] Format in-12. Paris, 1676.

[2] On remarque dans cet ouvrage, outre le mérite du style de la partie descriptive, qu'il compare avec sagacité non-seulement les mœurs anciennes et modernes, l'état présent et celui de l'antiquité, mais qu'il eut aussi un des premiers l'idée de comparer les littératures : *les tragoudis, chansonnettes du grec vulgaire qui retentissent aujourd'hui dans les bourgades du Parnasse et dans les grottes de l'Hélicon ne seront peut-être pas indignes d'être comparées avec les poëmes excellents de l'antiquité. Examinera qui voudra la différence de leurs caractères sur les exemples qu'on en donnera.*

[3] « Si les observations de la Guilletière, dit-il dans la préface de son ouvrage, continuent de plaire au public, on pourra donner dans peu de temps le reste du voyage de la Grèce. »

si la critique, à la fin, ne s'en était mêlée; mais la cruelle déchira le voile d'autorité dont Guillet avait cherché à entourer son prétendu frère à titre de voyageur. Pour faire connaître ce revirement d'opinion, il convient de parler de l'exploration vraiment scientifique qui le produisit.

Il s'agit, comme on le pressent, du voyage de Spon, qui fait époque dans l'histoire d'Athènes. Avant de raconter comment le docteur, qui s'était embarqué à Venise avec trois Anglais, continua son voyage à Constantinople avec le seul M. Wheler, après avoir laissé les deux autres à Zante, en août 1675 [1], je dois parler ici de ces Anglais; car l'un d'eux écrivit de Smyrne une relation de son voyage, qui parut en 1676 dans les *Transactions philosophiques de Londres* [2], deux années plus tôt que

---

[1] « Nous ne continuâmes pas nôtre voyage comme nous » l'avions commencé, et notre compagnie n'étant pas de bonne » intelligence se partagea en deux à notre départ de Zante. » Monsieur Wheler et moy prîmes la résolution de pousser » jusques à Constantinople par mer, et les deux autres voulu- » rent aller en Grèce. C'étoient deux Gentilshommes Anglois, » dont l'un s'appelloit le chevalier Gilles Etscaurt, et l'autre » M. François Vernhon, astronome et bon mathematicien. Ils » allèrent droit à Athènes et de là firent le tour de la Morée, » mais il en couta la vie au pauvre chevalier. — Son com- » pagnon poursuivit son voyage, — mais on a appris depuis » qu'il avoit été misérablement tué en chemin par des gens » avec qui il s'étoit pris de querelle. » (Voyage, t. I, p. 153.)

[2] Cette lettre, adressée à un libraire de Londres, est du

le voyage de Spon. Ces deux voyageurs étaient le chevalier Gilles Eastcourt et M. François Vernon.

24 avril 1676. Elle a paru dans les *Philosophical transactions,* n° 124, p. 575, et elle a été traduite en français par Spon, p. 284 de sa réponse à Guillet. Je me sers de sa traduction et j'y ajoute quelques notes. Après avoir annoncé son départ de Venise, sans mentionner ses compagnons de voyage, il décrit les quelques points de la Dalmatie où il a touché; parle de Corfou, où il est resté quinze jours, de Zante et de Patras, et arrive à Athènes: « J'ay demeuré deux mois à Athènes. De tou-
» tes les villes que j'ay vûës, je l'estime après Rome, la plus
» considérable pour les antiquitez. Le temple de Minerve est
» aussi entier que la Rotonde [1]. J'y fus trois fois et j'en pris
» les mesures avec toute l'exactitude possible: quoiqu'il soit
» extrémement difficile de le pouvoir bien faire; car il est
» enfermé dans le chasteau d'Athènes, où il y a garnison de
» Turcs, qui sont extrémement jaloux et qui traitent cruelle-
» ment ceux qu'ils s'aperçoivent en lever le plan. La lon-
» gueur du corps du temple est de 168 pieds anglois en œu-
» vre et sa largeur de 71. Le portique est d'ordre dorique et
» tourne tout autour du temple. Il a huit colonnes à la
» façade et autant derriere, et dix-sept sur les costez. La lon-
» gueur du portique est de 230 pieds anglois. J'ay pris toutes
» les dimensions en dedans, mesme celles du pronaos [2] et du
» portique; mais cela est trop long pour estre compris dans
» une lettre. Les fustes vers le chapiteau des colonnes sont
» de 19 pieds et 1/2 de circonférence. L'intercolomnium ou
» espace entre les colonnes est d'un pied et demi de plus que
» le diametre des colonnes.

----

[1] Le Panthéon de Rome.

[2] L'entrée à l'occident, résultat du changement de destination du Parthénon, faisait de son Opisthodome un Pronaos. Spon tomba dans cette confusion aussi bien que Vernon, et quoiqu'il fût bien mieux préparé que le voyageur anglais pour en découvrir la cause.

Les chances leur furent contraires : le premier mourut de maladie avant d'arriver à Athènes, et l'autre

» Le temple de Thesée est aussi entier, mais il est bien
» plus petit, quoiqu'il soit bâti sur le mesme modelle ; la
» longueur du corps du temple n'est que de 73 pieds et la
» largeur de 26. Toute la longueur du portique qui entoure
» le temple est de 123 pieds. C'est un bâtiment d'ordre dori-
» que, aussi bien que celui de Minerve, ils sont tous deux de
» marbre blanc.

» Autour de la corniche du temple de Minerve vers l'o-
» rient [1], on voit en bas-relief un homme à cheval et d'autres
» en chariot, avec une grande procession de peuple qui va au
» sacrifice, le tout bien travaillé et d'une excellente sculpture.
» Au frontispice il y a l'histoire de la naissance de Minerve [2].

» Au temple de Thesée, sur le frontispice en dedans du
» portique du costé de l'occident, on voit le combat des cen-
» taures, et du costé d'orient il semble que ce soit la conti-
» nuation de céste histoire, mais il y a plusieurs figures de
» femmes, entre lesquelles on croit reconnaître celle de Piri-
» thoüs, accompagnée de plusieurs autres dames qui assistè-
» sent à ses nopces. Mais au dehors du portique et dans
» l'espace des triglyphes, on voit plusieurs proüesses de The-
» sée, qui lutte courageusement contre plusieurs personnes
» qu'il vainquit. Les attitudes et les postures sont fort au
» naturel. On y voit encore les monstres qu'il eut à sa
» rencontre, comme le taureau de Marathon et l'ourse de
» Calydon.

» Il y a encore dans Athènes un temple d'Hercule tout
» rond, qui n'a que six pieds de diamètre, mais d'une archi-

[1] Vers l'orient, c'est-à-dire en commençant de ce côté, car la frise entourait
alors tout le temple de son cordon majestueux.

[2] Ce frontispice était à l'occident, tandis que l'histoire de Minerve, suivant Pausanias, était au-dessus de l'entrée, c'est-à-dire à l'orient. Vernon répétait ce qu'il
entendait dire autour de lui ; il n'avait pas d'opinion en archéologie.

fut massacré par son escorte dans un voyage en
Perse. Spon dit de ce dernier : « Nous avons

» tecture délicate. Les colonnes sont d'ordre corinthien, qui
» supportent une architrave et une frise, où les travaux
» d'Hercule sont gravés en relief. La voute n'est qu'une seule
» pierre de taille en forme de bouclier, avec un bouquet
» au-dessus qu'on prendroit pour un bouquet de plumes [1].

» Il y a aussi là une tour entière d'Andronicus Cyrrhestes [2]
» de figure octogone, avec les figures des huit vents fort
» grandes et fort bien travaillées. On y peut lire facilement
» les noms des vents qui sont en gros caractères grecs, du
» costé qu'il n'y a point de maison qui l'empesche, comme
» Apiliotis, Euros, Boreas, Sciron, Zephyros : et chaque vent
» est placé du costé d'où il souffle. Le toit est fait de plaques
» de marbre taillées en pointe : de sorte que ce couvert fait
» comme une pyramide obtuse de trente-deux ou trente-six
» costez.

» On voit outre cela dans le chasteau un temple fort
» mignon d'ordre ionique. Je ne scay si c'est celuy de Pan-
» drose ou de quelqu'autre; mais le travail en est fort beau
» et les ornemens tres bien gravez. La longueur du temple
» est de 67 pieds et la largeur de 38 [3]. Toutes les colonnes
» qui restent du portique de l'empereur Hadrien sont magni-
» fiques. Elles sont d'ordre corinthien d'environ 52 pieds
» de hauteur et 19 1/2 de circonférence. Elles sont canelées,
» et il y en a sur pied dix-sept entières avec une partie de
» leurs corniches. J'ay mesuré l'enceinte du bâtiment auquel
» elles appartenoient, le plus juste que j'ay pú, et j'ay trouvé

---

[1] L'attribution à Hercule du monument choragique de Lysicrate est aussi
bouffonne que la description même de ce monument.

[2] Vernon oublie de dire qu'il prend cette attribution exacte et nouvelle dans le
livre de Guillet, qu'il portait avec lui.

[3] Il s'agit là de l'Erechthéion.

» vu une lettre angloise imprimée qu'il écrivit de
» Smyrne, où il y a quelques particularitez de ce

» qu'elle a environ 1,000 pieds de longueur et 680 de lar-
» geur [1].

» Près de la ville il y a un pont sur l'Ilissus, qui a trois
» arcades de pierre de taille. Celle du milieu est large de
» 20 pieds [2]. On voit là joignant le Stadium, dont j'ay me-
» suré la longueur, qui peut estre d'environ 630 pieds, ce qui
» approche de la longueur que doit avoir un stade, sçavoir
» de 625 pieds.

» Du costé de la muraille du Chasteau, qui est au midy, il
» reste encore des ruines du théatre de Bacchus, avec le por-
» tique d'Eumenicus qui en est fort proche. Le demi dia-
» mètre du demi cercle parfait qui forme le théâtre est d'en-
» viron 150 pieds. La scène est d'environ 256 pieds. M. de
» la Guilletière, dans le livre qu'il a fait d'Athènes, a donné
» la description d'un théatre qu'il appelle le théatre de Bac-
» chus; mais ce n'est en vérité qu'une production de son
» imagination, qui ne ressemble en rien à celuy que j'ay vû;
» et de plus, par le plan qu'il donne de la ville, je vois bien
» qu'il n'y entend rien. Je vous donne cet avis afin que vous
» ne vous laissiez pas surprendre par ce livre, dans lequel il
» n'y a rien de vray, comme il est aisé de prouver par tous
» ceux qui ont esté sur les lieux, quoi qu'il semble bien
» escrit et vray-semblable à ceux qui n'y ont point esté [3].

» J'ay demeuré longtemps à Athènes, et ce que je vous en

---

[1] Le temple de Jupiter Olympien était considéré, à Athènes, comme ayant été
le palais d'Hadrien. Vernon suit l'opinion commune.

[2] Cette mesure de l'arcade du pont est intéressante. Voyez la vue de ce pont
sur le plan des capucins.

[3] Cette opinion, sur le livre de Guillet, se ressent de la disposition jalouse des
voyageurs les uns contre les autres. Guillet excitait d'autant plus vivement cette
petite envie qu'il avait eu la maladresse de devancer M. Vernon par sa publication; son seul et véritable tort était de s'attribuer le titre de voyageur qu'il
usurpait.

» qu'il a vu dans la Grèce. C'étoit une personne très
» scavante et qui parloit sept ou huit langues ¹. »
Cette lettre est, en effet, l'œuvre d'un bon observa-
teur; M. Vernon parlait des mémoires qu'il avait
rédigés et des observations astronomiques faites
pour relever la position géographique de plusieurs
villes. Ces papiers ne se sont pas retrouvés, et nous
restons en face du voyage de Spon, le premier

» ay dit n'est encore rien. Cette ville demanderoit un livre
» entier pour en décrire toutes les particularitez, ce que je
» n'ay pas le temps de faire ni de renfermer dans une lettre;
» mais j'ay des mémoires de tout ce que j'ay vû, que j'espère
» de vous faire voir un jour quand j'auray le bien d'estre
» auprès de vous. »

¹ Les géographes, dit Spon, mettent ordinairement Athènes au 37⁰ degré et quelques minutes de latitude et au 53⁰ de
longitude, mais M. Vernhum, qui vint à Athènes avec
nous, trouva, par les observations qu'il en fit, qu'elle est au
38⁰ degré 5 minutes de latitude. (T. II, p. 104.) Spon dit
ailleurs : « Comme ce gentilhomme étoit habile mathémati-
» cien et architecte, il faut espérer que nous en aurons un
» jour des connaissances plus parfaites, si les insulaires de
» Scripho, qui le dépouillèrent sur mer, luy en laissèrent
» les mémoires, et si l'on peut les recouvrer après le malheur
» qui luy est arrivé en Perse. » (T. II, p. 163.) Il écrit
Vernhum et Vernhon. On lit aussi dans la défense de Guillet : « Quand il est las (Spon) de faire le goguenard et le cri-
» tique, il découple sur luy, dans sa relation mesme, un
» certain Anglois nommé monsieur Vernhum, p. 123. » Mais
la véritable orthographe du nom est Vernon, et c'est aussi de
cette manière que Spon le rétablit dans sa réponse à la critique de Guillet, p. 284.

voyage à Athènes digne de ce nom. Comme je l'ai
dit, le docteur Spon s'occupait plus, à Lyon, sa
ville natale, d'antiquités que de médecine. Bon phi-
lologue, il avoit entrepris un recueil d'inscriptions
dont il espérait faire un supplément à Grüter [1]; mais
il sentait qu'un voyage en Italie lui était indispensable pour compléter, ou au moins pour avancer
son travail. « Au commencement d'octobre 1674, dit-
» il, M. Vaillant, antiquaire du Roy, passa à Lyon
» dans le dessein d'aller en Italie avec des ordres de
» M. Colbert pour enrichir le cabinet de Sa Majesté

[1] « J'avois entrepris et assez avancé avant que partir,
» un ouvrage des inscriptions antiques pour servir de sup-
» plément à celles de Gruterus; je passay à Rome les jours
» et les mois entiers à ne faire presqu'autre chose que consi-
» dérer les statües, les bas-reliefs et les mazures, et à copier
» toutes les inscriptions non seulement qui ne se trouvent
» pas dans Gruterus, mais aussi une grande partie de celles
» qui y sont déjà. — Après y avoir demeuré cinq mois de
» suite, — je m'en trouvay chargé de plus de deux mille
» inconnues à cet auteur, dont il y en a nombre de très con-
» sidérables : et méditant là dessus la belle récolte que j'en
» pourrois faire dans la Grèce, où les voyageurs n'ont fait
» jusqu'à présent qu'effleurer cette curiosité, il me prit une
» forte envie d'aller faire du moins une promenade jusqu'à
» Athènes, qui a été autrefois dans la Grèce ce que Rome fut
» dans l'Italie. Peut être n'aurois-je pas exécuté mon des-
» sein, si je n'eusse trouvé trois Gentilshommes Anglois qui
» s'offrirent d'être de la partie et de partager avec moy les
» risques du trajet.» (T. I, préface.) Les dangers de ce voyage
étaient fort diminués par le rétablissement de la paix.

» de medailles et d'autres antiquitez qu'il pourroit
» recouvrer en son voyage. Comme j'avois l'honneur
» de le connoître, je luy fis confidence du dessein
» que j'avois de faire le même voyage, et, m'ayant
» témoigné que ma compagnie ne luy seroit pas dés-
» agréable, je luy donnay parole de l'aller joindre
» à Marseille pour nous embarquer ensemble [1]. »

Spon fut retardé en Provence par quelques affaires, ainsi que par sa curiosité, et bien lui en prit,
car on sait les malheurs arrivés à Vaillant, malheurs
dont un épisode numismatico-littéraire est spirituel-
lement raconté par Spon lui-même [2].

Son voyage en Italie le prépara au voyage en
Grèce, qu'il était plus désireux de faire à mesure
que son recueil d'inscriptions s'enrichissait. Il en
avait déjà deux mille, restées inconnues à Grüter,
et il était certain, une fois sur le sol vierge de la
Grèce et de l'Asie mineure, de faire là une abondante récolte.

Il s'embarqua à Venise, le 20 juin 1675, avec ses

---

[1] Voyages d'Italie, de Grèce, etc., t. I, p. 1.

[2] Guillet lui fit un gros crime de cette anecdote, Galland
prend sa défense en termes où se déploie l'aménité des érudits : « Nostre amy M. Vaillant n'a garde de s'estre formalisé
» que vous ayez publié l'histoire des médailles qu'il avoit
» avalées, mais M. Guillet a voulu se divertir en faisant de
» cela une raillerie dégoûtante au dernier point, et qui ne
» peut estre bonne qu'en la bouche d'un boufon de l'hostel
» de Bourgogne. » (P. 239 de la réponse à la critique.)

trois compagnons anglais [1] sur un bâtiment qui servait d'escorte à Morosini, ambassadeur de Venise à Constantinople [2]. A Zante, il se sépara, comme je l'ai dit, de MM. Vernon et Eastcourt, et continua son voyage avec M. Wheler seul [3], se dirigeant sur Constantinople. C'était par entraînement de curiosité qu'ils prenaient cette route, car leur but, leur intention première au moins, avait été seulement d'aller à Athènes; mais ils comptaient profiter de la grande influence de M. de Nointel [4] pour rendre

[1] Il dit : « Plus on demeure à Rome, plus on y trouve de » charmes, mais il m'en fallut partir pour me rendre à Ve- » nise, où j'avois rendez-vous avec trois gentilshommes an- » glois, qui devoient s'embarquer avec moy pour la Grèce. » (T. I, p. 58.)

[2] « Nous apprîmes que le Baile ou Ambassadeur des Véni- » tiens partoit dans peu de jours pour Constantinople. C'étoit » un Morosini qui a été ambassadeur en France, où monsieur » Vernhon, gentilhomme anglois, qui devoit faire le voyage » avec nous, l'avoit connu ; de sorte qu'il se chargea de nous » faire embarquer avec luy, l'occasion étant trop favorable » pour la négliger. Le 20 juin 1675, on nous vint avertir » qu'il falloit partir. » (T. I, p. 78.) M. de Nointel parle dans ses dépêches de l'arrivée de ce Morosini à Constantinople.

[3] Tome I, p. 47. « Je ne voulus pas quitter Rome sans » aller visiter les environs, et monsieur Wheler, gentilhomme » anglois, qui a fait ensuite le voyage du Levant avec moy, » voulut être de la partie. » (T. I, p. 47.) Il se sépara de lui le 16 mars 1676 pour rentrer en France. (T. II, p. 347. Voyage de Wheler, p. 462.)

[4] Le passeport de Spon témoigne, dans sa rédaction, de

plus facile leur exploration de la Grèce, et ils allèrent lui demander des lettres de recommandation
et un passe-port. Ce fut aussi par occasion qu'ils tra-
versèrent une partie de l'Asie mineure pour revenir en Grèce. Spon publia en 1678, à Lyon,
et en trois volumes, les observations qu'il avait
faites. Le voyage d'Italie, de Dalmatie et le retour de Constantinople à Smyrne, par l'intérieur
de l'Asie mineure, forment la matière du premier
volume; l'auteur a fait entrer le voyage de Grèce
et le retour en France dans le deuxième; le troisième contient toutes les inscriptions trouvées sur sa
route et qui ont quelque rapport avec sa description
des villes et des monuments.

cette influence et du besoin qu'on en avait. « Nous Charles
» François Olier, marquis de Nointel, — certifions à tous
» ceux qu'il appartiendra que les sieurs Jacob Spon, médecin
» françois, originaire de la ville de Lyon, et Georges Wheler,
» gentilhomme anglois, partent de ce port de Constantinople
» pour s'en aller à Smyrne, et comme le désir de voyager et
» de voir ce qu'il y a de plus curieux dans la Grèce les pourra
» obliger à faire plusieurs petits voyages par mer, nous
» prions très affectueusement tous chevaliers de Malthe et
» autres armateurs en course, de quelque nation et bannière
» qu'ils puissent estre, de leur vouloir estre favorables lors-
» qu'ils les trouveront en mer. — A Pera les Constantinople,
» dans nostre palais, le 15 oct. 1675. »

ADDITION

A LA PAGE 47, NOTE 1, ET A LA PAGE 199, NOTE 2.

———

Le seigneur de Borderie faisait partie de l'état-major de M. de Saint-Blancard. Militaire distingué et assez bon poëte, il nous a donné une relation en vers de cette expédition, de sa visite à Athènes et de son voyage à Constantinople en passant par l'Asie mineure. Il y a dans tout cela beaucoup de licences poétiques et bien des longueurs, mais aussi de la vérité et même de l'exactitude. Comme les différentes éditions de ce voyage sont assez rares, je crois rendre service en publiant, par extrait, ce qu'il contient de plus curieux.

Je voudrais donner quelques renseignements sur l'auteur, mais je dois avouer que je n'en ai trouvé aucun. J'ignore même si on doit le confondre avec le sieur de la Borderie qui a publié : *L'Amie de court, nouvellement inventé*. Lyon, Estienne Dolet, in-8°, 1542. La description en vers du voyage en Grèce et à Constantinople est intitulée : Le Discours du voyage de Constantinople, envoyé du dit lieu a une damoyselle francoise. Lyon, chez Pierre de Tours, 8°, 1542, par le seigneur de Borderie, Normand, seigneur du dit lieu[1].

---

[1] Il y a une autre édition, également de format in-8°, qui réunit en même temps plusieurs pièces; elle porte cette adresse : *On les vend à Paris, par Arnoul l'Angelier tenant sa boutique au second pillier de la grand'salle du Palais*. 1546.

> Laissant la France à nulle autre seconde ,
> La plus fertile, et fameuse du monde,
> Laissant le Roy mon seigneur et mon prince,
> Pour son service un estrange province ;
> Perdant de veue et messieurs ses enfans,
> Et de sa court les honneurs triumphans,
> Et me voyant privé de la lumière ,
> D'une qui est en beaulté la première,
> Le sang esmeu par amour naturelle
> Commence en moy une forte querelle :
> J'ay d'une part vouloir de satisfaire
> A mon debvoir et service au Roy faire ;
> Pour luy donner certaine congnoissance
> Que mon vouloir surmonte ma puissance,
> D'autre costé mes sens sont esbahys
> De l'esloigner, ensemble mon pays
> Pour acointer une terre incongnue
> De nation infidèle tenue........
> Tous ces labeurs remplis d'estonnement
> Sont au partir en mon entendement :
> Mais la raison me va dire au contraire,
> Que rien ne m'est tant propre et nécessaire,
> Que visiter diversitez de lieux :
> Et que n'en puis en fin que valoir mieulx
> Ayant congneu mainte façon de vivre,
> Ne plus ne moins que par lire maint livre
> Lon peult attaindre à parfaicte science....

Pour tromper ses ennuis, il décrit son voyage et s'adresse à cette damoyselle françoise, qui paraît avoir occupé une place dans son cœur comme elle en a une sur le titre de son ouvrage :

> S'il reste en vous encor quelque amytié,
> Veuillez donc voir cest escript par pitié

Ou vous verrez couchez sommairement
Tous mes travaulx, depuis le partement
Des deux vaisseaulx, ou de Melphe le prince
Et duc de Somme, allans à leur province
Avecques eulx m'embarquerent, pour cause
Que de présent vous escrire je n'ause.
   Après avoir au partir de Marseille
Pris du biscuit et de l'eau mainte seille
Dedans nos deux galères, bien munies
De gens de guerre, et de vivres fournies :
Au moys d'Octobre, entrée de l'hyver,
Droict à Tolon nous vinsmes arriver.
Puis en mer haulte après nous engoufrasmes,
Et de Leon au goufre nous entrasmes.
Vinsmes passer sans prendre, ou toucher terre
Près la Dardeine, et l'isle de sainct Pierre.
Corsegue aussi à main gauche laissasmes,
Jusques à tant que nous veismes l'antique
Terre, et pays de la coste d'Afrique :
Au mesme endroit où fut la grand'Carthage....
Nous costoyans doncques la Barbarie
Passasmes près de la Panthelerie,
Isle qui est des Chrestiens habitée.
   Puis Lampedouse, isle deshabitée.
Du mesme vent qui en mer nous exalte
Sommes conduicts entre Sicile et Malthe....
   Suyvant propos les vens qui lors regnèrent
Mestral, Ponant, tant à poinct nous menèrent
Par les endroitz où fut nostre entreprise
Qu'eusmes entrée au goufre de Venise....
   Adonc paroit la bossue Albanie,
L'isle de Gente et la Chassalonie.
Isles qui sont par renommée anciennes
Et de long temps bonnes Veniciennes.
Nous les laissons six mils près à main droicte

17.

Et au Canal où la mer est estroicte
Prenons la volte, au long d'Esclavonie
Droit à Courfou....

L'expédition louvoyait ainsi entre les possessions chrétiennes et turques, image de la politique du roi de France,
jetée par la rivalité de Charles-Quint dans les hasards
d'une alliance monstrueuse. Sans toucher à ce point pénible et délicat, nous expliquerons, par ce rapproche-
ment de la France et de la Turquie, les facilités offertes
au seigneur de Borderie tant en Grèce qu'en Asie mineure.

Une grande tempête survient et donne au poëte l'occasion d'exploiter sa verve. La tempête décrite :

Adonc la mort voyant mis à lescart
Le seul vaisseau du baron sainct Blanquart
Chef de l'armée, ou j'estois embarqué
Quelle tousiours avoit bien remarqué,
Se va penser l'heure estre tout à poinct
Quelle pourroit parvenir à son poinct
Mais s'efforçant venir secrettement
Fut de nous tous congneue apertement.
Car les monceaux des grands vagues haultaines
Nous donnoient bien congnoissances certaines
Que là dessoubs la mort estoit absconse.

Chacun raconte les détails de ce grand sinistre, puis
la flotte va se ravitailler à Patras :

Nous retournons à Patras rabiller,
Vaisseaux froissez et nous ravitailler.
Ou fut conclud à la ville famée
Constantinople amener nostre armée.

Tout préparé faisons voile et devant
Prenons la volte envers soleil levant,
De coste en coste au long de la Morée,
Region riche, antique et décorée
Par maint autheur, Peloponese dicte,
Dont mainte histoire est au long bien escripte.

Leur navigation, contrariée par les vents, les condui successivement à Modon, Coron, Monembasia ou Malvoisie et enfin à Napoli de Romanie.

Ja commençons la terre d'Achaie
A delaisser, et veoir la Romanie :
Oultre le gouffre à Corinthe qui va
Respondre à l'autre à Patras, qui rive a.
Naples voyons, grand port, où l'équipage
De tous les Grecs, utile au navigage,
Souloit jadis demourer en repos
Pour estre prest quand viendroit à propos.
Bien nous sembla du lieu forte la marque,
Inaccessible à nef, galère, ou barque.
Et en ce poinct à l'œil la conduisant
Par un temps calme, et soleil reluisant
Gaignons pais, tant que nous sommes mis
En l'Egina, isle près Salamis :
Ou fut desfaict par les Athéniens
Xerces ayant sept cens mil' Persiens,
Par la conduicte, et invincible arroy
Du tresvaillant Themistocles leur roy.
L'Egina fut superbe Athénienne,
Et de présent paoure Venicienne :
Ayant changé sa première puissance
Au dernier faix de serve obeissance.
L'horreur en moy, et la pitié domine,
Voyant à l'œil celle triste ruyne :

Hors de laquelle au matin nous partons,
Et du chemin un peu nous escartons
Pour prendre égade aux salines prochaines
De Megara, ou sont claires fontaines
Qui leur doulceur meslent à l'onde amère.
Chascun de sel fournit lors sa galère :
Et sans arrest gaignons tousiours avant,
Voyant maint lieu, et mainte isle souvent
Estrange à nous et de nom incongneue.
Eleusis à nos yeulx est venue
Sans la congnoistre, ou Ceres, et Pallas
Eurent un temple, auquel n'estoient pas las
Sacrifier autrefois les Argives,
Aux pourtraictz morts de leurs déitez vives.
Deux jours, deux nuictz, sans prendre port ou plage
Ayans le vent propice au navigage
Nous emplions, tant qu'avons repos euz
En terre Attique, au port de Pyreus :
Porteleon nommé par les modernes.
L'excellent port de la cité d'Athènes,
Mère et fontaine, aux lettres liberales,
Ou florissoient les loix philosophales,
Qui par Draco bien escriptes au long
Furent au peuple, en après par Solon
Veues au long, et mieulx amplifiées :
Puis peu à peu au monde publiées.
Dont nous humains leur sommes tous debteurs,
Quilz ont esté, non des loix inventeurs
Tant soulement, mais aussi des usages
D'huilles, de vins, de semer labourages,
Par l'industrie ague et singulière
De Triptoleme, et Pallas, qui première
Nomma la ville Athina, qui réserve
Encor ce nom, signifiant Minerve.
Athenes serve, à présent mise en friche,

Eut tant d'honneur, et de faconde riche,
Que dicte estoit à bon droit fleur du monde.
Mais maintenant elle est la plus immunde,
La plus abiecte, asservie et foulée
Qui soit en terre, et la plus désolée.
Ses bastimens qui furent excellens,
Theatres grands, ou estoient vigilans
Au bien public les Areopagites,
Sont ruinez en maisons bien petites :
Esquelles Grecz pauvres et miserables
Payent tributz, et tailles incroyables.
En chascun feu un soultanis pour teste.
Un aspre aussi paye chascune beste.
L'un un ducat, l'autre vault dix deniers.
Athéniens qui furent les premiers,
Et plus anciens gentilzhommes de Grece,
User des droictz ne peuvent de noblesse :
Ains sont contrainctz à tous ars mechaniques
Eulx asservir, selon les loix iniques
Du grand tyrant, qui les detient petis
Pour les ranger plus serfz, et plus craintifz.
Nous n'eusmes pas un demy jour loysir
De voir ce lieu, ou prenois grand plaisir,
Voyant encor de la cité superbe
Les fondemens tous entiers, couvers d'herbe.
Leur grand dessaing assez donnoit entendre
Quelle povoit grand' espace comprendre.
Ayant aussi un theatre apperceu,
Que le long temps desmolir n'avoit sceu :
Sur grans piliers de marbre bien assis,
Seize de long et de fronc six à six.
Duquel les Grecz avoient faict à leur guise,
De Sainct André une nouvelle église :
Ayant un mur au dedans faict en cerne,
Que l'œil iugeoit assez estre moderne.

Apres avoir en celle terre Argive
Bien refreschi noz galeres d'eau vive,
Du gros canon la retraicte sonnasmes :
Et tout soubdain les voiles nous donnasmes
Aux ventz légers, qui feirent escumer
Soubz noz vaisseaulx les undes de la mer :
Joyeusement en tranquilité bonne
Oultre n'ageans pres du cap de Colonne.
Cap érigé, sur la mer éminent
A trente mils d'Athene continent :
Auquel y a six colonnes marbrines,
D'antiquité et de mémoire dignes.
Estans encore d'un temple les reliques,
Ou tous les ans souloient les Argoliques
Venir Ceres la deesse invoquer.

La navigation au milieu des îles de l'archipel grec
est ralentie par les calmes et contrariée par les vents.

Finablement les vents et mariniers,
Les dieux de nous guydes, et tymonniers,
Nous furent tant propices et aydans,
Que de perilz en la mer evidens
Durant trois moys, en sante nous tirerent,
Et de Chio au port nous situerent.

Ils hivernèrent dans ce port de Chio, hospitalièrement
accueillis par la population. Le seigneur de Borderie
dédaigne ce doux repos et prétend aller à Constantinople par une voie ou par une autre :

Voyant l'armée à l'ancre, ie concluds
Ne seiourner oysif en ce lieu plus.
Puis un désir bien grand me sollicite

Aller droict là ou le grand Turc habite,
Pour acquiter mon humble obeissance
Envers qui a me commander puissance :
En preferant par devoir le service
De monseigneur, au seiour, et delice.
Bien que devant le partir ie prevoye
En temps d'yver dificile la voye.
Et que la terre en ces lieux estrangers
Autant que mer soit pleine de dangers :
Mesmes à moy n'ayant practique aucune
Avec les Turcs, ny langue à eulx commune.
Je me fournis d'un truchement expert :
Et un matin comme le iour appert ,
Et que l'Aurore à poindre coustumiere
Avoit desia de sa clere lumiere
Ouvert la terre et le ciel rendu vuide
De sa triste umbre, obscurcie et humide :
J'entre dedans une barque petite :
Et me mectz hors de la cité susdicte.
Cent mils de mer loing de l'isle iolie
Passer me fey ces fins de Natolie :
Minerasie, autrement appellée.
Ou pour parfaire en brief temps mon allée
Je me fournis de chevaulx de louage
Pour porter moy, ma garde, et mon bagage :
D'un Turc aussi pour seureté plus grande
Je m'acompaigne. Ainsi à peu de bande
Commencement je donne aux destinées
Qui celle part m'estoient déterminées.
Je perse temps, montaignes et vallées ,
En costoyant près les undes sallées
Non sans sentir la prochaine froidure
Des monts vestuz de blanche couverture.
Divers Casalz, bourgades, et villages ,
Lieux incongneuz s'offrent à noz visages :

Cameaux chargez en chemin se presentent ,
Turcs viateurs congnoissent et bien sentent
Que ie ne suis, à me veoir à ma mine ,
Extraict de leur naturelle origine :
Et voyent bien que l'habit que ie porte
Au naturel du cueur ne se rapporte.
Mon truchement en leur Turquesque voix
Leur compte lors dont ie viens, ou ie vois :
Et les raisons qui m'ont meu d'entreprendre
Si long voyage en ieunesse si tendre.
Smyrne qui est par flots de mer touchée
Nous a receuz la première couchée ,
Ville iadis soubs Jesuchrist choisie
L'une des sept églises de l'Asie,
Pour l'entretien de son divin service :
Dont sainct Jehan parle en son Apocalypse.
Ou maints martyrs souffrirent mort inique
Comme l'on void en l'Ecclesiastique.
    C'est elle aussi qui se vante estre mere
A l'excellent premier poëte Homere,
Hors de laquelle au matin nous partons
Et chevauchans, d'elle nous escartons
Suyvans la terre et le chemin plus droict
Qui sans faillir nous guide au mesme endroict
Ou du Grand Turc le filz ainé demeure.
Magnesie est appellée à ceste heure
Une cité qu'autrefois on nomma
Anthillios , ainsi que dict on m'a :
Qui sans soleil en nostre langue sonne,
Pource qu'un mont si treshault l'environne
Que le soleil presque le long du iour
Ne faict dedans ne clarté ne seiour.
    Pour prendre là nostre plus droicte voye
Nous traversons près de l'antique Troye
Par la duché d'Ephesos , ou vivoit

Le bon sainct Paul du temps qu'il escrivoit.....
    Quatorze iours du lieu de Magnesie
Nous chevauchons par la mineur Asie,
Tant qu'arrivons à la grande cité.
Mais si voulez que vous soit recité
Du traictement, de la façon de vivre
Qu'il nous failloit durant la voye suyvre,
Vous iugerez que de France opulente
Nul ne congnoist la richesse excellente,
Les grands tresors, les délectations,
Qui n'a point veu estranges nations.
Durant vingt iours tout ainsi qu'à la guerre
Tousiours vestu ie couchois sur la terre :
Car de trouver couches molles et belles
Il n'en est point en ce lieu de nouvelles.
Vivres aussi frians et favorables,
Là nous estoient autant peu recouvrables.
Bien que de soy le pais soit fertile
Et abondant de toute chose utile :
Mais le peuple est si pauvre et mechanique,
Tant oppressé de tyrannie inique
Qu'il n'a povoir les beaux champs cultiver,
Ny se loger à peine pour l'yver,
Leurs maisons sont basses, à simple estage
Ou vous verrez en un mesme mesnage
Souvent le Turc et le Grec habiter :
Chascun sa loy sans contraincte imiter.
Si que j'ay veu maintes femmes Grecquesques
Ayans marys subiectz aux loix Turquesques.
L'un Machomet par foy recongnoissant :
L'autre adorant Jesuchrist tout puissant :
Chose qui semble estre non moins estrange
Que veoir ensemble un dyable avec un ange.
Nous trouvons vins assez délicieux
Aux logis Grecs : car les Turcs vicieux

A boire vin si fort offenseroient
Que par leur by punissable seroient.
Des que l'Aurore au matin se monstroit,
Chascun de nous sur son cheval montoit,
Et sans troter allans tousiours le pas
Sur le mydi prenions nostre repas
Dessoubs quelque arbre, ou la chaleur haultaine
Ne nous nuysoit, pres de quelque fontaine
Là repaissions, Dieu scait comment traictez :
Si nous avions quelques vivres portez
Nous les mangions sans linge, ne sans table,
Ny sans loger noz chevaulx à l'estable.

   Ainsi allans avec peine infinie
Oultrepassons toute la Bithynie :
Tant qu'à present par la divine grace
Sommes dedans la grand cité de Thrace :
Ou ie veulx bien (si mon sens peult suffire)
Ce que ie voy m'essayer vous descrire.

   Constantinoble est une ville antique
De Constantin excellente fabrique ,
Anciennement dicte Bysantion :
Dont maint autheur fait mainte mention :
La mieulx assise, et la mieulx située
Sur toute ville au monde habituée :
Faicte en triangle et limitée en trois
Dont en deux pars la mer par ses destroitz
Va tout au tour , le tiers est terre ferme
Qui les dernies confins d'Europe ferme.
Auquel costé y a de grands fossez
A fons de rive et deux murs bien pressez :
Au bout desquelz à l'endroit du Ponent
Le vieil palais royal est eminent ,
Qui sur la mer devers mydi regarde,
Ou le tresor du seigneur est en garde.
Vers l'Orient tout autour de la ville

Est le Saray superbe, et tresutile
Pour bien défendre et l'acces empescher
A tous vaisseaulx qui vouldront approcher.
Tout vis à vis la mer Orientale
Se part en trois, l'une part vient égale
Se reunir dedans la mer Pontique,
Que mer Maieur autrement on explique,
Par un destroit qui les deux mers embrasse,
Nommé jadis Bosphore de Thrace.
L'autre moytié tient à mer Hellesponte,
Destroit auquel perdit honneur et honte
Hero la fille, alors que Leander
Ne peut à soy, ny aux eaux commander.
Le tiers finit de son cours le repaire
Entre les deux Constantinoble et Pere
Galatas dicte, au temps d'antiquité
Ville prochaine a la grande cité
Ou de présent trafiquent marchandise
Chrestiens vivans soubs la Rommaine eglise.
Temples ayans propres aux oraisons :
Femmes, enfans, mesnages et maisons
Estans, sans plus, au grand Turc tributaires,
Selon le taux des tributs ordinaires.
Lequel canal en l'eau doulce redonde
Et fait un port le plus riche du monde.
Riche ie dy pour la commodité
Du lieu si propre, ou peult la quantité
De mille nefz à l'aise reposer,
Povans la poupe à bort terre poser.
Riche par un excellent édifice
D'un arsenac, à recevoir propice
Deux cens vaisseaux, galere ou galiace :
Et tresaisée et bien fort seure place,
D'artizans riche et de tous garnimens
De palemente et autres fournimens.

Le long du port au costé de main droicte
Est la montaigne haulte non point estroicte
Servant d'obstacle aux vents impetueux
Ou sont les beaux jardins voluptueux.
Tout vis à vis de Pere à l'opposite
Est le grand cloz de la cité susdicte :
Au grand Paris égal en quantité,
Mais non si bien basti, et habité.
Dedans lequel y sont montaignes sept
Ou Machomet, Selin et Baiaset
Et Solyman, quatre Turcs empereurs
Feirent dresser quatre temples pour eulx,
Qu'en langue Turcque ilz appellent Masquées,
Excellemment en rondeur fabriquées.
Des autres trois montaignes est en l'une
Le vieil palais, maison à tous commune.
Là de present sont boutiques patentes
Ou l'on besoigne aux pavillons et tentes.
Et la seconde est le siege papal
Du Patriarche en Grece principal :
Vivant léans avecques certains moynes
Colonges dicts, qui s'estiment idoines
De dignité Cardinale : combien
Que nul n'en a ny le nom ny le bien
Luy reformé au plus hault de la ville
Paye au seigneur des ducas quinze mille
Pour le tribut des églises Gregeoyses,
Dont il est chef, n'ayant gueres ses ayses
En la troisiesme, et montaigne derniere
Est la Masquée, à présent coustumiere
Du grand seigneur, dicte saincte Sophie :
Superbe, tant que mon sens ne se fie
Vous en povoir d'elle rendre bon compte.
Car ce subject toutes langues surmonte.
Elle qui fut la metropolitaine

De toute Grece eglise souveraine
Souloit avoir (qui est merveilleux cas)
De revenu trois cens mille ducas.
Et si souloit (comme on m'a faict entendre)
Plus d'un grand mil en son cerne comprendre.
Tant grande estoit, magnifique, ample et forte
Qu'on y entroit par cent et une porte :
Mais maintenant les deux grandes parties
Sont en ruyne, et des Turcs amorties
Qui ont faict bastir, et dresser sus
Leurs temples beaux, que i'ay dict cy dessus.
Bien que ce peu qui encores abonde
Soit des plus beaux édifices du monde.
Le cueur qui est seul entier demouré
Lequel i'ay veu, suyvi et mesuré,
A six vingts pieds de long, et cent de large,
Hault eslevé, tout rond, à double estage,
Pavé de marbre, uny, cler, et glissant,
Le hault doré, en voulte flegissant,
Sur double ranc de piliers asseuré :
Piliers qui sont de diaspre azuré
Jaspe, et porphyre estimez de grand somme :
Longs et massifs de deux brassées d'homme
Sur chascun d'eulx soubstenant la Masquée
Une pierre est grande et large placquée
De marbre gris, serpentin et fauveau
Pour décorer ce faix riche, et nouveau :
Toutes au mur de bronze encousturées
D'Antiquité et de preis honorées.
Le hault estage est aussi de piliers
Environné, riches et singuliers :
A ceulx d'en bas moindres en quantité,
Mais en richesse égaulx, et dignité.
Faisans autour une ronde ouverture,
Où lon peult véoir de près la couverture

De laquelle est la voulte magnifique,
D'or marqueté à la vray Moysaique :
En divers lieux paincte de beaux images
Dont les Turcs ont effacé les visages,
Ne povans veoir, ny souffrir pourtraicture
De ce qui est produict par la Nature.
Certes (amye) il fault que ie confesse
N'avoir jamais veu pareille richesse,
Ny edifice estoffé de la sorte.
Sortant duquel, de fonte la grand' porte
Est de Porphyre excellent couronnée,
Aux deux costez de columnes ouvrée,
Ayant pres soy cinq grandes autres portes
De mesme fonte, espesses et tant fortes
Que sans engins et poulies subtiles
A les serrer elles sont immobiles.
    Droict au devant ceste église angelique
S'estend en carre une place publique :
Ou l'œil y peult trois grandeurs estimer,
Le grand palais, l'eglise et la grand' mer.
Ce palais est tresfort pour baterie,
Tout à l'entour garny d'artillerie,
Sur l'avantmur qui le beau iardin cerne,
Ou l'œil de loing mains beaulx cypres discerne.
Non apparens en ce lieu seulement,
Mais de la ville en tous lieux, tellement
Que l'on diroit à veoir celle cité
Que c'est un parc de maisons habité,
Rendant à l'œil plaisante perspective.
En ce Saray, maison recreative
Deux grans portailz on vient à rencontrer :
Et double court avant que d'y entrer.
Aux portes sont penduz les arcs turquoys,
Flesches et dards, cymeterres, carquoys.
Car à nul d'eux est licite et permis

Armes porter, sinon contre ennemis.
La grande court que l'on trouve premiere,
A recevoir chevaulx est coustumière
Des courtisans, qui vont faire la court.
En l'autre endroit de la seconde court,
Ou du logis est la magnificence,
Y sont Bachas qui donnent audience :
Qui sont trois chefs, gouverneurs de l'Empire,
A qui l'honneur et la fortune aspire
De grans profitz, de grans dangers aussi,
Si le seigneur trouve en eulx aucun sy.
Eulx eslevez aux autres apparens,
Jugent proces, debatz et differens,
Non tous les jours, mais trois fois la sepmaine.
En celle court de peuple toute pleine,
Les uns assis demeurent en silence,
Autres debout sans aucune insolence :
Coustume à eulx autant ou plus louable
Que moins elle est à la nostre semblable.
Car là verrez dix mille genissaires
Qui du seigneur sont gardes ordinaires,
Assis en terre en croisant leurs genoulx,
Ne faire tant de bruyt que six de nous.

Il lui faudrait un livre entier, *une Bible infinie*, pour expliquer l'état du Grand Seigneur, il renonce à faire ce tableau. Mais il demande à son amye la permission de lui en décrire de vive voix quelques particularités aussitôt qu'il aura le bonheur de se trouver près d'elle :

Vous suppliant pour la fin humblement
Vouloir à moy permettre seulement
Que si les mers et les vents furieux
Ont eu povoir m'esloigner de voz yeulx,

A tout le moins ilz n'ayent la puissance
De m'esloigner de vostre souvenance :
Et qu'autant loing ie suis de vostre face,
Autant sois pres de vostre bonne grace.

FIN DU PREMIER VOLUME.

TABLE ANALYTIQUE

DES MATIÈRES CONTENUES DANS CE PREMIER VOLUME.

(Voyez la table alphabétique des matières à la fin du second volume.)